Firmanius Laktanius

Ausgewählte Schriften des Firmianus Laktantius

des christlichen Cicero

Firmanius Laktanius

Ausgewählte Schriften des Firmianus Laktantius
des christlichen Cicero

ISBN/EAN: 9783743661134

Hergestellt in Europa, USA, Kanada, Australien, Japan

Cover: Foto ©Lupo / pixelio.de

Weitere Bücher finden Sie auf **www.hansebooks.com**

Ausgewählte Schriften
des
Firmianus Laktantius,
des
„christlichen Cicero,"
nach dem Urtexte übersetzt.

Mit einem kurzen Vorbericht über das Leben und die Schriften des Laktantius

von

P. H. Janfen,
Pfarrer der Erzdiöcese Köln.

Kempten.
Verlag der Jos. Kösel'schen Buchhandlung.
1875.

Des Firmianus Laktantius
Leben und Schriften.

Vaterland und Geburtsjahr des Laktantius sind nicht mit absoluter Gewißheit festzustellen. Hieronymus de vir. ill. nennt ihn Schüler des Arnobius, der zu Sikka in Afrika lehrte. Daraus hat man¹) nun den Schluß gezogen, daß Afrika sein Geburtsland sei. Indessen haben die neueren Forscher in „Laktantius" den eigentlichen **Familiennamen** finden wollen, in „**Firmianus**" aber den vom Geburtsorte stammenden **Beinamen**, und so halten sie das alte Firmum (Firmium) im picenischen Gebiete für seine Vaterstadt. Der Carmelit Eduard²) a. S. Xaverio hat zu Gunsten dieser Ansicht eine größere Abhandlung geschrieben. Er behauptet, in allen von ihm in Einsicht genommenen Manuscripten stehe am Anfange bloß „Laktantius Firmianus", erst am Schlusse eines jeden Buches sei immer der Name Lucius und

---

1) Nämlich Baluze, Possevin, Du Pin, Baronius.
2) Er schrieb zwanzig Dissertationen über die Werke des Laktantius. Die II. Dissertation handelt von der Heimath desselben. Nur diese Dissertationen standen uns aus Binterim's Bibliothek zu Gebote; von der Textausgabe des genannten Autors enthält Binterim's Bibliothek nur die „Institutiones divinae". Das ganze Werk erschien in 14 Bänden (Rom 1754—59). Ueber den Inhalt der einzelnen Bände siehe Schönemann, Bibliotheca patrum I. 242—246 (Leipzig 1792). Schönemann erklärt sich a. a. O. S. 177 auch für italienische Abstammung des Laktantius.

Cölius beigefügt. Indeß hält der Benediktinerabt Tiraboschi diesen Grund nicht für überzeugend genug und stellt die Vermuthung auf, daß Laktantius der Familie der Cölii angehört habe, die zweifelsohne eine römische war und etwa an einer Expedition, Fermo zu colonisiren, sich betheiligt haben möge, wodurch Laktantius Bürger von Firmum (Firmianus) geworden. Auch sein reiner Stil weise auf Italien und nicht nach Afrika. Dieser Meinung folgt auch der Benediktiner Bertold in Metten in seinen äusserst schätzenswerthen „Prolegomena[1]) ad Lactantium". Möhler läßt die Frage offen. Alzog[2]) dagegen entscheidet sich für Italien als Heimathsland des Laktantius. Und wenn seine Schriften etwas afrikanisches Kolorit haben, so ist das übergenügend durch seinen Aufenthalt in Afrika zu erklären: seine schöne Latinität und der Name Firmianus dürften es rechtfertigen, ihn als Bürger von Firmo[3]) zu betrachten, wo er etwa um 248 geboren wurde. Seine Eltern waren Heiden, wie allgemein angenommen ist; übrigens sind die dafür aus seinen Schriften angezogenen Beweise nicht zwingend, so z. B. Div. institt. VII. 27 und ep. 48: Nos qui sumus ex gentibus; da spricht Laktantius nicht von sich persönlich; von sich selbst redet er stets im Singular, z. B. Institt. V, 2: ego cum docerem.

Die Richtigkeit der traditionellen Annahme vorausgesetzt, wird weiter festzuhalten sein, daß Laktantius in Afrika den heidnischen Irrthum abgelegt und sich zur Religion Jesu Christi entschlossen habe, die damals nichts Anderes in Aussicht stellte als Kerker, Feuer, Blutgerüst und wilde Thiere. So wäre denn Afrika, das, bevor es die Perle des Glaubens verloren, durch eine große Menge starkmüthiger Blutzeugen, standhafter Bekenner, großer Lehrer und frommer Bischöfe ein Paradies der Kirche war, in religiöser Beziehung das Vater-

---

1) Diese Prolegomena sind 1861 in Landshut gedruckt.
2) In seiner Patrologie 2. Aufl. 1869.
3) Auch Teuffel in seiner Literaturgeschichte sagt (III. 897): „Laktantius ist wohl italischen Ursprungs, da er die Römer als nostri (institt. I. 5) den Griechen gegenüber zu stellen pflegt."

land des herrlichen Mannes gewesen. In Afrika verfaßte er eine Schrift unter dem Titel „Symposion", welche Diokletians Aufmerksamkeit auf den Schüler des Arnobius lenkte und den Kaiser veranlaßte, den Laktantius nebst dem Grammatiker Fannius (andere sagen Flavius)[1]) um das Jahr 290 nach seiner Residenzstadt Nikomedien zu berufen, um daselbst als Lehrer der lateinischen Beredsamkeit zu wirken. Doch Laktantius, nicht in dem Grade der griechischen Sprache mächtig, um seine Zuhörer durch wohlgesetzte Schaureden fesseln zu können, sah seinen Lehrsaal immer schwächer besucht, sich selbst aber in eine Dürftigkeit versetzt, die ihn des Nothwendigsten beraubte und ihn in eine Laufbahn drängte, die für seine Zeitgenossen wie für die dankbare Nachwelt als eine segenbringende bezeichnet werden muß.[2])

Als erste Schrift aus dieser Zeit haben wir wohl das Werk „De opificio Dei" zu verzeichnen; in dieser will Laktantius aus der Erschaffung des Menschen, aus seiner körperlichen Organisation und aus den Eigenschaften seiner Seele die Einheit und Allmacht Gottes nachweisen. — Als Konstantin 312 die Herrschaft über den ganzen römischen Westen erhalten, berief er den Laktantius zum Lehrer seines Sohnes Crispus nach Konstantinopel; im Jahre 317 folgte er seinem kaiserlichen Zöglinge nach Trier. Um das Jahr 314 verfaßte er die hier übersetzte Schrift „De mortibus persecutorum". Später schrieb er die sieben Bücher „Divinae institutiones" (Unterweisungen über die Religion). Sie sind eine umfassende Vertheidigung des christlichen Glaubens. Isäus[3]) setzte ihre Abfassung in das Jahr 302. Da die

---

[1] Hier. de vir. illustr. c. 80: Sub Diocletiano cum Flavio grammatico accitus.

[2] Hier. de vir. illustr. c. 80: Nicomediae rhetoricam docuit et penuria discipulorum ob graecam videlicet civitatem ad scribendum se contulit.

[3] Joseph Isäus gab des Laktantius Werke in Cesena 1646 heraus. Isäus verglich zu seiner Ausgabe vierzehn Handschriften und bereicherte sie mit schönen Anmerkungen, die bei Migne ab-

Bücher aber dem Kaiser Konstantin gewidmet und ausserdem die Frucht langwieriger Studien sind, auch deutliche Spuren der Licinianischen Verfolgung enthalten, dazu noch der Arianer Erwähnung thun, so ist ihre Abfassung wohl in die Zeit von 320—324 zu setzen.¹) Später fertigte Laktantius noch einen Auszug (epitome) aus diesen sieben Büchern, wovon später das Nähere! Zunächst beschäftigt uns das Buch „De mortibus persecutorum", welches von Hieronymus unter dem Titel „De persecutione" erwähnt wird. Es wurde 1678 von dem Grafen Foucault in der Benediktinerabtei Moissac in Querch in einer Handschrift des neunten Jahrhunderts entdeckt. Im folgenden Jahre wurde es von dem gelehrten Steph. Baluze im zweiten Bande seiner Miscellanea mit Noten herausgegeben. Baluze schätzt dieses opus dem Golde gleich, und darin stimmen ihm alle Gelehrten von Bedeutung bei. Der Protestant Heumann sagt: Besser wäre es, daß alle anderen Werke des Laktantius verloren gegangen, als dieses Werk. Dieses Urtheil wurde auch noch festgehalten von Bähr;²) nur ein Burckhardt³) hatte die beispiellose Unverschämtheit, dieses Buch für einen Roman zu erklären. Rothfuchs⁴) will nur Einiges als Wahrheit gelten lassen. Wir halten mit Bähr diese Schrift als mit historischer Treue verfaßt in allen Theilen

---

gedruckt sind. Von deutschen Gelehrten benützte sie nur Bünemann, der Ifäus sehr lobt; vgl. dessen Vorrede. In Italien (Rom) erschien auch 1465 die ed. princeps (es ist das erste in Italien gedruckte Werk).

1) Ebert meint, sie seien um 307—310 verfaßt und die Mittheilung über spätere Thatsachen eingeschoben. Darüber nächstens mehr.
2) Christlich-römische Theologie (Karlsruhe 1837 s. v.).
3) Jakob Burckhardt, Die Zeit Konstantin's des Großen (Basel 1853, nun bei Seemann in Leipzig); dessen Irrthümer werden in den Noten nachfolgend widerlegt.
4) Rothfuchs, Qua historiae fide usus sit in libro de mortibus persecutorum (Marburg 1861).

aufrecht;[1]) Laktantius war ein Ehrenmann,[2]) der sich um des Himmelreiches willen Gewalt angethan. Er starb um das Jahr 330 in Trier.

Daß Laktantius Verfasser dieser Schrift sei, ist nun bis zur Evidenz nachgewiesen von Prof. Dr. Ebert: „Der Verfasser des Buches de mort. persec." (Leipzig 1871); ebenso von Teuffel, Literaturgeschichte III. p. 896 (Leipzig 1872); nur nennt dieser Kulturkämpfer die Schrift fanatisch. Will er denn als Christ und Bibelkenner nicht beherzigen, was im zweiten Psalme geschrieben steht: Sicut vas figuli confringes eos?[3]) Diese Stelle geben wir allen Schmähern des Laktantius zur Erwägung anheim.

Anerkennenswerth sind meistens die Darlegungen Hunziker's[4]) über unser Buch; er nennt es „im Ganzen zuverlässig", ja drei Zeilen tiefer schreibt er ihm „einen unschätzbaren Werth" zu.

Dieses werthvolle Buch wird dem deutschen Leser hier zum ersten Male vollständig geboten. Es gibt zwar eine deutsche Übersetzung vom Jahre 1822 (Landshut bei Weber; nach Hortig, Döllingers Kirchengeschichte I. p. 117 2. Aufl. ist sie von Professor Feiler); sie ist aber vergriffen und ist ohne Ergänzung der defekten Stellen. Ausserdem wurde die in Rede stehende Schrift 1788 im Religionsjournal vom Jesuiten Goldhagen mit Auslassung einiger Kapitel übersetzt. Schließlich wird noch eine citirt in der Zweibrücker Ausgabe mit Verweisung auf „gesellschaftliche Bemühungen" (Göttingen 1771); wir konnten dieses Buch nicht auftreiben. Von fremden Übersetzungen benützten wir die französische von Maucroix (Pa-

---

1) Quae omnia secundum fidem scientium loquor, ita ut gesta sunt mandanda literis credidi; de mort. persecut. n. 52.
2) Siehe Eucherius von Lyon in der 19. Dissertation des Eduard. a. S. Xaverio, die vierzehn Oktavseiten elogia enthält.
3) Wie Töpfergeschirr wirst du sie (die Verfolger) zermalmen.
4) Hunziker im zweiten Bande von Max. Budinger, Beiträge zur Kaisergeschichte (Leipzig 1868, Seite 117—280).

ris 1677) und die italienische von Simon Majoni (Venedig 1774).

Zu unserer Übersetzung wurden die besten Ausgaben mit Erklärungen benützt: Lactantii opera ed. Heumann, Göttingen 1736; die Ausgabe von Bunemann, Leipzig 1789, die Würzburger von Oberthür 1784, die Zweibrücker von 1786; beide letzteren sind nach der kostbaren Ausgabe von Lebrun und Langlet-Dufresnoy (Paris 1748), die auch benützt wurde. Aus diesem Jahrhundert benützten wir die Migne'sche Ausgabe (Paris 1844, Bd. VI und VII der lateinischen Väter); darin finden sich die Kommentare von Stephan Baluze (Paris 1679), Le Nourry (Paris 1710), von Johannes Kolumbus Aboa (in Finland, 1684) und der große Kommentar von Paul Baudri (Utrecht 1692), in welchen des Toinarbus Noten (Paris 1690) und des Hub. Cuperus im Haag (1689) als Manuskript verfaßt, dem Paul Voet in Utrecht zugesandt, aufgenommen sind. Eine vollständige von uns benützte Ausgabe mit ganz kurzen Noten erschien Lyon 1845. Deutschland hat in diesem Jahrhundert wenig für Laktantius gethan; nur eine vollständige Ausgabe hat es uns gebracht (Fritsche, Leipzig 1842); die Ausgabe ist wenig wertvoll. Hoffentlich wird Professor Halm, der durch die Broschüre „Textesverbesserung des Buches von dem Tode der Verfolger" (Wien 1865) sehr viel zum Verständnisse gefördert hat, uns bald mit einer vollständigen neuen Edition beglücken. Einzelnausgaben haben wir noch in dem Werke: „Opuscula selecta patrum", tomus tertius, Gandae 1833,[1]) und in Hurter's opuscula patrum, tom. XXII. (Innsbruck 1874).

---

[1]) Diese im Ganzen aus zehn Bänden bestehende Vätersammlung ist von dem gelehrten Präses des Seminars von Gent, Aug. Jos. Ryllewart († 16. Mai 1836). Er hat unter Napoleon für den Glauben gelitten und war eine starke Stütze des Bischofs Broglie von Gent. Er hat des Laktantius Buch aus Orosius bis zu Karl dem Großen weitergeführt und von da an bis 1830 hat er selbstständig das schmähliche Ende der Christenverfolger geschildert.

Sehr vorzüglich ist die mit französischen Noten versehene, 1868 erschienene Ausgabe unserer Schrift von Fr. Dübner, welcher den hochwichtigen Codex Colbertinus¹) einer neuen Vergleichung unterzogen hat.

1) Codex Colbertinus ist die einzige Handschrift unseres Buches. Der um die Wissenschaften verdiente Finanzminister Colbert kaufte sie 1679 vom Kloster Moissac und ließ sie dann Baluze herausgeben. In der großen Sammlung des Ministers Colbert, der aus allen Ländern Handschriften kaufte, trug sie die Nummer 1297. Später kam sie in die königliche Bibliothek unter N. 2627 in 4°.

Des

Firmianus Laktantius

Schrift:

Von den Todes-Arten

der

Christen-Verfolger,

nach dem Urterte übersetzt

von

P. H. Jansen.

1. Freude über Gottes strafende Gerechtigkeit nach so lange dauernden Verfolgungen seiner Kirche.

Der Herr hat erhört deine Gebete, theuerster Donatus, welche du ohne Unterlaß alle Tage vor seinem Angesichte verrichtest, wie auch die unserer theuersten Brüder, welche durch ein herrliches Bekenntniß eine ewige Krone, wie ihr Glaube es verdiente, sich erworben haben. Sieh', durch alle diese (Gebete) wird der Widersacher[1]) überwunden,[2]) und nach Wiederherstellung der Ruhe auf dem Erdenrund erhebt sich die jüngst niedergeschmetterte Kirche wieder von Neuem, und der Tempel Gottes,[3]) welchen die Gottlosen zerstört hatten, wird durch des Herrn Barmherzigkeit herrlicher aufgebaut. Gott hat nämlich Fürsten erweckt, welche die ruchlosen und blutigen Befehle der Tyrannen aufhoben und für das menschliche Geschlecht Vorsorge trugen, so daß jetzt, nachdem die Wol-

---

1) Widersacher (adversarius) ist der Teufel — so nennt ihn Laktantius im ersten Kapitel de opificio Dei; — dieser ist ja der Urheber der Verfolgungen durch die Mächte der Welt.

2) Der Ausdruck „er wird überwunden" entspricht sachlich den verschiedenen Lesarten: additur, abditur sowie der schon lange von Cotelerius vorgeschlagenen: adteritur, welche jüngst Dübner festgehalten.

3) Unter Tempel Gottes muß man die Kirche von Nicomedien verstehen, deren Zerstörung Kap. 13 und Institt. V. Kap. 2 erzählt wird, da das Wort „fabricatur" nur diese Auffassung zuläßt.

ten der Vergangenheit sich gleichsam verzogen, die Gemüther Aller süßer und heiterer Friede erfreut. Nun erglänzt uns nach den gewaltigen Stürmen eines so schrecklichen Ungewitters wieder ein ruhiger Himmel und erwünschtes Licht. Der auf das Gebet seiner Diener sich erbarmende Gott hat die schmerzvoll Niedergeschmetterten durch himmlische Hilfe aufgerichtet; er hat die Verschwörung der Gottlosen zernichtet und die Thränen der Weinenden abgewischt. Die Gottes Gegner waren, liegen darnieder, und die den Tempel Gottes zerstört hatten, sind weit schmählicher gefallen, und Jene, welche die Gerechten folterten, haben unter himmlischen Plagen und verdienten Qualen ihre schuldbeladenen Seelen ausgehaucht, spät zwar, aber ihrer schweren Schuld angemessen. Denn Gott hatte ihre Züchtigung verschoben,[1]) um an ihnen große und Staunen erregende Beispiele aufzustellen, woraus die Nachkommen lernen sollten, daß ein Gott sei, der auch züchtigt die Gottlosen und Verfolger, indem er nämlich die verdienten Todesqualen über sie verhängt.

Ich habe nun beschlossen, über das Lebensende der zuletzt Genannten Zeugniß in dieser Schrift abzulegen, damit Die, welche weit entfernt sind oder nach uns kommen, erkennen möchten, wie der Allerhöchste seine Macht und Majestät in der Vertilgung und Vernichtung der Feinde seines Namens erwiesen. Dazu wird es von Nutzen sein, wenn

---

1) Dieser Ausspruch des Laktantius, daß Gott die Züchtigung der Ruchlosen verschiebe (Gottes Mühlen mahlen langsam, aber sicher), kann nicht genug beherzigt werden, wenn die Gottlosigkeit lange stolz das Haupt erhebt. Die heilige Schrift lehrt Dieses schön im 36. Psalme: „Ich sah den Gottlosen sich erheben, ja, hoch wie eine Ceder des Libanon, und ich ging vorüber, und er war nicht (mehr)." Auch bei den Heiden war diese Wahrheit schon erkannt: Cäsar (de bello gallico I, 14) sagt den prahlenden Helvetiern, daß Gott oft die Verbrecher längere Zeit in glücklicheren Verhältnissen lasse, um sie durch den Wechsel um so empfindlicher zu züchtigen (quo gravius doleant); und Valerius Maximus schreibt: Langsamen Schrittes geht die Strafgerechtigkeit Gottes vor; aber das Zögern ersetzt sie durch Größe der Strafe.

ich vom Beginne der Gründung der Kirche an erzähle, welche Verfolger sie gehabt und welche Strafen der himmlische Richter nach seiner Gerechtigkeit über sie verhängt hat.

2. **Nach Christi Auffahrt in den Himmel und Vertheilung der Apostel ist Petrus nach Rom gekommen, wo er gekreuzigt und Paulus enthauptet wurde. Nero's Untergang.**

In den letzten Zeiten des Kaisers Tiberius, wie wir geschrieben lesen, ist unser Herr Jesus Christus am dreiundzwanzigsten März unter dem Konsulate der beiden Geminus[1]) von den Juden gekreuzigt worden. Als er am dritten Tage auferstanden war, versammelte er seine Jünger, welche die Furcht bei seiner Gefangennehmung zur Flucht verleitet hatte; vierzig Tage verweilte er bei ihnen, um die Augen des Geistes zu erschließen und ihnen die heiligen Schriften zu erklären, die bis dahin noch dunkel und unenthüllt waren. Dann rüstete er sie mit Amtsgewalt aus und gab ihnen die Anweisung, die von ihm geoffenbarte Lehre zu predigen, und stellte so die Ordnung des neuen Bundes feierlich fest. Als er so seine Aufgabe vollendet, umhüllte ihn eine Sturmwolke, entzog ihn den Augen der Menschen und führte ihn gen Himmel. Hierauf haben die Jünger, deren damals eilf waren, an Stelle des Verräthers Judas den Mathias und Paulus sich zugesellt und sich in alle Welt zerstreut zur Verkündigung des Evangeliums, wie es ihnen ihr Lehrmeister befohlen hatte. In einem Zeitraume von fünfundzwanzig Jahren bis zu Nero's Antritt der Regierung legten sie in allen Provinzen und Städten die Fundamente der Kirche. Als Nero regierte,[2]) ist Petrus

---

1) Diese Beiden, Cajus Furius Geminus und Cajus Rubellius Geminus, waren im Jahre 29 nach Christus Konsuln zu Rom. Laktantius hat sich bei dieser Angabe, die auch Instt. 4, 10 vorkommt, geirrt.

2) Daß Laktantius von einer Ankunft Petri in Rom unter

nach Rom gekommen, und er belehrte Viele durch einige Wunderwerke, die er durch Gottes Kraft und in Folge der ihm von Gott verliehenen Macht wirkte, zur Gerechtigkeit, und so bildete er für Gott eine treue und standhafte Gemeinde. Als Dieß dem Nero hinterbracht worden und er wahrnahm, daß nicht bloß zu Rom, sondern allenthalben tagtäglich eine große Menge vom Dienste der Götzen abfalle und mit Verwerfung der alten Religion zu der neuen übergehe, so ist er als abscheulicher und ruchloser Tyrann losgestürmt, die himmlische Pflanzung (Kirche Gottes) auszurotten und die Gerechtigkeit zu vernichten, und so hat er als erster Verfolger der Diener Gottes den Petrus kreuzigen und den Paulus hinrichten lassen. Aber er blieb nicht ungestraft; denn Gott sah auf die Bedrängniß seines Volkes. Und so wurde er herabgestürzt vom Gipfel der Herrschaft, hinabgeschleudert von der höchsten Höhe, und es kam der ohnmächtige Tyrann auf einmal nirgends mehr zum Vorscheine, damit nicht einmal die Stelle des Begräbnisses eines so boshaften Ungeheuers auf Erden sichtbar wäre. Deßhalb glauben Einige thörichter Weise,[1] daß er lebend hinweggenommen worden und so erhalten bleibe, da die Sibylle verkünde, der flüchtige Muttermörder werde von den Grenzen (der Erde) kommen, damit eben Derjenige, welcher zuerst (die Kirche) verfolgt hat, sie auch

---

Nero's Regierung spricht, führen die Protestanten (Oxforder Ausgabe 1680) und der neueste Scharfrichter des Laktantius, Rothfuchs (vgl. Einleitung), mit Jubel gegen den fünfundzwanzigjährigen Primat Petri zu Rom an; es liegt indessen kein zwingender Grund vor, aus dieser Stelle zu schließen, daß Petrus nicht früher für kurze Zeit nach Rom gekommen sei, wie Dieses von Eusebius und Hieronymus berichtet wird.

[1] Laktantius hält die ganze folgende Mittheilung für eine Fabel und will er nur die abergläubischen Meinungen aus jener Zeit berichten, wie Dieses auch von Hieronymus (zu Daniel 9, 30) und Augustinus (Stadt Gottes 20, 19) erzählt wird. Selbst Suetonius erzählt schon diese alberne Volksmeinung von dem Verschwinden des Nero, um einstens zum größten Verderben wieder zu kommen, obschon er als Geschichtschreiber berichtet, daß derselbe am 9. Juni des Jahres 68 auf der Flucht sich selbst getödtet habe.

zuletzt verfolge und der Ankunft des Antichrists vorangehe. Demnach erklären sie, da wir mit Recht glauben, daß zwei Propheten lebendig sind versetzt worden, damit sie in der letzten Zeit vom Himmel herabstiegen. um Christus, dem ewigen Hohenpriester, voranzuziehen, daß in gleicher Weise auch Nero kommen werde, damit er ein Vorläufer des Teufels sei und Dem vorangehe, der kommen wird, die Erde zu verwüsten und das Menschengeschlecht zu vertilgen.

3. Verfolgung Domitians, dessen gewaltsamer Tod; darauffolgende allgemeine Verbreitung der Kirche.

Nach Verlauf von einigen Jahren erhob sich nach diesem ein anderer nicht minderer Tyrann. Obgleich derselbe eine verhaßte Herrschaft ausübte, so hat er doch eine gar lange Zeit die Unterthanen ganz gewaltig unterdrückt und sicher regiert, bis er seine ruchlosen Hände gegen den Herrn ausstreckte. Nachdem er sich nämlich zur Verfolgung des gerechten Volkes durch Eingebung der bösen Geister hatte verleiten lassen, da fiel er in die Hände seiner Feinde und erhielt seinen Lohn. Aber zur Rache genügte es nicht, daß er in seinem Hause ermordet wurde; sogar das Andenken seines Namens wurde vernichtet. Da er nämlich viele bewundernswerthe Gebäude hatte aufrichten, wie auch das Kapitol und andere berühmte Denkmäler herstellen lassen, so verfolgte der Senat dermaßen seinen Namen, daß er weder von seinen Bildnissen noch von seinen Inschriften die geringsten Spuren übrig ließ und sogar durch die schärfsten Verordnungen den Gestorbenen zur immerwährenden Schmach brandmarkte. Nachdem so alle Anordnungen[1] des Tyran-

---

[1] Zu diesen gehörten auch des Domitianus — denn dieses ist der Name des Tyrannen, den Tertullian ein Stück Nero's nennt — Edikte gegen die Bekenner des Christenthums. Nerva, sein Nachfolger, ließ den nach Pathmos verbannten Apostel Johannes nach Ephesus zurückkehren, wie Eusebius (K.-G. 3, 23) nach Clemens von Alexandrien erzählt; ebenso Hieronymus in den kirchlichen Schriftstellern.

nen vernichtet waren, da wurde die Kirche nicht allein in ihren vorigen Zustand wieder hergestellt, sondern sie erglänzte noch viel herrlicher und blühender. In den folgenden Zeiten nämlich, wo viele gute¹) Fürsten das Ruder des römischen Reiches führten und sie keine feindlichen Anfälle zu erleiden hatte, dehnte sie ihre Macht nach Osten und Westen aus, so daß nunmehr kein noch so entfernter Winkel der Erde war, wohin die göttliche Religion nicht gedrungen, daß überhaupt keine Nation mit so wilden Sitten lebte, die nicht durch Annahme der wahren Gottesverehrung zu Werken der Gerechtigkeit mild angeleitet wurde. Allein nachher ist der lange Friede freilich gebrochen worden.

4. Des Decius²) Verfolgung; sein Tod in der Schlacht; er findet keine Grabstätte.

Denn viele Jahre³) nachher erhob sich das abscheuliche Ungeheuer Decius zur Verfolgung der Kirche. Wer

---

1) Laktantius setzt die Zeit der guten Fürsten von Nerva bis zu Philippus von 96—249. In dieser Zeit gab es allerdings viele gute Fürsten, wie Nerva, Antoninus Pius, Alexander Severus, die den Christen günstig waren. Philippus Arabs soll sogar selbst Christ gewesen sein (Eusebius, Kirchengeschichte VI. 84; S. 890 dieser Sammlung); doch gab es auch noch viele Martyrer in dieser Zeit: unter Trajan den hl. Ignatius 107; um diese Zeit wurde auch der hundertzwanzigjährige Bischof Simeon von Jerusalem gemartert; unter Hadrian die heil. Symphorosa mit ihren sieben Söhnen; unter Marc Aurel der heil. Polykarpus 168; um 177 der heil. Photinus in Lyon, ebenda 202 der heil. Irenäus. Unter Maximus Thrax. 235—238 gab es viele Martyrer; wenn Laktantius demnach sagt, es seien keine Stürme erregt worden, so ist dieses dahin zu verstehen, daß in dieser Zeit keine neuen Verfolgungsedikte erlassen wurden.

2) Decius regierte von 249—251; unter ihm starb eines glorreichen Martertodes die heilige Agatha zu Catanea.

3) Dieser Zeitraum umfaßt 153 Jahre; Rothfuchs ist wegen des Laktantius sehr in Gewissensangst, daß er die Geschichte gefälscht sowohl in Bezug auf die 153jährige freie Entwicklung des Christenthums als auch in Bezug auf die in Kap. 6 und 7 erzählten Geschicke des Decius und Valerianus. Wenn selber aber nur die obige Note zu Kap. 3 und die Studien von Hun-

wäre denn wohl im Stande, die Gerechtigkeit zu verfolgen, wenn nicht ein Bösewicht? Und gerade als wenn er deßwegen zu jener fürstlichen Höhe gelangt wäre, fing er sofort an, gegen Gott zu wüthen, um auch sogleich herabzustürzen. Auf seinem Zuge nämlich gegen die Karpen, welche damals Dacien und Mösien inne hatten, wurde er alsbald von den Barbaren umzingelt und mit einem großen Theile des Heeres niedergemacht, so daß er nicht einmal die Ehre eines Begräbnisses haben konnte, sondern ohne jegliche Kleidung, wie es sich für einen Feind Gottes geziemte, als Futter für wilde Thiere und Vögel liegen blieb.

5. Des Verfolgers Valerian¹) schmähliche Knechtschaft.

Nicht gar lange nachher hat auch Valerian, von ähnlicher Wuth ergriffen, seine gottlosen Hände gegen Gott ausgestreckt und wenn auch nur kurze Zeit doch viel unschuldiges Blut vergossen. Gott hat ihn aber mit einer neuen und ganz eigenen Strafart heimgesucht, damit er der Nachwelt ein Beweis sei, daß die Feinde Gottes immer einen ihres Verbrechens würdigen Lohn empfangen. Als derselbe in die Gefangenschaft der Perser gerathen, hat er nicht bloß die mit Übermuth behauptete Herrschaft, sondern auch die Freiheit verloren, welche er Anderen entzogen hatte; sein Leben brachte er sogar in der schmählichsten Knechtschaft zu. Denn wenn der Perserkönig Sapor, welcher ihn gefangen genommen hatte, den Wagen oder das Pferd besteigen wollte, hieß er den römischen Kaiser sich vor ihm niederbeugen und den Rücken unterhalten, und wenn er so seinen Fuß auf dessen Rücken gesetzt, sagte er, Das sei

---

zifer in Bubingers Kaisergeschichte (Bd. II und III) sich ansehen will, so wird er die Darstellung des Laktantius nicht mehr anfeinden.

1) Er regierte von 253 bis 259, wo er in die Gefangenschaft gerieth. Unter ihm starben des Heldentodes Papst Sixtus, Laurentius, dessen Diakon, und der Bischof Cyprian zu Karthago.

Wahrheit, und spottend hielt er ihm vor. Das sei unwahr, was die Römer auf Tafeln und an die Wände malten. In dieser Weise hat Jener, nach Verdienst behandelt, noch ziemlich lange gelebt, so daß der römische Name den Barbaren lange zum Spotte und Gelächter diente. Seine Strafe wurde noch vergrößert dadurch, daß er, obgleich sein Sohn Kaiser war, dennoch an ihm keinen Rächer seiner Gefangenschaft und seiner äusserst schmachvollen Sklaverei gefunden hat. Überhaupt wurde er niemals zurückverlangt. Nachdem er aber dieses schmachvolle Leben in solcher Schande geendigt hatte, zog man ihm die Haut ab. Diese wurde dann nach Beseitigung der Eingeweide roth gefärbt, damit sie im Tempel der barbarischen Götter zum Andenken an den so herrlichen Triumph einen Platz fände und unseren Gesandten, so oft sie die Haut ihres gefangenen Fürsten bei den dasigen Göttern sähen, immer zum Wahrzeichen dienen möchte, daß die Römer nicht allzusehr ihren Kräften trauen sollten.

Da nun Gott solche Strafen über die Kirchenschänder verhängt hat, sollen wir uns nicht wundern, daß es nachher noch Jemand gewagt hat, gegen die Majestät des alleinigen Gottes, der Alles regiert und erhält, nicht allein zu handeln, sondern auch Pläne zu schmieden?

6. Aurelian wird gleich bei angekündigter Verfolgung in Thracien ermordet.

Aurelian, von Natur unsinnig und voreilig, erinnerte sich zwar der Gefangenschaft des Valerian, vergaß aber dessen Frevel und Züchtigung und forderte Gottes Zorn heraus durch grausame Thaten. Es war ihm indessen nicht einmal vergönnt, auszuführen, was er ersonnen, da er sofort beim Beginne seines Wüthens aus dem Wege geräumt wurde. Noch waren seine Befehle nicht in die entferntesten Provinzen gelangt, als er schon zu Cönofrurium in Thracien in seinem Blute zu Boden gestreckt lag, auf einen falschen Verdacht hin von seinen eigenen Freunden ermordet. So viele derartige Beispiele hätten doch die nachfolgenden

Tyrannen zur Mäßigung bringen sollen; aber sie wurden nicht nur nicht abgeschreckt, sondern sie handelten noch verwegener und vermessener gegen Gott.

7. Diokletian¹) eine Plage des Reiches wegen Vermehrung des Beamtenpersonals und der vielen Steuern.

Diokletian, welcher der Erfinder der Laster und Urheber der Übel war, konnte, da er Alles umordnete zum Verderben, seine Hände nicht einmal von Gott abhalten. Derselbe hat den Erdkreis durch Geiz und Furchtsamkeit zugleich zu Grunde gerichtet. Er hat nämlich drei Mitregenten ernannt, nachdem er das ganze Reich in vier Theile getheilt; nun wurden auch die Heere vermehrt, da jeder einzelne (Herrscher) eine weit größere Anzahl Soldaten zu haben strebte, als die früheren Fürsten gehabt hatten, da sie den Staat allein regierten. Die Anzahl Derer, die nur einnahmen, fing an die Anzahl der Gebenden so sehr zu übersteigen, daß, als durch die ungeheuren Auflagen die Kräfte der Landbebauer erschöpft waren, selbe die Äcker verließen und die angebauten Felder sich in Wald verwandelten. Um ferner Alles mit Schrecken zu erfüllen, wurden auch die Provinzen zerstückelt; viele Landvögte und noch mehr Beamte bedrückten die einzelnen Gegenden, sogar fast schon jede Stadt. So gab es auch viele Rechnungsführer, Oberrichter und Stellvertreter der Bezirksvorsteher, welche sehr selten Entscheidungen fällten im Interesse der Unterthanen, dagegen fast nur Todesurtheile und zahlreiche Verbannungen aussprachen; die nicht bloß häufigen, ja endlosen Abgaben von Dingen der verschiedensten Art wurden mit unerträglicher Härte eingetrieben. Ferner war es nicht

---

1) Diokletian wurde am 17. Sept. 284 zum Kaiser gewählt, und am 1. Mai 285 nahm er sich den Maximianus Herkulius zum Mitregenten.

mehr zu tragen, was erfordert war, die Soldaten zu stellen; bei seinem unersättlichen Geize wollte er auch nie den Staatsschatz angreifen, sondern immer ausserordentliche Schätze und Schenkungen zusammen häufen, um Das, was er sich geheim bei Seite gelegt, unangetastet und unverletzt zu erhalten. Als derselbe durch die verschiedenen Ungerechtigkeiten eine ungeheure Theuerung herbeiführte, versuchte er einen gesetzlichen Preis für die zu verkaufenden Gegenstände festzustellen; da wurde wegen unbedeutender Kleinigkeiten viel Blut vergossen. Aus Furcht erschien Nichts mehr zum Verkaufe, und die Theuerung wurde viel schlimmer, bis endlich das Gesetz, nachdem es Vielen das Leben gekostet, nothgezwungen aufgehoben wurde. Hiezu kam noch eine gewisse Baulust, die keine Grenzen hatte, und eine nicht geringere Bedrückung der Provinzen, indem diese nicht nur Werkleute und Künstler, sondern auch Fuhrwerk, wie es immer zu den verschiedenen Bauten nothwendig, zu stellen hatten. So ließ er Prachtgebäude, eine Rennbahn, eine Münzstätte, eine Waffenfabrik bauen, hier ein Gebäude für seine Frau, dort für seine Tochter. Ein großer Theil der Stadt wird auf einmal von den Einwohnern verlassen. Diese wanderten alle mit Weib und Kind aus, als hätte der Feind die Stadt eingenommen. Als nun Dieses mit dem Ruin der Provinzen ausgeführt worden, äusserte er, es sei nicht recht gemacht, es solle anders werden. Man mußte also wieder niederreißen und in anderer Weise aufführen, was vielleicht wieder sollte zu Boden gestürzt werden. Seine Thorheit hielt an in dem Bestreben, Nikomedien der Stadt Rom gleich zu machen. Ich will nicht anführen, wie Viele wegen ihrer Besitzungen und ihres Vermögens umkamen. Denn Das war fast ein erlaubtes Gewohnheitsrecht bei den Gottlosen geworden. Das war aber bei diesem Verfahren etwas Besonderes: wo er immer einen besser gepflegten Acker oder ein prächtigeres Gebäude sah, sogleich wurde dem Eigenthümer eine falsche Anklage gemacht und das Todesurtheil an ihm vollzogen, als wenn er fremdes Eigenthum nicht ohne Blutvergießen hätte rauben können.

8. Des Maximianus Herkulius Gewaltthätigkeit und Wollust.

Was für ein Mann war sein Bruder [Regierungsgenosse] Maximianus, den man Herkulius nannte? Er glich ihm durchaus. Sie hätten ja auch nicht mit einer so getreuen Freundschaft zusammenhalten können, wenn sie nicht eines Sinnes, derselben Denkungsart, gleichen Willens und übereinstimmenden Urtheils gewesen wären. Darin waren sie allein verschieden, daß [Maximianus] weniger geizig[1]) war als [Diokletian]. Dieser furchtsamer, Jener herzhafter, nicht zum Guten, sondern zum Bösen. Denn da er Italien, den Reichssitz, selbst inne hatte und die reichsten Provinzen, als Afrika und Spanien, ihm unterworfen waren, ist er im Bewahren der Schätze, deren er genug hatte, weniger sorgfältig gewesen. Wenn aber ein Nothfall eintrat, so waren immer sehr reiche Senatoren da, die nach Aussage falscher Zeugen nach der Herrschaft gestrebt haben sollten, so daß beständig die Vornehmsten des Senates aus dem Wege geräumt wurden. Der äusserst blutdürstige Fiskus hatte in Fülle von den ungerecht erworbenen Schätzen. Nun war aber eine Geilheit in dem schändlichen Menschen, daß er nicht bloß Mannspersonen mißbrauchte, was eckelhaft und abscheulich ist, sondern auch die Töchter der Vornehmsten schändete. Denn wohin er nur immer reiste, wurden die Jungfrauen vor den Augen ihrer Eltern fortgerissen und ihm gleich bereit gestellt. Darin glaubte er sich glücklich, darin bestehe, meinte er, das Glück seiner Herrschaft, wenn er seinen Lüsten und schändlichen Begierden Nichts versagte.

---

1) Diese Stelle ist ganz verstümmelt überliefert, und haben alle Herausgeber sie so aufgenommen, daß entweder kein Sinn herauszubringen ist oder Herkulius als geiziger denn Diokletian dargestellt wäre, was aber geradezu unmöglich von Laktantius kann gesagt worden sein, da er den Diokletian als Ausbund des Geizes in Kap. 7 geschildert hat. Fritzsche allein hat in seiner Ausgabe die oben angenommene Lesart: differebant, quod avaritia minor in altero fuit, in altero major, in hoc minus audaciae et plus timiditatis, in illo plus vero animi.

Den Konstantius übergehe ich, da er den Übrigen ganz unähnlich war und verdiente, den Erdkreis allein zu beherrschen.

9. Galerius Maximianus,[1]) **ein roher und ehrgeiziger Mensch, wird von Diokletian zum Mitregenten erhoben.**

Der andere Maximianus aber, den Diokletian sich zum Eidam genommen hatte, war nicht bloß schlimmer als diese Beiden, deren Druck man zu unseren Zeiten empfunden hat, sondern schlimmer, als irgend Einer gewesen. Dieses Ungeheuer besaß eine angeborene Rohheit und Wildheit, die dem römischen Volke ganz fremd ist. Und Das war weniger zu bewundern, weil seine Mutter jenseits der Donau zu Hause war; sie hatte sich beim feindlichen Einfalle der Karper, indem sie über den Fluß setzte, nach Neudacien geflüchtet. Sein Körper paßte ganz zu seinen Sitten: eine hochgewachsene Figur, ein ungeheurer, aufgedunsener Fleischklumpen von erschrecklich großer Ausdehnung. Zudem war er auch in Worten, Geberden und von Ansehen Allen schrecklich und furchtbar. Sogar sein Schwiegervater fürchtete ihn auf das Äusserste. Der Grund dieser Furcht war folgender: Narseus, König der Perser, angespornt daheim durch die Beispiele seines Großvaters, trachtete mit großer Heeresmacht heftig nach der Besitzergreifung der östlichen Länder. Diokletian aber, da er bei jedem Tumulte furchtsam und kleinmüthig war, zugleich auch des Valerian Strafe fürchtend, getraute sich nicht, ihm entgegen zu ziehen; dagegen schickte er den Galerius durch Armenien, während er selbst im Oriente verweilte, den Ausgang der Dinge abzuwarten. Jener schlug die Barbaren, die mit all den Ihrigen in den Krieg zu ziehen pflegen, da sie durch die große Masse behindert und von Gepäck beschwert waren, mit leichter Mühe von seinem Hinterhalt aus. Als

---

1) Dieser ward am 1. April 292 mit Konstantius Chlorus zum Cäsar ernannt.

der König Narseus geflohen war, ist er mit ungeheurer
Beute aller Art zurückgekehrt: für sich brachte er den Stolz,
für Diokletian die Furcht mit. Nach diesem Siege war er
nämlich zu solchem Hochmuthe aufgebläht, daß er den Namen eines Cäsar nicht mehr genehm fand. Und wenn er
in Briefen an ihn diesen Namen vernahm, rief er mit
trotziger Miene und furchtbarer Stimme: Wie lange noch
Cäsar? Von der Zeit an begann er, sich so übermüthig zu
benehmen, daß er als Sohn des Mars wollte angesehen
und benannt werden wie ein zweiter Romulus. Und so
hat er sich gerne entschlossen, seine Mutter Romula als Ehe-
brecherin zu brandmarken, damit er nur für einen Abkömm-
ling der Götter gehalten würde. Weiter über seine Thaten
zu reden, verschiebe ich, um die Zeitfolge nicht zu stören.
Später nämlich, als der Titel „Kaiser" angenommen und
sein Schwiegervater der Würde beraubt war, da fing er erst
an, zu wüthen und Alles zu verachten. Da nun Diokles —
wie er, bevor er regierte, genannt wurde — durch solche Maßregeln und Genossen den Staat zu Grunde richtete und er
sich die schlimmsten Strafen für seine Verbrechen verdiente,
so hat er dennoch so lange sehr glücklich regiert, als er seine
Hände mit dem Blute der Gerechten nicht befleckte. Was
für eine Veranlassung er aber zur Verfolgung der Christen
gehabt, will ich erzählen.

**10. Erste Veranlassung der Diokletianischen
Verfolgung: das Zeichen des heiligen Kreuzes
bei den heidnischen Opfern.**

Da er (Diokletian) sich in den morgenländischen Provinzen aufhielt und er gemäß seiner Furcht die Zukunft er-
forschen wollte, opferte er Thiere und forschte in ihren Le-
bern nach den künftigen Ereignissen. Da nun geschah es,
daß einige von seinen Dienern, die den Herrn kannten, als
sie dem Opfer beiwohnten, ihre Stirne mit dem unsterblichen
Zeichen (des Kreuzes) bezeichneten. Hierauf flohen die Teufel,
und die Opferhandlung wurde gestört; die Opferpriester zitterten,

und in den Eingeweiden fanden sie die gewöhnlichen Zeichen nicht; und als wenn sie nicht geopfert hätten, opferten sie von Neuem. Allein auch die wiederholt geschlachteten Opfer zeigten Nichts, bis endlich Tagis, der Vorsteher der Wahrsager, entweder aus Verdacht oder weil er es gesehen, erklärte: Die Opfer thun Nichts kund, weil unheilige Menschen dieser göttlichen Handlung beiwohnen. Da befahl er in Zornes-Wuth, daß nicht bloß Die, welche bei dem Opfer thätig waren, sondern Alle, die im Palaste waren, opfern sollten; die sich weigern würden, sollten mit Schlägen gezüchtigt werden. Ferner schickte er Briefe an die Kriegsobersten mit dem Befehle, daß auch die Soldaten zu schändlichen Opfern gezwungen werden sollten, und wenn welche nicht gehorchen sollten, so müßten sie vom Dienste entlassen werden. Soweit ging für jetzt seine Zornes-Wuth, und weiter that er Nichts gegen Gottes Gesetz und Religion. Einige Zeit nachher kam er nach Bithynien, dort den Winter zuzubringen; ebendahin kam damals der Cäsar Maximianus (Galerius), der, von Bosheit entflammt, den wankelmüthigen Greis (Diokletian) zur Verfolgung der Christen, womit er schon den Anfang gemacht hatte, aufreizen wollte. Die Ursache dieses Wuthausbruches ist, wie ich erfahren, folgende gewesen.

11. Galerius, von seiner Mutter Romula gereizt, drängt den Diokletian gegen seinen Willen zur Verfolgung.

Seine Mutter war eine Verehrerin der Berggötter, und da sie nun ein sehr abergläubisches Weib war, hat sie ihnen fast täglich Speisen geopfert und den Dorfbewohnern Gastmahle bereitet. Davon enthielten sich die Christen, und während sie mit den Heiden schmauste, fasteten und beteten diese. Daher faßte sie nun Haß gegen sie und hetzte ihren Sohn, der nicht minder abergläubisch war, durch weibische Klagen auf, diese Menschen aus dem Wege zu räumen.

Deßhalb haben sie nun den ganzen Winter berathen, und
da Keiner zugelassen wurde, glaubte man allgemein, es werde
über das höchste Interesse des Reiches verhandelt; lange
widerstand der Greis dem Grimme desselben, indem er zeigte,
wie verderblich es wäre, den Erdkreis zu beunruhigen und
das Blut Vieler zu vergießen. Die Christen seien gewohnt,
gerne zu sterben. Es sei hinreichend, wenn er bloß die Bewohner des Palastes und die Soldaten von dieser Religion
abhielte. Aber dennoch konnte er die Hartnäckigkeit des
zornigen Menschen nicht brechen. Er beschloß daher, die
Meinung der Freunde zu vernehmen. Denn er besaß die
Bosheit, daß, wenn er etwas Gutes zu thun beschlossen
hatte, er es ohne Rath ausführte, damit er selbst das Lob
ärnte; wenn er aber etwas Schlechtes wollte, wovon er bestimmt wußte, daß es getadelt werden mußte, so rief er
Viele zur Berathung, damit es Anderen beigemessen würde,
was er selbst verbrochen hatte. Es wurden nun Wenige
aus dem Richterstande und dem Soldatenstande herangezo-
gen und befragt nach ihrem Range. Einige erklärten aus
eigenem Hasse gegen die Christen, daß die Feinde der Götter und Gegner aller öffentlichen Religionen vertilgt werden müßten, und Die, welche anderer Meinung waren, tra-
ten, als sie seine Gesinnung erkannt hatten, sei es aus
Furcht oder aus dem Bestreben, sich beliebt zu machen, derselben Ansicht bei. Aber auch so konnte der Kaiser nicht
einmal zur Zustimmung bewogen werden; dagegen beschloß
er, die Götter vorzüglich um Rath zu fragen, und schickte
er einen Wahrsagepriester zum Apollo nach Milet. Dieser
antwortete als Feind der göttlichen Religion; und so wurde
er denn von seiner Meinung abgebracht. Da er nun weder den Freunden noch dem Cäsar noch dem Apollo sich
widersetzen konnte, so hat er versucht, in der Weise Mäßigung zu wahren, daß Alles ohne Blutvergießen durchge-
führt werden sollte, obgleich der Cäsar Diejenigen, welche
sich zu opfern weigern würden, lebendig verbrennen lassen
wollte.

12. Diokletian und Galerius beginnen die zehnjährige Verfolgung mit der Plünderung und Zerstörung der Kirche zu Nikomedien.

Zur Ausführung des Unternehmens sucht man einen passenden und glücklichen Tag und wählt dazu als besonders geeignet das Fest des Grenzgottes, welches am dreiundzwanzigsten Februar gefeiert wurde, damit dieser Religion gleichsam eine Grenze gesteckt würde.

„Jener Tag war des Todes Beginn, ach jener des Unglücks Erster Beginn,"[1)]

welches ihnen selbst (den Kaisern) und dem Erdkreis widerfuhr. Als dieser Tag anbrach, — die beiden Alten bekleideten das Konsulat zum achten und siebenten Male, — kam plötzlich, als es noch dämmerte, der Stadtvogt mit Anführern, Tribunen und Rechnungsbeamten zur Kirche. Die Thüren wurden erbrochen und das Bildniß Gottes gesucht; die heiligen Schriften, welche man fand, wurden verbrannt. Alle erhalten Beute: sie rauben, eilen hin und her und machen sich davon. Sie selbst spielten Zuschauer (die hochgelegene Kirche war vom Palaste aus sichtbar) und stritten lange mit einander, ob nicht Feuer angelegt werden müßte. Es siegte Diokletians Ansicht, der besorgt war, es möchte, wenn das Feuer groß würde, ein Theil der Stadt dem Brande verfallen. Denn es umgaben viele große Häuser von allen Seiten (die Kirche). Deßhalb kam die Leibwache in Reihe und Glied mit Beilen und anderen Werkzeugen von Eisen, und von allen Seiten angetrieben hat sie endlich dieses sehr hohe Heiligthum[2)] dem Boden gleich gemacht.

---

1) Virgil. Aeneis IV. 169 (nach Voß).
2) Die meisten Ausgaben haben hier: tamen illud editissimum. Eduardus ließ tandem drucken (weil tamen keinen Sinn zuläßt); da hat Dübner die passende Lesart fanum gesetzt, die auch der Jesuit Hurter angenommen.

13. Ein Unbekannter zerreißt das Dekret des Diokletian, welches die Verfolgung anordnet, wofür ihn grausige Todesstrafe trifft.

Am Tage darauf wurde ein Edikt öffentlich angeheftet, worin bestimmt war, daß Alle, welche zu jener Religion gehörten, aller Ehre und Würde [Ämter] verlustig sein sollten, daß sie der Folter sollten unterworfen sein, von welchem Stande oder Range sie immer sein möchten; gegen sie sollte jegliches Klagrecht zur Geltung gelangen; sie selbst dagegen sollten weder wegen erlittenen Unrechts noch wegen Ehebruch noch auch wegen geraubter Gegenstände klagen können; mit einem Worte, "sie sollten weder Freiheit[1]) noch Stimme haben." Dieses Edikt aber hat Jemand,[2]) wenn auch nicht mit Recht,[3]) so doch mit großem Muthe herabgerissen und zersetzt, indem er spottweise bemerkte, Das wäre die öffentliche Bekanntmachung der Siege der Gothen und Sarmaten. Sofort wird er eingeführt[4]) und nicht bloß gefoltert, sondern auch regelrecht gekocht,[5]) zuletzt aber verbrannt, was er mit wunderbarer Geduld ertrug.

---

1) Hunziker meint (II, 164), daß dieses libertatem non haberent nicht heißen könne: sie sollten zu Sklaven gemacht werden, denn das wäre eine "ungeheuerliche Maßregel", wovon auch im Verlaufe der Verfolgung keine Spur zu finden sei; es soll der Ausdruck so viel heißen als: sie (die Sklaven) konnten unmöglich die Freiheit erwerben. "Vocem non habere" soll heißen: bürgerlich mundtodt sein.

2) Der Jemand wird von Eusebius οὐκ ἄσημος, ein Vornehmer genannt. Diesem Kühnen einen bestimmten Namen zu finden ist nicht gelungen; denn der Martyrer Johannes starb am 7. September und Georgius am 23. April. (Diese Beiden hat man nämlich dafür ausgegeben.)

3) Die christliche Religion verbietet die Anwendung von Gewalt.

4) Halm hat an dieser Stelle die Lesart perductus statt deductus festgestellt.

5) "Regelrecht kochen" heißt "sehr langsam rösten".

14. Galerius zündet den Palast an und schiebt das Verbrechen auf die Christen, wodurch die im Palaste wohnenden mit dem Tode bestraft werden.

Der Cäsar aber, nicht zufrieden mit den Anordnungen des Edikts, sucht den Diokletian in anderer Weise zu bestürmen. Um ihn nämlich zu dem Entschlusse einer recht grausamen Verfolgung zu bringen, bewirkt er durch geheim verborgene Diener eine Brandstiftung im Palaste; als nun ein Theil des Palastes ein Raub der Flammen geworden, beschuldigte man dessen die Christen als öffentliche Feinde, und erlitt durch diese entsetzliche Anschuldigung[1]) der christliche Name mit dem (theilweise verbrannten) Palaste moralische Vernichtung; (es wurde gesagt:) sie hätten nach gepflogener Berathung mit den Eunuchen die Ermordung der Fürsten im Sinne gehabt; die beiden Kaiser seien fast lebendig in ihrem eigenen Hause verbrannt. Diokletian aber, der immer schlau und einsichtsvoll erscheinen wollte, konnte Nichts merken [von dem Betruge des Galerius], sondern von Zorn entbrannt ordnete er sofort an, daß alle seine Leute zerfleischt würden. Er selbst spielte den Richter und ließ durch Feuer die Unschuldigen foltern; Dasselbe thaten alle Richter; endlich erhielten die Beamten alle, welche im Palaste waren, Vollmacht und folterten auch. Sie strengten sich an um die Wette, wer zuerst Etwas ausfindig machen könnte [über die Anstifter des Brandes]. Nirgends entdeckte man Etwas, da Keiner die Diener des Galerius folterte. Er war selbst anwesend und trieb an, in keiner Weise bul-

---

1) Hunziker (p. 170 und folgende) hält diese Anschuldigung für begründet: er meint, die Hofleute hätten durch plötzliches Feuer im Palaste dem Kaiser einen Wink der Götter geben wollen, vom Vorhaben (der Verfolgung) abzustehen; dagegen sei es unnachweisbar, daß sie gegen die Person des Kaisers Gewaltthat beabsichtigt hätten. Also Eins nimmt der Forscher als geschichtliche Thatsache an, das Andere nicht, obschon Beides von Laktantius in gleicher Weise als Anschuldigung erwähnt wird.

dend, daß der Zorn des unbesonnenen Greises abnehme. Indessen bewirkte er nach fünfzehn Tagen wiederum eine andere Brandstiftung. Sie wurde schneller entdeckt, aber dennoch kam der Anstifter nicht zum Vorschein. Da nun reiste der Cäsar im Sturme ab, obschon die Reise schon um die Mitte des Winters vorbereitet war, zugleich erklärend, daß er fliehe, um nicht lebendig zu verbrennen.

15. Diokletian wüthet im ganzen Reiche auf's grausamste gegen die Christen.

Nunmehr wüthete der Kaiser nicht bloß allein gegen seine Diener, sondern gegen Alle. Vor Allen zuerst zwang er seine Tochter Valeria und seine Gemahlin Priska, sich durch Götzenopfer zu beflecken.[1] Die einst mächtigsten Eunuchen, durch welche der Palast und er selbst früher in Sicherheit war, wurden getödtet. Priester und Kirchendiener wurden ergriffen und ohne jeglichen Beweis zum Tode verurtheilt und mit all den Ihrigen abgeführt. Menschen von jedem Geschlecht und Alter wurden zum Verbrennen fortgerissen, und nicht einzeln, sondern, da ihrer ja so sehr Viele waren, schaarenweise wurden sie mitten in's Feuer geworfen und verbrannt; was zur Dienerschaft gehörte, wurde mit Mühlsteinen am Halse in die Tiefe des Meeres versenkt. Nicht minder heftig drückte die Verfolgung das übrige Volk; denn die Richter vertheilten sich in alle Tempel und zwangen Alle zum Opfer. Die Kerker waren angefüllt, unerhörte Arten von Martern wurden erdacht, und damit nicht irgend Jemandem (Christen) ohne Weiteres Recht gesprochen würde,

---

[1] Es läßt sich nicht nachweisen, ob diese beiden Christinnen gewesen; die meisten Erklärer nehmen es an. Hunziker meint, Laktantius wolle damit bestätigen, daß die Höchstgestellten sich verschärfter Kontrole beim Opfer hätten unterziehen müssen; daß die beiden nicht Christinnen gewesen, will er schließen aus der Kaltblütigkeit, womit Laktantius später deren Tod schildere; aber dazu hätte er ja mehr Grund, wenn sie abgefallen wären.

hat man in den Verhörzimmern und vor dem Richterstuhle
Altäre aufgestellt, damit die Prozeßführenden zuerst opferten und demnach ihren Rechtsstreit behandelten; so mußte
man also zu den Richtern wie zu Göttern herantreten. Es
waren auch schon Briefe an den Maximianus [Herkulius zu
Mailand] und Konstantius gekommen, daß sie ebenso handeln sollten. Deren¹) Ansicht war ja in so wichtiger Ange-
legenheit nicht abgewartet worden. Der Greis Maximian
gehorchte freilich auch gerne für ganz Italien, da der Mensch
nicht sonderlich milde²) war. Konstantius jedoch, um nicht
den Anschein zu haben, als weiche er von den Vorschriften
der Höheren ab, ließ einfach kleine Bethäuser, das heißt
deren Wände, die wieder hergestellt werden konnten, zerstören; den wahren Tempel Gottes aber, der in Menschen
besteht, erhielt er unversehrt.

**16. Des Donatus, dem dieses Buch gewidmet
ist, standhaftes Bekenntniß für Christus bei
neunmaliger Folter und sechsjährigem Ge-
fängniß.**

Somit wurde das ganze Land gequält, und mit Ausnahme Galliens wütheten von Aufgang bis zum Niedergang
der Sonne drei der heftigsten Ungeheuer. „Nicht wenn ich

---

1) Halm hat hier die Lesart quorum statt eorum aus der
Handschrift nachgewiesen, was von Hurter nicht benützt worden.
2) Hunziker meint (II, 180): dieses Urtheil des Laktantius
dürfte richtig sein (wie wohlwollend!!), da der Lobredner des
Herkulius (panegyr. Mamert. cap. IV p. 22 bei Arntzen, Utrecht
1790—1795) von ihm sagt: Haec omnia, quum a fratre optimo
[!! Diocletiano !!] oblata susceperis, tu fecisti,,,fortiter", ille
sapienter. Zum Troste wollen wir Hunziker noch Eutropius'
Urtheil über diesen Barbaren mittheilen: Herculius propalam
ferus, et incivilis ingenii, asperitatem suam etiam vultus
horrore significans Lib. 9. Und: Vir ad omnem asperitatem
et saevitiam proclivus, infidus, incommodus, civilitatis peni-
tus expers. Lib. 10.

hundert Zungen und hundert Kehlen und eine eiserne Stimme hätte, könnte ich alle Gestalten der Laster zusammenfassen noch alle Namen der Strafen durchgehen," ¹) welche [Strafen] die Richter in den Provinzen gerechten und unschuldigen Personen zugefügt haben. Aber wozu ist es nothwendig, Jenes zu erzählen und namentlich dir, theuerster Donatus, der du vor den Übrigen das Unwetter dieser stürmischen Verfolgung erfahren hast? Denn als du in die Hände des Präfekten Flaccinus, eines gewaltigen Menschenmörders, gefallen warst, darauf in die des Hierokles, der vom Stellvertreter zum Vorsitzer erhoben worden, auch Anstifter und Rathgeber bei Ausführung der Verfolgung gewesen war, schließlich in die seines Nachfolgers Priscillianus: da hast du Allen einen Beweis von deinem unbesiegbaren Heldenmuthe gegeben. Denn neunmal verschiedenen Foltern und Martern unterworfen, hast du auch neunmal den Gegner durch ruhmvolles Bekenntniß besiegt. In neun Kämpfen hast du den Teufel mit seinen Trabanten bekriegt, in neun Siegen hast du über die Welt mit ihren Schrecken triumphirt. Wie angenehm war dieses Schauspiel Gott, da er dich schaute als Sieger, der nicht weiße Pferde und ungeheure Elephanten, sondern vorzüglich die Triumphatoren selbst vor seinen Wagen spannte; das ist der wahre Triumph, daß die Herrscher beherrscht werden. Sie sind nämlich durch keinen Starkmuth besiegt und unterjocht worden, da du mit Verachtung ihres gottlosen Befehles alle Zurüstungen und Schreckmittel der tyrannischen Macht durch standhaften Glauben und Stärke des Geistes niedergeschmettert hast. Nichts haben gegen dich vermocht Schläge, Nichts eiserne Krallen, Nichts das Feuer, noch Eisen, Nichts die verschiedenen Arten der Folter. Keine Gewalt konnte dir den Glauben und die Frömmigkeit nehmen. Das heißt ein Schüler Gottes, ein Kämpfer Christi sein, den kein Feind bezwingt, kein Wolf von

---

1) Diese Stelle ist aus Virgils Schilderung der Unterwelt (Aeneis V, 626).

dem himmlischen Lager raubt, kein Fallstrick fängt, kein
Schmerz besiegt, keine Marter niederdrückt. Endlich nach
jenen neun sehr ruhmvollen Siegen, in welchen du den Teufel besiegt hast, wagte er es nicht mehr, mit dir, den er in
so vielen Kämpfen als unbesiegbar erprobt, anzubinden.
Und als dir die Siegerkrone schon bereitet war, hat er aufgehört, dich weiter herauszufordern, damit du sie nicht schon
gleich erhieltest. Wenn du sie nun auch gegenwärtig noch
nicht erhalten hast, so bleibt sie dir doch für deine Tugenden
und Verdienste im Reiche Gottes unverletzt aufbewahrt.
Indessen will ich wieder zur Reihenfolge der Begebenheiten
übergehen.

17. Diokletian kehrt nach der Feier des zwanzigjährigen Regierungsfestes zu Rom krank und geistesleidend nach Nikomedien zurück.

Nachdem solcher Frevel nunmehr verübt war, brach
Diokletian — sein Glücksstern hatte ihn schon verlassen — sogleich nach Rom auf, um dort den Tag der zwanzigjährigen
Regierung zu feiern; dieser fiel auf den zwanzigsten November.[1]) Am Schlusse dieser Feier brach er, weil er die
Freiheit des römischen Volkes nicht ertragen konnte, ungeduldig und verdrießlich mit Unmuth aus der Stadt auf,

---

1) Hunziker hat sich (II. 184) große Mühe gegeben, diesen
Tag auf den 21. Dezember 303 zu verlegen; Laktantius soll
im Irrthume gewesen sein (warum nicht gar gefälscht haben wie bei der Verdächtigung des Galerius wegen des Palastbrandes?) Tillemont wird Seite 186 Note 1 getadelt,
daß er in „veralteter Weise" das Datum von Laktantius zur Feststellung eines gleichzeitigen Gesetzes hergenommen.
Aber wie ging's dem modernen Hunziker? Er hatte 1868 die
Forschungen des Generalbaumeisters Mommsen, die derselbe 1869
in der Berliner Akademie veröffentlicht, noch nicht kennen gelernt.
Diese beweisen absolut, daß Laktantius Recht hat, und nun hat
Hunziker 1870 auch widerrufen im III. Bd. von Büdinger.;

obschon der erste Januar schon nahe war, an welchem ihm
das neunte Konsulat übertragen wurde. Dreizehn Tage
konnte er nicht mehr aushalten, so daß er lieber zu Rom benn zu
Ravenna als Konsul seinen feierlichen Aufzug gehalten hätte.
Weil er aber im Winter, bei grausiger Kälte und von Platzregen
heimgesucht, abreiste, zog er sich eine zwar leichte aber an-
haltende Krankheit zu; da er nun während der ganzen Reise
zu leiden hatte, wurde er meistens in einer Sänfte weiter
gebracht. So kam er Ende des Sommers, dem Donauufer
nachgebend, nach Nikomedien; da aber zeigte sich schon eine
schwere Krankheit. Und obgleich er sich von dieser ganz niedergedrückt sah, so ließ er sich doch heraustragen, um den
Cirkus, welchen er gebaut hatte, einzuweihen, als gerade ein
Jahr nach der zwanzigjährigen Regierungsfeier vorüber gegangen.[1]) Darauf wurde er von solcher Kraftlosigkeit ergriffen, daß
bei allen Göttern für sein Leben gebetet wurde, bis man
am dreizehnten Dezember plötzlich im Palaste klagte, trauerte
und weinte und die Richter ängstlich schwiegen. In der
ganzen Stadt sagte man schon, daß er nicht bloß gestorben,
sondern sogar begraben sei, als plötzlich am folgenden Tage
früh das Gerücht verbreitet wurde, daß er noch lebe, und
die Gesichter der Diener und Richter durch Heiterkeit verändert waren. Es fehlte auch nicht an Solchen, welche
muthmaßten, daß sein Tod verheimlicht werde, bis der Cäsar anküme, damit die Soldaten keine Neuerungen vornäh-
men. Diese Vermuthung hatte solche Geltung erlangt, daß
Niemand ihn noch am Leben wähnte, wenn er nicht am ersten
März sich öffentlich gezeigt hätte; er war kaum kennbar, da
er fast ein ganzes Jahr an der Krankheit abgenommen
hatte. Am dreizehnten Dezember, wo die Lebenszeichen ge-

---

1) Am 20. November 304 weihte Diokletian den Cirkus ein.
Unbegreiflicher Weise behauptet Hunziker (II. 195), daß Laktantius
den Diokletian als krank schildere, weil er den Cirkus nicht ein-
geweiht habe, obgleich Laktantius geradezu sagt, daß er sich zu
dem Zwecke habe heraustragen lassen.

schwunden, hatte er sich wieder erholt, doch nicht in
jeder Beziehung: denn an seinem Verstande hatte er gelitten, so daß er zu gewissen Stunden unsinnig, zu gewissen
wieder vernünftig redete.

**18. Galerius geht den Diokletian an um Abdankung und um Einsetzung neuer Cäsaren
mit Umgehung des Konstantin.**

Einige Tage nachher kam der Cäsar an, nicht um den
Vater zu beglückwünschen, sondern ihn zu nötigen, von der
Herrschaft abzustehen. Kurz zuvor hatte er schon mit dem
greisen Maximian Wortstreit gehabt und ihn in Schrecken
gesetzt durch die Furcht vor Bürgerkrieg. Nun ging er auch
den Diokletian an, zuerst sanft und freundlich, indem er anführte, daß er schon hoch bejahrt sei und bereits zu wenig
Kraft und Fähigkeit besitze für die Staatsverwaltung; nach
vielen Arbeiten komme ihm Ruhe zu. Zu gleicher Zeit
brachte er noch das Beispiel des Nerva vor, der dem Trajan
die Regierung übergeben hätte. Jener behauptete dagegen,
es sei unpassend, nach so großem Glanze in der höchsten
Stellung in das Dunkel des niedrigen Privatlebens herabzusteigen; dazu sei Das auch weniger sicher für ihn, weil er
sich in so langer Regierung den Haß vieler Menschen zugezogen hätte. Nerva habe auch nur ein Jahr regiert, und
da er die Last und Sorge so wichtiger Angelegenheiten, sei
es des Alters oder der Ungewohntheit wegen, nicht länger
ertragen konnte, habe er das Staatsruder niedergelegt und
sei er zum Privatleben, worin er auch alt geworden, zurückgekehrt. Wenn er aber den Kaisertitel zu haben wünschte,
so stände ja Nichts im Wege, daß Alle den Ehrentitel „Augustus" annähmen. Da Jener aber, der schon den ganzen Erdkreis zu nehmen gehofft hatte, einsah, daß ihm dadurch außer dem Namen entweder Nichts oder nicht Viel
Theil werde, gab er zur Antwort, daß seine eigene Anordnung für alle Zukunft beibehalten werden müsse, so daß
zwei von höherem Range im Staate seien, die den Oberbe-

fehl führten, und Zwei von geringerem, die zur Hilfe sein sollten. Zwischen Zweien könne leicht die Eintracht erhalten bleiben, zwischen Vieren aber, die sich gleich wären, auf keine Weise. Wenn er nicht würde abtreten wollen, so werde er schon Vorsorge treffen, nicht länger mehr der Untergeordnete und Letzte zu sein. Er sei seit fünfzehn Jahren nach Jllyrien und an das Ufer der Donau verwiesen, um mit barbarischen Völkerschaften zu kämpfen, während Andere in größeren und friedlicheren Gebieten in aller Bequemlichkeit regierten. Als der schwache Greis Dieses vernommen und er auch schon vom alten Maximian eine schriftliche Mittheilung über alle seine Äusserungen erhalten hatte, woraus er erkannte, daß von selbem das Heer vermehrt würde, sagte Diokletian unter Thränen: „So geschehe es, wenn es so gefällt!" Es erübrigte alsdann, daß die Cäsaren durch eine gemeinsame Berathung Aller gewählt würden.

Gal. Was bedarf es der Berathung? Denn was immer wir thun, muß jenen Zweien gefallen.

Diokl. Durchaus so. Es müssen ja die Söhne Jener ernannt werden. Maximianus hatte einen Sohn, Maxentius, der eben dieses Maximianus [Galerius] Schwiegersohn war, ein Mensch von äusserst schlechter Gesinnung, so stolz und widerspänstig, daß er weder dem Vater noch dem Schwiegervater die schuldige Ehrenbezeigung zu erweisen pflegte. Deßhalb war er auch beiden verhaßt. Konstantius hatte auch einen Sohn, Konstantin, der ein überaus braver und für diese hohe Würde sehr würdiger Jüngling war. Derselbe wurde wegen seiner ganz besonders schönen körperlichen Gestalt, wegen der Tüchtigkeit im Kriegsdienste, wegen seiner musterhaften Sitten und aussergewöhnlichen Freundlichkeit sowohl von den Soldaten geliebt, als von den Privaten gewünscht. Er war damals gerade anwesend, auch von Diokletian schon längst zum Obersten ersten Ranges erhoben.

Diokl. Was soll also geschehen?

Gal. Jener [Maxentius], sprach er, ist nicht würdig;

denn der mich, als er noch Privatmann war, verachtet hat, was wird er thun nach erlangter Herrschaft?

Diokl. Dieser [Konstantin] wird wahrlich ein so liebenswürdiger Herrscher sein, daß er für besser und milder als sein Vater gehalten wird.

Gal. Auf diese Weise würde es geschehen, [daß ich nicht thun könnte, was ich möchte. Deßhalb müssen Solche ernannt werden, die in meiner Gewalt sind, sich fürchten und Nichts thun ohne mein Geheiß.

Diokl. Was sollen wir denn thun?

Gal. Den Severus (nehmen), sprach er.

Diokl. Jenen Tänzer und taumelnden Trunkenbold, der die Nacht zum Tage und den Tag zur Nacht macht?

Gal. Er ist würdig, weil er den Soldaten treu das Pflichtmäßige zukommen ließ; ich habe ihn zum Maximian schon geschickt, daß er von ihm [mit dem Purpur] bekleidet werde.

Diokl. So sei es; wen willst du aber als Zweiten stellen?

Gal. Diesen hier, sagte er, indem er ihm den Daja, einen halb barbarischen Jüngling, vorstellte, den er erst kürzlich nach seinem Namen Maximianus hatte nennen lassen; denn auch seinen Namen hatte vorhin Diokletian der Vorbedeutung wegen theilweise verändert, weil Maximianus [Herkulius] mit der größten Gewissenhaftigkeit die Treue bewahrte.

Diokl. Wer ist denn Dieser, den du mir vorschlägst?

Gal. Es ist mein Anverwandter.

Diokl. Aber Jener sprach seufzend: Du bietest mir keine tüchtigen Leute, denen der Schutz des Staates anvertraut werden könnte.

Gal. Ich habe sie geprüft, sprach er.

Diokl. Da magst du zusehen, wenn du die Regierung des Reiches übernehmen willst. Ich habe genug gearbeitet und Vorsorge getroffen, daß der Staat unter meiner Regierung in jeder Weise unversehrt bleiben möchte. Wenn

sich etwas Nachtheiliges ereignen sollte, so wird es meine
Schuld nicht sein.

19. Diokletian ernennt den Severus und Maximinus zu Cäsaren; er selbst kehrt nach Ablegung des Purpurs als Privatmann nach Dalmatien in seine Heimath zurück.

Als Dieses nun so abgemacht war, fand am ersten Mai
ein feierlicher Aufzug statt. Aller Augen waren auf Konstantin gerichtet, und Niemand hegte einen Zweifel [bezüglich] dessen Ernennung zum Cäsar]. Die anwesenden Soldaten, ebenso die aus den Legionen gewählten und herangezogenen Obersten richteten ihren Blick voll Freude auf ihn.
Er war der Gegenstand ihres Verlangens und ihrer Segenswünsche. Dreitausend Schritte ausserhalb der Stadt
war ein Hügel, auf dessen Spitze Maximianus (Galerius)
selbst den Purpur genommen hatte; dort war auch eine Säule
mit dem Bilde des Jupiter aufgerichtet. Dorthin zieht man
und beruft die Soldaten zur Versammlung. Der Greis
spricht unter Thränen und redet also die Soldaten an: Die
Kräfte haben mich verlassen, ich suche Ruhe nach rer Arbeit und übergebe die Herrschaft Solchen, die mehr Kraft
haben. Andere will ich zu Cäsaren ernennen. Alle waren
nun in größter Spannung, was er vorbringen würde. Da
ernennt er den Severus und Maximinus zu Cäsaren. Alle
staunen. Konstantin stand an erster Stelle zur Seite [der
Kaiser]. Man flüstert sich zu, ob der Name des Konstantin
wohl verändert worden. Da zieht vor Aller Augen Maximianus (Galerius), die Hand hinter sich ausstreckend, von
da den Daja hervor, während Konstantin zurückgedrängt
wurde; auch zieht er ihm das Privatkleid aus und stellt ihn
in die Mitte. Alle hätten nun gerne gewußt, wer und woher Dieser wäre. Doch wagte Keiner zu widersprechen, da
Alle durch das neue, unerwartete Ereigniß auffer sich waren.
Diesem [Maximinus Daja] zog Diokletian seinen Purpur

an, nachdem er ihn sich ausgezogen, und so wurde er wieder Diokles.

Darnach zieht man ab, und zu Wagen wird der ausgediente Herrscher durch die Stadt zum Thore hinaus gefahren und in sein Vaterland entlassen. Daja dagegen, der erst kürzlich von den Viehheerden aus den Wäldern hergeholt worden und sofort Soldat, dann Leibgardist, alsbald Tribun, am Tage darauf Cäsar geworden, erhält das Morgenland, es zu zertreten und zu zermalmen, und obschon er offenbar Nichts von dem Soldatendienste noch auch vom Staatswesen Etwas kannte, wird er, nun nicht mehr Führer der Heerden, solcher bei den Soldaten.

20. Des Galerius Pläne, die ganze Macht in seiner Hand zu concentriren, um sie nach seinen Vicennalien seinen Kreaturen zu übermachen.

Als Maximianus (Galerius) nunmehr die beiden alten (Kaiser) beseitigt und so seinen Willen durchgesetzt, hielt er sich für den alleinigen Herrn des ganzen Erdkreises. Denn den Konstantius verachtete er, obschon Dieser als erster[1] Augustus ernannt werden mußte, weil er von Natur milde und durch schwächliche Gesundheit behindert war. Er erwartete dessen baldigen Tod, und sollte er nicht erfolgen (in kurzer Zeit), so schien es leicht, ihn selbst mit Gewalt (des Purpurs) zu berauben. Denn was sollte er anfangen, wenn er von Dreien[2] gezwungen würde, die Herrschaft niederzulegen? Er (Galerius) hatte den Licinius, einen alten Kriegskameraden, mit dem er vom ersten Dienst an vertraut ge-

---

1) Daß Konstantin dem Galerius vorging, bezeugt Galerius selbst (Kap. 18), wo er sagt, daß er schon sorgen werde, nicht länger mehr der Letzte zu sein. Die Zeugnisse der gleichzeitigen Schriftsteller und Münzen citirt Baluze Seite 211.
2) Die Drei sind: Galerius, Severus, Maximinus (Daja).

wesen, zum Freunde, dessen Rathschläge er sich bei allen Regierungsgeschäften bediente. Diesen wollte er jedoch nicht zum Cäsar ernennen, daß er ihn nicht Sohn nennen müßte, um ihn sogar an Stelle des Konstantius zum Augustus und Bruder annehmen zu können; er selbst aber sollte dann den ersten Rang einnehmen und, wenn er nach Willkür über den Erdkreis drauf los gehaust, sein zwanzigjähriges Regierungsfest feiern und dann unter Einsetzung seines damals neunjährigen Sohnes als Cäsar (den Purpur) ablegen: während so Licinius und Severus die erste Stufe der Herrschaft, Maximinus und Kandibianus[1]) den zweiten Titel der Cäsaren inne hätten, sollte er, von einer unüberwindlichen Mauer geschützt, sein Alter in sicherer Ruhe hinbringen. Dahin gingen seine Pläne; aber Gott, den er sich zum Feinde gemacht, vereitelte alle seine Pläne.

21. Grausamkeit des Galerius im Allgemeinen und besonders gegen die Christen.

Als er so die höchste Macht (eines Augustus) erlangt hatte, ging sein Bestreben dahin, den Erdkreis, der ihm nun offen stand, mit Drangsalen zu erfüllen. Denn nach Besiegung der Perser, bei denen es Brauch und Sitte ist, daß sie sich ihren Königen als Sklaven unterwerfen und von ihnen als Leibeigene gehalten werden, wollte der schändliche Mensch diese Sitte auf das römische Gebiet übertragen; deßhalb rühmte er selbe seit jener Zeit des Sieges ohne Scham, und weil er Dieses [die Sitte der Perser] nicht öffentlich befehlen konnte, so setzte er, um dennoch den Menschen die Freiheit zu rauben, folgende Mittel ins Werk. Für's Erste beseitigte er die Ehrentitel.[2]) Es wurden nicht

---

1) Der neunjährige Sohn des Galerius, Kandibian, war unehelich; er war jedoch von der kinderlosen Gattin des Galerius (Galeria) adoptirt worden.

2) „Honores" bedeutet hier: Ehrenämter-Rechte, Privilegien.

bloß die Decurionen gefoltert, sondern auch Männer vom ersten Range aus den Städten, die vortrefflich waren und den höchsten Grad der Tugend¹) besaßen, und zwar wegen geringfügiger Angelegenheiten in Civilsachen. Wenn welche nur in etwa dem Scheine nach des Todes schuldig waren, dann standen Kreuze [für sie] da: war Das nicht der Fall, so waren Fußfesseln in Bereitschaft. Vornehme und edele Hausfrauen wurden in das Frauen-Arbeitshaus²) geschleppt. Sollte Einer gegeißelt werden, so standen in der Rüstkammer³) vier Pfähle befestigt, zwischen welchen selbst kein Sklave ausgespannt zu werden pflegte. Was soll ich von seinem Spiel und seinen Ergötzlichkeiten erzählen? Er hatte Bären, die ihm an Wildheit und Größe ganz gleich waren, die er während der ganzen Zeit seiner Regierung sorgfältig ausgewählt hatte. So oft es ihm beliebte, sich zu ergötzen, ließ er einen derselben mit Namen herbeibringen. Diesen wurden die Menschen vorgeworfen, nicht so sehr, daß sie aufgefressen, als vielmehr, daß ihr Blut aufgesogen werden sollte. Wurden nun ihre Glieder zerrissen, so lachte er auf das Herzlichste; nie ging er, ohne Menschenblut vergossen zu haben, zur Tafel. Die Strafe für Diejenigen, die keine Würde bekleideten, war das Feuer. Diese Todesart ließ er zuerst gegen die Christen zu, indem gesetzlich festgestellt wurde, daß sie zuerst gefoltert und dann durch langsames Feuer verbrannt würden. Wenn Diese nämlich an Pfählen aufgehängt waren, wurde unter ihren Füßen so lange ein lang-

---

1) Perfectissimi viri werden Institt. V. 14 erklärt als Solche, die den höchsten Grad der Tugend besaßen.

2) Die allgemeinere Auffassung ist, daß Gynaeceum ein Strafhaus für Frauen bedeutet, wo sie weben mußten — Einzelne fassen es im Sinne von Harem, doch ohne Beweise. — Es wurden auch zuweilen christliche Männer in diese Häuser zur Schmach gewiesen; siehe Arnold: Historia Christianorum ad metalla damnatorum (S. 25).

3) Stabulum (equuleorum) Folterkammer; siehe Gallonius, de martyrum cruciatibus, Colon. 1602 S. 201.

sames Feuer unterhalten, bis die Sohlenhaut,[1] durch das Feuer zusammengeschrumpft, von den Knochen sich loslöste. Darauf wurden angebrannte und gleich wieder ausgeblasene Fackeln an alle Gliedmaßen gehalten, so daß keine Stelle des Körpers verschont blieb. Während dessen wurde das Angesicht mit kaltem Wasser besprengt und der Mund angefeuchtet, damit der Geist wegen des durch brennenden Durst ausgedörrten Schlundes nicht zu schnell aufgegeben würde. Dieses ereignete sich schließlich, wenn einen großen Theil des Tages hindurch die ganze Haut durchgebraten und das Feuer in die Eingeweide eingedrungen war. Darauf wurden die angebrannten Leiber auf einem Scheiterhaufen verbrannt; die noch aufgelesenen Gebeine wurden zu Pulver gestoßen und in Fluß und Meer geworfen.

22. Galerius wird grausam gegen alle Unterthanen wegen der geringsten Fehler.

Was er nun so durch das Martern der Christen gelernt hatte, übte er eben aus Gewohnheit gegen Alle aus. Keine leichten Strafen wandte er an: nicht Verbannung auf (einsame) Inseln, nicht Kerker, nicht Bergwerke, sondern vielmehr das Feuer, das Kreuz und wilde Thiere. Das war es, was er täglich und wegen des geringsten Anlasses in Anwendung brachte. Seine Hausdiener und Beamten wurden mit der Lanze gezüchtigt.[2] Wenn das Leben verwirkt war, so wurde nur Wenigen als eine Wohlthat die Strafe des Schwertes eingeräumt, Denen nämlich, die wegen alter Verdienste sich einen guten[3] Tod erwirkt hatten. Sogar galt

---

1) Callum solorum statt solearum kommt auch vor Cic. Tuscul. lib. 5. c. 32.

2) Das emendare steht hier wie Luk. 23, 16: Emendatum dimittam, kann also von keinem Niederstoßen die Rede sein.

3) Als solcher galt das Oeffnen einer Ader, Gift und Erdrosseln.

ihm Das nur als geringfügig, daß die Beredsamkeit (vor Gericht) abgeschafft, die Sachwalter beseitigt, die Rechtsgelehrten entweder verbannt oder hingerichtet waren. Die Wissenschaften wurden zu den schlechten (Zauber-) Künsten gerechnet, und wer mit ihnen vertraut war, wurde wie ein Feind und Unruhestifter mißhandelt und verabscheut. Die Gesetze hörten auf, an ihre Stelle trat Willkür in allen Verhältnissen; sogar den Richtern wurde sie gestattet. In die Provinzen wurden Soldaten, die keine wissenschaftliche Bildung besaßen, als Richter ohne Beisitzer geschickt.

23. Furchtbare Steuereintreibungen des Galerius.

Indessen machte die für alle Provinzen und Städte auf einmal erlassene Steuereinschätzung das Unglück und Jammern Aller öffentlich und allgemein. Während die Steuereinschätzer überall eindrangen und Alles herausforderten, sah man Schauergestalten von feindseligem Aufruhr und Gefangenschaft. Die Äcker wurden schollenweise vermessen, Weinstöcke und Bäume gezählt, Thiere jeglicher Art wurden (in das Schätzungsbuch) eingeschrieben, die Kopfzahl der Menschen aufgezeichnet. In den Städten wurde Stadt- und Landvolk ohne Unterschied angehalten. Alle Marktplätze waren mit Schaaren von Familien bedeckt. Jeder war mit seinen Kindern und Sklaven anwesend, es ertönte von Schlägen und Folterqualen; die Söhne wurden gegen die Eltern auf die Folter gespannt, gerade die treuesten Sklaven wurden gegen ihre Herrn gequält (zur Aussage), die Frauen gegen ihre Gatten. Wenn Alles erfolglos war, so wurden sie gegen sich selbst gefoltert; erlag man dann dem Schmerze, so wurde in das Schätzungsbuch eingetragen, was man nicht besaß. Es entschuldigte weder Alter noch Krankheit; die Kranken und Schwachen wurden herbeigeschafft, das Alter jedes Einzelnen abgeschätzt; den Kindern wurden

Jahre zugesetzt,¹) den Greisen abgezogen. Mit Trauer und Jammer war Alles erfüllt. Was die alten [Römer] nach dem Kriegsrechte gegen die Besiegten in Anwendung gebracht hatten, Das hat Jener gegen die Römer selbst und deren Unterthanen gewagt, weil auch seine Eltern (Vorfahren) der Besteuerung unterworfen worden: Trajanus hatte dieselbe aber den Daciern, weil sie sich beständig empörten, zur Strafe aufgelegt. Darnach mußte man Kopfsteuer zahlen und Entschädigung für das Leben. Indessen glaubte man den nämlichen (zuerst geschickten) Steuereinschätzern nicht, sondern man schickte ein über das andere Mal wieder Andere, als sollten Diese noch mehr finden; und so wurde das Doppelte angesetzt, obgleich Jene Nichts fanden, sondern nach Willkür zusetzten, damit sie nicht vergebens geschickt zu sein schienen. Inzwischen nahmen die Thiere an Zahl ab, und die Menschen starben hin; nichtsdestoweniger wurden die Steuern für die Gestorbenen gezahlt, so daß man ohne Besteuerung weder leben noch sterben konnte. Nur die Bettler allein blieben übrig, von denen man Nichts fordern konnte; diese hatte Elend und Unglück vor jeder Art von Unbilden gesichert. Aber der „fromme"²) Mann erbarmte sich Jener, daß sie nicht schmachten sollten; er ließ sie nämlich zusammen bringen, in kleine Schiffe stecken und ins Meer versenken. O des mitleidsvollen Menschen, der Vorsorge traf, daß unter seiner Regierung Keiner unglücklich wäre! Auf diese Weise hat er, um zu verbüten, daß Keiner sich unter dem Scheine der Armuth der Besteuerung entziehe, eine große Menge von Solchen, die wirklich in größter Armuth waren, gegen alle Gesetze der Menschlichkeit um's Leben gebracht.

---

1) Ulpianus (de censibus) sagt: Aetas quibusdam tribuit, ne onerentur. Das männliche Geschlecht zahlt von 14 bis 65, das weibliche von 12 bis 65 Jahren.

2) Pius „fromm" ist mit scharfer Ironie gebraucht, wie auch das bald nachfolgende „mitleidsvoll" bestätigt.

24. Galerius trachtet dem Konstantin nach dem Leben; er flieht nach Gallien, trifft seinen Vater am Sterben, wird aber noch von ihm zum Kaiser ernannt.

Nun näherte sich auch das Gericht Gottes für ihn, und es folgte eine Zeit, wo seine Sache anfing, in Verfall zu gerathen und zu vergehen. Während er mit den oben erzählten Dingen beschäftigt war, hatte er seinen Sinn noch nicht gerichtet auf den Sturz und die Vertreibung des Konstantius; zudem erwartete er dessen Tod. Doch meinte er nicht, daß er so bald sterben werde. Als Dieser nun schwer krank lag, schickte er (Konstantius) einen Brief (an Galerius), daß er ihm seinen Sohn schicken möchte, und zwar ehestens,¹) damit er ihn noch sehen könnte. Jener aber wollte Nichts weniger als Dieses. Denn er hatte sogar dem Jünglinge heimlich nachgestellt, weil er offen Nichts wagte, um nicht einen Bürgerkrieg gegen sich zu erregen und sich den Haß der Soldaten nicht zuzuziehen, was er am meisten fürchtete. Unter dem Vorwande der Übung und des Spieles hatte er ihn den wilden Thieren vorgeworfen,²) aber vergebens, denn Gott beschützte diesen Mann, da er ihn

---

1) Das jamdudum ist von allen Erklärern falsch als „schon längst" gefaßt worden; deßhalb ergänzten sie nach Baluze [frustra petierunt]. Heumann findet diese Ergänzung unbegründet und zieht jamdudum zum Folgenden: nihil minus volebat, wodurch jamdudum ebenso falsch übersetzt wird. Die Migne'sche Ausgabe hat zuerst die richtige Lesart, und Dübner erklärt jamdudum richtig mit à l'instant sans le moindre delai, wie Vergil. Aeneis V. 103: Jamdudum sumite poenas; Ovid.: Jamdudum cingantur colla. Die deutschen Philologen haben diese Bedeutung von jamdudum auch erkannt; vgl. Krebs, Antibarbarus S. 392. Trotzdem hat noch Fritzsche die falsche Auffassung und Lesart.

2) Dieses Faktum wird auch von Zonaras XII. 33 und Praxagoras (Photius, Bibliotheca 62) berichtet, weßhalb selbst Rothfuchs es nicht in Zweifel zieht; siehe dessen Abhandlung S. 28.

aus den Händen desselben (Galerius) gerade in den größten
Gefahren wie auch sonst öfter befreite. Da er nun schon
lange keinen Grund mehr hatte, (die Heimreise) abzuschla-
gen, so gab er ihm gegen Abend ein versiegeltes Schreiben
und befahl ihm, daß er am anderen Morgen früh noch andere Aufträge in Empfang nehmen und dann abreisen sollte.
Dieses that er, um ihn dann entweder selbst auf irgend
einen Anlaß hin zurückzuhalten oder um Briefe vorauszu-
schicken, daß er von Severus aufgehalten werde. Als Jener (Konstantin) Dieß vorausmerkte, reiste er nach dem
Abendessen, wo der Kaiser zur Ruhe war, eilig ab und entkam in größter Geschwindigkeit, indem er noch die Postpferde
an vielen Stationen hatte beseitigen lassen. Am folgenden
Tage ließ ihn der Kaiser, nachdem er absichtlich bis Mittag geschlafen, zu sich rufen. Man sagt ihm, daß Dieser
gleich nach dem Abendessen abgereist sei. Da erfaßte ihn
ein schauerlicher Unwille, und er verlangte die Postpferde,
um ihn zurückzuholen. Man sagte ihm, daß auf der Staats-
straße keine mehr seien:[1] da kann er kaum die Thränen
zurückhalten. Jener (Konstantin) aber gelangte mit unglaublicher Schnelligkeit zum Vater, der sehr schwach war;
derselbe empfahl ihn den Soldaten und übergab ihm eigen-
händig die Herrschaft, und dann starb er ruhig in seinem
Bette, wie er es gewünscht hatte. Sobald Kaiser Konstantin die Herrschaft übernommen, war es dessen erste Sorge,
daß er den Christen freie Gottesverehrung gestattete. Diese
Herstellung der heiligen Religion war seine erste Verordnung.

**25. Galerius, nicht im Stande, den Konstan-
tin zurückzuweisen, will ihn nur als Cäsar a-
erkennen und wählt deßhalb den Severus zum
Augustus.**

Wenige Tage[2] später wurde sein (des Konstantin) Bild
mit Lorbeeren bekränzt dem verruchten Ungeheuer Galerius

---

1) Dasselbe berichten u. A. Zosimus II. 8. und Aurelius
Viktor de Caesar. 40.

2) Wegen dieses Ausdrucks „wenige Tage" ist Laktantius

überbracht. Er besann sich lange, ob er es annehmen sollte; es fehlte wenig, daß er dieses und den Überbringer verbrennen ließ, wofern ihn die Freunde nicht von dieser Wuth abgebracht hätten, indem sie ihm die Gefahr vorstellten, daß die Soldaten, gegen deren Willen unbekannte Cäsaren ernannt worden seien, den Konstantin annehmen und mit größter Freude zu ihm übergehen würden, wenn er mit Waffenmacht kommen sollte. So nahm er denn das Bild wenn auch ganz widerwillig an; er schickte ihm sogar den Purpur, damit es schiene, als habe er ihn aus eigenem Antrieb zum Regierungsgenossen angenommen. Nunmehr waren seine Pläne durchkreuzt; auch konnte er keinen Anderen, wie er wollte, über die (von Diokletian festgestellte) Zahl hinaus ernennen. Indessen erdachte er folgenden Ausweg, daß er nämlich den Severus, der an Jahren älter war, zum Augustus ernannte, dagegen den Konstantin nicht Kaiser nennen ließ, obschon er Dieß thatsächlich schon war, sondern nur Cäsar mit dem Maximinus, so daß er ihn auf diese Weise von der zweiten Stelle auf die vierte herunterstieß.

26. Maxentius wird Kaiser, Herkulius desgleichen von Neuem, Severus findet durch Letzteren den Tod.

Somit schienen ihm die Verhältnisse einigermaßen beigelegt zu sein; da wird ihm plötzlich ein neuer Schrecken eingejagt durch die Nachricht, daß Maxentius, sein eigener Schwiegersohn, zu Rom zum Kaiser ausgerufen worden sei. Diese Umwälzung hatte in Folgendem ihren Grund. Als

---

schauerlich von den Kritikastern mitgenommen worden. Uns kommt es aber nicht unglaublich vor, daß die Reise in zehn bis höchstens vierzehn Tagen abgemacht werden konnte, selbst von York nach Nikomedien, da ja diese amtlichen Uebersendungen mit überraschender Schnelligkeit ausgeführt wurden.

er (Galerius) beschlossen hatte, durch die Einführung der allgemeinen Besteuerung die Welt auszusaugen, gerieth er auf die wahnsinnige Idee, von diesem Joche nicht einmal das römische Volk frei zu lassen. Es wurden schon Censoren ernannt, die nach Rom gesandt werden und ein Verzeichniß der Bevölkerung anfertigen sollten. Fast zur selben Zeit hatte er die Lager der Prätorianer aufgehoben. Daher hatten die wenigen Soldaten, welche zu Rom in der Kaserne zurückgeblieben waren, die günstige Gelegenheit benutzt, einige Richter gemordet und nicht gegen den Willen des Volkes, das aufgebracht war, den Maxentius mit dem Purpur bekleidet. Als die Nachricht hiervon eintraf, wurde er durch die Neuheit der Sache etwas bestürzt, aber nicht zu sehr auffer Fassung gebracht. Er haßte den Mann, und drei konnte er nicht zu Cäsaren machen. Es schien ihm genug, einmal gethan zu haben, was gegen seinen Willen war. Er läßt den Severus kommen, beredet ihn, die kaiserliche Würde anzunehmen, entsendet ihn mit dem Heere des Maximian zur Vertreibung des Maxentius und schickt ihn nach Rom, weil die Soldaten, die dort häufig mit den höchsten Freudenbezeigungen aufgenommen waren, nicht nur das Wohl der Stadt, sondern auch dort zu leben wünschten. Maxentius, im Bewußtsein, wie Großes er gewagt habe, obgleich er nach dem Rechte der Erbfolge das Heer seines Vaters an sich ziehen konnte, aber doch von dem Gedanken geleitet, möglicher Weise würde sein Schwiegervater Maximinian Galerius, um eben Diesem vorzubeugen, den Severus in Illyrien zurücklassen und mit seinem Heere selbst zu seiner Bezwingung kommen, suchte, wie er sich vor der drohenden Gefahr schützen könnte. Er schickt seinem Vater, der nach seiner Abdankung in Kampanien verweilte, den Purpur und ernennt ihn zum zweiten Mal zum Augustus. Jener aber, der einerseits sich nach neuen Verhältnissen sehnte, andererseits ungern abgedankt hatte, griff gern zu. Unterdessen ist Severus auf dem Marsch und naht sich mit seiner Kriegsmacht den Mauern der Stadt. Sofort erheben die Soldaten die Fahnen, stürzen fort und ergeben sich Dem, gegen welchen sie gekommen waren. Was

blieb dem Verlassenen übrig als die Flucht? Aber nun
kam ihm Maximian Herkulius, der die Herrschaft übernommen hatte, entgegen, bei dessen Ankunft er nach Ravenna
entfloh und sich dort mit wenigen Soldaten einschloß. Als
er voraussah, daß er dem Maximian Herkulius überliefert
werden würde, ergab er sich selbst und legte das Purpurgewand wieder in die Hände Desjenigen, von welchem er
es empfangen hatte. Aber Nichts weiter erreichte er dadurch als eine gute Todesart. Man schnitt ihm nämlich
die Adern auf und zwang ihn so zu einem sanften Tod.
Seit dieser Zeit[1]) begann er, die Seinigen zu verfolgen.

27. **Maximian Herkulius befestigt als Sieger
Rom und eilt nach Gallien, sich mit Konstantin,
dem er seine Tochter zur Ehe gibt, zu verbinden. Galerius zieht nach Rom, die Soldaten
verlassen ihn; nun flieht er, den Soldaten Alles zum Raube preisgebend.**

Herkulius (Maximian) aber, der den ungestümen Charakter des Maximian (Galerius) kannte, kam auf den Gedanken, derselbe würde, wenn er die Ermordung des Severus erfahren hätte, von Zorn entbrannt mit seinem Heere
kommen, vielleicht dabei den Maximinus mit in den Krieg
ziehen und mit einer verdoppelten Heeresmacht auftreten, welcher in keiner Weise Widerstand entgegengesetzt werden konnte;
deßhalb befestigte er die Stadt, versah sie nach dem Aus-
bruch der Feindseligkeiten sorgfältig mit Lebensmitteln und
bricht dann selbst nach Gallien auf, um den Konstantin
durch die Verheiratung mit seiner jüngeren Tochter[2]) für

---

1) Dieser letzte Satz fehlt bei Dübner; er ist in letzter Zeit als
eingeschoben verdächtigt worden, kann jedoch den Sinn haben, daß
nun Galerius den Maxentius, seinen Schwiegersohn, und dessen
Vater zu verfolgen anfing.
2) Maximian Herkulius hatte nur einen Sohn, Maxentius, und

seine Partei zu gewinnen. Jener (Galerius) hatte mittlerweile seine Truppen gesammelt, bringt in Italien ein und rückt auf die Hauptstadt los, um dem Senat den Garaus zu machen und das Volk niederzumetzeln; aber er findet Alles abgeschlossen und befestigt. Keine Aussicht war, einen Einfall zu machen, eine Bestürmung schwierig; um die Mauern zu umzingeln, hatte er nicht Truppen genug: er hatte nämlich Rom nie gesehen und dachte, es sei nicht größer als die Städte, welche er kannte. Da wandten einige Legionen, welche die Frevelthat verabscheuten, daß der Schwiegervater gegen seinen Eidam, römische Soldaten gegen Rom kämpfen sollten, ihre Banner um und verließen den Kaiser. Und schon schwankten die übrigen Soldaten, als Galerius, dessen Stolz gebrochen, dessen Muth gesunken war, aus Furcht, ein Ende wie Severus zu finden, sich den Soldaten zu Füßen warf und bat, man möchte ihn doch nicht den Feinden überliefern, bis er durch ungeheure Versprechungen sie erweichte und den Befehl zum Rückzug gab. Aengstlich ergriff er die Flucht, auf der er sehr leicht hätte überfallen werden können, wenn Einer mit wenigen Soldaten ihm nachgekommen wäre. Da er Dieß befürchtete, gab er den Soldaten die Erlaubniß, sich so weit wie möglich zu zerstreuen und Alles auszuplündern oder zu verderben, damit, wenn Einer sie hätte verfolgen wollen, er keine Lebensmittel vorfände. Verwüstet wurde nun jene Gegend Italiens, durch welche sich jener verderbenbringende Zug bewegte, Alles ausgeplündert, Frauen geschändet, Jungfrauen entehrt, Eltern und Ehemänner gefoltert, ihre Töchter, ihre Frauen, ihr Vermögen preisgegeben. Wie aus fremdem Lande wurde

---

eine Tochter, Fausta. Seine Gemahlin Eutropia hatte aber aus früherer Ehe eine Tochter, Theodora, die an Konstantius Chlorus, den Vater Konstantins, verheirathet war; diese wird nun als ältere (Stieftochter) bezeichnet.

die Beute an Vieh und Zugthieren weggeführt. Auf diese Weise zog er sich in sein Gebiet zurück, nachdem der ehemalige römische Kaiser, jetzt Verwüster von Italien, Alles feindlich heimgesucht hatte. Einstmals hatte er, da er den Kaisertitel angenommen, sich als einen Feind des römischen Namens erklärt; diesen Titel wollte er geändert wissen, daß es nicht „römisches Reich", sondern „dacisches Reich" hieße.

28. Herkulius kehrt nach Italien zurück, zeigt dort boshafte Eifersucht gegen Maxentius, wird aber von ihm aus Rom vertrieben.

Als nach dem Rückzuge desselben der andere Maximian Herkulius sich aus Gallien wieder hervorgewagt hatte, übte dieser die kaiserliche Gewalt gemeinschaftlich mit seinem Sohne. Aber man gehorchte mehr dem Jünglinge als dem Greise, da die Machtfülle des ersteren älter und höher war, der ja seinem Vater die kaiserliche Würde wieder verliehen hatte. Unwillig ertrug es der Greis, daß er nicht thun konnte, was ihm beliebte, und mit kindischem Ehrgeiz beneidete er seinen Sohn. Er dachte daher darauf, sich seine Rechte zu wahren. Es schien Dieß leicht, weil er auf die Soldaten zählen konnte, die den Severus im Stiche gelassen hatten. Er berief das Volk und die Soldaten, als wenn er eine Rede über die derzeitigen Mißstände im Staate halten wollte. Nachdem er Vieles darüber gesprochen hatte, zeigte er mit der Hand auf seinen Sohn hin, erklärte ihn für den Urheber der Mißstände, den ersten Anstifter der Leiden, die der Staat ertrüge, und riß ihm das Purpurgewand von den Schultern. Jener, desselben beraubt, stürzt sich jählings über die Bühne hinab und wird von den Soldaten aufgefangen. Durch die Erbitterung und durch das Geschrei derselben gerieth der Ruchlose auffer Fassung, und er wurde aus der Stadt Rom wie ein zweiter Tarquinius Superbus vertrieben.

29. Licinius wird Kaiser 307; Herkulius sucht den Galerius und Konstantin umzubringen. Letzterer verzeiht ihm.

Er kehrte wieder nach Gallien zurück, wo er sich kurze Zeit aufhielt, und reiste dann zu dem Feinde seines Sohnes, Maximian (Galerius), unter dem Vorwande, über die Ordnung der Lage des Staates sich mit ihm zu besprechen, in Wirklichkeit aber, um ihn bei Gelegenheit der Versöhnung zu morden und sein Reich in Besitz zu nehmen, er, der von seinem eigenen Reiche ausgeschlossen wurde, wohin er sich auch wandte. Dort war Diokletian zugegen, der von seinem Schwiegersohn kurz vorher berufen war,[1] damit er (was er früher nicht gethan hatte) in dessen Gegenwart die Kaiserwürde dem Licinius übertrüge an die Stelle des Severus. Daher geschah es in Gegenwart Beider. So standen nun sechs Kaiser zugleich da. Deßhalb unternahm der alte Maximian, nachdem seine Pläne vereitelt waren, noch einen dritten Fluchtversuch: von bösen, verbrecherischen Plänen ganz erfüllt kehrt er nach Gallien zurück, um den Kaiser Konstantin, seinen Schwiegersohn, und den Sohn seines Schwiegersohnes[2] mit schänd-

---

[1] Diese Berufung bezieht sich auf die Zusammenkunft von Karnuntum; sie ist von den Geschichtsbaumeistern benutzt worden, dem Laktantius Hiebe zu versetzen bezüglich der Nachrichten über den jämmerlichen Zustand des Diokletian. Die Anwesenheit in Karnuntum soll seine Weisheit bekunden! Nun ist aber Laktantius einziger Zeuge (neben Zosimus) für diese Zusammenkunft, und der sagt, daß Galerius den Diokletian kommen ließ: also war Diokletian nur ein Werkzeug, und die alte Figur (die zu Zeiten noch Verstand hatte) wollte Galerius nochmals hervorziehen, um sich selbst etwas mehr Stütze zu schaffen nach seiner jämmerlichen Flucht von Rom. Tillemont und Manso nehmen des Laktantius Bericht ganz als ungeschichtlich, worüber sie von Burckhardt und Rothfuchs verhöhnt werden. Burckhardt sagt Seite 355 l. c.: Manso (Geschichte Konstantins) hat sich vom falschen Laktantius ein absurdes Mährchen [??!!] anhängen lassen. Rothfuchs l. c.: Laktantius scheint gedichtet zu haben.

[2] Zum Verständnisse dieses Ausdruckes siehe Note 1 Kap. 27.

licher List zu umgarnen; und um ihn täuschen zu können, legt er das kaiserliche Gewand ab. Die Völkerschaft der Franken hatte die Waffen zum Kriege ergriffen. Er beredet den arglosen Konstantin, er möchte nicht das ganze Heer mitnehmen, mit wenigen Soldaten könnten die Barbaren vollständig besiegt werden, damit er selbst ein Heer hätte, dessen Oberbefehl er in Anspruch nehmen könnte, und damit Jener in Folge seiner geringen Truppenzahl überwältigt würde. Der Jüngling glaubt ihm als einem an Erfahrung reichen Greise, er gehorcht ihm als seinem Schwiegervater; er bricht auf mit Zurücklassung des größeren Theiles der Truppen. Als Jener einige Tage gewartet hatte und glaubte, Konstantin sei schon in das Gebiet der Barbaren eingedrungen, bekleidet er sich plötzlich mit dem Purpur, bemächtigt sich des Staatsschatzes, theilt nach seiner Gewohnheit reichliche Geschenke aus und erzählt Lügenberichte über Konstantin, die unmittelbar darauf an ihm zur Wirklichkeit wurden. Dem Kaiser wird schleunig das Geschehene gemeldet. Mit staunenswerther Schnelligkeit eilt er mit dem Heere zurück. Unversehens wird der Mensch überfallen, ehe er noch hinlänglich gerüstet war; die Soldaten kehren zu ihrem rechtmäßigen Kaiser zurück. Jener hatte Massilia besetzt und die Thore schließen lassen. Der Kaiser rückt näher heran und redet ihn, der auf der Mauer stand, an, weder grob noch feindselig: er fragt ihn, was er eigentlich vorgehabt, was ihm gefehlt hätte, warum er Etwas thäte, was ihm vor Allen schlecht anstände. Jener aber entsandte Schimpfreden von der Mauer herab. Da erschließen sich plötzlich hinter ihm die Thore, und die Soldaten (Konstantins) werden eingelassen. Vor den Kaiser schleppt man ihn, den rebellischen Kaiser, den verruchten Vater, den treulosen Schwiegervater. Er hört an, welcher Verbrechen er sich schuldig gemacht hatte, dann reißt man ihm das kaiserliche Gewand vom Leibe, schenkt ihm aber das Leben, nachdem er gehörig ausgescholten war.

30. Herkulius sucht abermals den Konstantin zu meucheln, was ihn jedoch selbst zum schmählichen Tode brachte.

Nachdem er so seine Ehre als Kaiser und als Schwiegervater verloren hatte, sann er wieder andere listige Anschläge aus, da er die Demüthigung nicht ertragen konnte, weil er einmal ohne Strafe davongekommen war. Er ruft seine Tochter Fausta und drängt sie bald mit Bitten bald mit Liebkosungen, ihren Mann zu verrathen; er verlangt nur, daß sie zugebe, daß sein Schlafgemach offen gelassen und nachläßiger bewacht werde. Jene verspricht, es zu thun, macht aber ihrem Manne sofort Mittheilung davon. Es wird der Plan zu einer Scene entworfen, wo er auf offener That gefaßt werden sollte. Man schiebt einen niederen Eunuchen unter, der anstatt des Kaisers dem Tode geweiht sein soll. Jener steht auf in todtenstiller Nacht und sieht, wie Alles seinem Plane günstig ist. Vereinzelte Wachtposten standen da und zwar in weiterer Entfernung; er sagt diesen indessen, er habe ein Traumbild gesehen, das er seinem Schwiegersohne erzählen wolle. Mit Waffen versehen schreitet er hinein, und nachdem er den Eunuchen meuchlings ermordet hatte, stürzt er prahlend heraus und bekennt frei, welche That er vollführt hat. Plötzlich zeigt sich an der andern Seite Konstantin mit einer Schaar Bewaffneter; aus dem Schlafgemach trägt man den Leichnam des Ermordeten herbei; wie angewurzelt steht der offenkundige Mörder da und starrt stumm darein,

„gleichwie harter Granit basteht und marpessischer Marmor."[1])

Man hält ihm seine Ruchlosigkeit und seine Freveltat vor; schließlich läßt man ihm die freie Wahl des Todes.

---

1) Vergil. Aeneis VI. 471; der Name „marpessisch" kömmt von dem Berge Marpessa auf der Cykladen-Insel Paros, von wo man den schönsten Marmor bezog.

„Hoch am Gebälk dann knüpft er die Schnur des entstellenden Todes."¹)

So endigte jener so große Kaiser der Römer, der (was lange nicht dagewesen war) mit ungeheurer Pracht das Fest seiner zwanzigjährigen Regierung feierte, indem sein gar stolzer Hals gewaltsam zusammengeschnürt war, sein abscheuliches Leben durch einen schimpflichen, schmachvollen Tod.

31. Neue Erpressungen des Galerius zur Aufbringung der Kosten für das beabsichtigte Fest der zwanzigjährigen Regierung (310).

Von ihm wandte Gott, der Rächer der Religion und seines Volkes, die Augen auf den anderen Maximian Galerius, den Anstifter der schändlichen Verfolgung, um auch an ihm seine Macht und Majestät zu offenbaren. Auch Dieser dachte schon an die Feier der Vicennalien (seiner zwanzigjährigen Regierung), und um seine Versprechungen zu erfüllen,²) verhängte er, der schon lange die Provinzen durch eine Steuer auf Gold und Silber bedrückt hatte, unter dem Vorwande der Vicennalien noch weitere Plagen über sie. Mit welchem Jammer unter dem Volke die Eintreibung der Steuer, namentlich der auf Lebensmittel, gehandhabt wurde, vermag wohl keine Feder entsprechend zu schildern. Die Soldaten oder vielmehr die Henkersknechte aller Behörden hielten sich an die Einzelnen; man wußte nicht, wen man zuerst befriedigen sollte. Keine Gnade war für Die, welche Nichts hatten; vielfache Qualen mußten sie erdulden, wenn nicht sofort entrichtet wurde, was doch nicht da war, oder sie wurden mit zahlreicher Wachtmannschaft eingeschlossen. Es war keine Möglichkeit, wieder einmal frei aufzuathmen; zu keiner Zeit des Jahres trat auch nur

---

1) Vergil. Aen. XII. 603.
2) Diese Versprechungen beziehen sich wohl auf Zusagen, die er den Soldaten gemacht.

eine kurze Ruhe ein; oft entstand Streit über dieselbe Beute, bald unter den Richtern selbst, bald unter den Soldaten der Richter. Keine Scheune war ohne Steuerbeamten, kein Weinberg ohne Wächter, Nichts ließ man Denen, die in Dürftigkeit schmachteten. Obwohl es unerträglich ist, daß die durch Arbeit erworbene Nahrung den Leuten vom Munde weg geraubt werde, so fügte man sich doch einigermaßen schon mit Hoffnung auf die Zukunft. Wie stand es aber mit den Kleidungsstücken aller Art? wie mit dem Golde und Silber? Werden diese nicht nothwendig aus dem Verlaufe der Feldfrüchte gewonnen? Woher also soll man, wahnsinniger Tyrann, dir denn dieses Gold und Silber beschaffen, da du alle Frucht raubst und die keimende Saat allesammt gewaltsam in Beschlag nimmst? Wer also wurde nicht seiner Güter beraubt, indem sein Vermögen, das er unter der Regierung dieses Kaisers besaß, zusammengescharrt wurde für ein Fest, das er doch nicht feiern sollte?

32. Maximin, unzufrieden mit der Erhebung des Licinius, bietet dem Galerius Trotz, worauf Dieser Allen den Titel „Kaiser" verleiht.

Nachdem nun Licinius zum Kaiser ernannt worden war, wollte Maximin, darüber erzürnt, weder Cäsar noch an dritter Stelle genannt sein. Galerius schickt deßhalb wiederholt Gesandte zu ihm und läßt ihn bitten, er möchte ihm gehorchen und seiner Anordnung nachkommen; er möchte dem Alter nachgeben und grauen Haaren Ehre erweisen. Aber Jener erhebt um so stolzer sein Haupt und verficht die Behauptung, nach dem Rechtsgrunde der Zeit gebühre ihm der Rang vor Jenen, da er ja früher den Purpur empfangen habe; die Bitten und Befehle desselben verachtet er. Die Bestie ärgert sich und tobt, weil, während er deßhalb einen Menschen von niedriger Herkunft zum Cäsar gemacht hatte, damit derselbe sich ihm willfährig bewiese, Dieser dennoch, einer so großen Wohlthat von ihm vergessend, seinem Willen und seinen Bitten frevelhaft Widerstand leistete. Durch die Widerspenstigkeit (des Maximin) besiegt schafft er den Titel „Cäsar" ab und läßt sich und den Licinius „Auguste" nennen, Maximin und Konstantin aber Söhne der Auguste. Darnach schreibt Maximin in der Form einer militärischen Meldung, er sei bei der jüngst abgehaltenen Truppenmusterung von dem Heere zum Augustus ausgerufen worden. Jener (Galerius) nahm mit Betrübniß und Schmerz die Mittheilung entgegen und befahl nun, daß alle vier „Kaiser" genannt werden sollten.

33. Krankheit des Galerius; unnütze Versuche sie zu heben, worauf Galerius seine Bosheit erkennt (310).

Schon stand er im achtzehnten Jahre seiner Regierung, als Gott ihn mit einer unheilbaren Plage schlug.¹) Es kam ihm ein böses Geschwür am unteren Leibe und dehnte sich weiter aus. Die Ärzte schneiden und machen ihre Kuren. Aber nachdem sich schon eine Narbe darüber gebildet hatte, bricht die Wunde auf, und aus einer aufgesprungenen Ader fließt das Blut, daß fast der Tod zu befürchten stand. Indessen wird das Blut mit Mühe gestillt. Eine neue Kurmethode wird von vorn begonnen und fortgeführt, bis endlich die Narbe sich zeigt. Da bricht ihm wieder durch eine leichte Bewegung des Körpers das Geschwür auf, und es entfließt ihm noch mehr Blut als früher. Seine Kräfte schwinden, er bekommt ein bleiches und mageres Aussehen. Der Blutstrom wurde damals zwar gehemmt, aber nun fängt die Wunde an, gegen Medikamente unempfindlich zu werden. Die benachbarten Theile werden von einem krebsartigen Geschwüre ergriffen, und je mehr herum geschnitten wird, um so weiter frißt es, je mehr Heilmittel man anwendet, um so größer wird es — — —

---

1) Dasselbe wird gesagt von Antiochus Epiphanes II. Makkab. 9,5.

„Abgingen die Meister Chiron, der Philyre Sohn, und des Amythaon Melampus."[1]) Von allen Seiten wurden berühmte Ärzte hinzugezogen; doch menschliche Hände richten Nichts aus. Man nimmt seine Zuflucht zu den Götzenbildern, fleht zu Apollo und Asklepius und bittet um Heilmittel. Apollo gibt eine Kur an, das Übel wird viel schlimmer und größer. Schon war der Tod nicht mehr ferne und hatte alle unteren Theile erfaßt. Die äusseren Wände der Gedärme gehen vollständig in Fäulniß über, und der ganze Unterleib zerfällt in Auflösung. Durch die Medikamente zurückgetrieben geht das Übel in's Blut über und ergreift die inneren Lebensorgane; im Innern des Körpers entstehen Würmer. Der Gestank aber bringt nicht nur durch den Palast, sondern durch die ganze Stadt, worüber man sich kaum zu wundern braucht, da ja die Abgangswege in Koth und Urin in einander übergelaufen waren. Er wird von Würmern zerfressen, und der Leib löst sich unter unausstehlichen Schmerzen in Fäulniß auf.

„Und ein Jammergeschrei grauenvoll zu den Sternen erhebt er,
So wie Gebrüll auftönt, wann blutend der Stier vom Altar floh."[2])

Man legt an den ausfließenden Unterleib Thiere, und zwar gekocht und warm, damit die Würmer durch die Wärme herausgelockt werden. Wurden jene (mit dem umschließenden Verbande) wieder entfernt, so kroch ein unzählbarer Schwarm hervor, und doch hatte der fruchtbare Tod in den ver-

---

1) Vergil. Georgica III. 549. Der Centaure Chiron ist bekannt wegen seiner Kunst, Krankheiten zu heilen; er wird für den Sohn des Saturnus und der Nymphe Philyra — deßhalb Philyrides — gehalten. Melampus, Sohn des Amythaon, ist ebenfalls ein berühmter Arzt der „Mythen-Zeit".
2) Vergil. Aeneis II. 221.

wesenden Eingeweiden eine noch viel größere Menge erzeugt. Durch ein zweifaches verschiedenes Übel hatten die Theile des Körpers schon ihre Gestalt verloren. Der Oberkörper bis zu dem Geschwüre war wie eingetrocknet, und in jämmerlicher Magerkeit hing die fahle Haut in weiten Falten um die Knochen; der Unterleib war wie ein Schlauch aufgeschwollen, in die Weite gewachsen, die Füße ganz formlos. Und Das dauerte ein ganzes Jahr hindurch, bis er endlich, von dem Übel überwältigt, sich genöthigt sah, Gott zu bekennen. Denn während die Schmerzen ihn gewaltig bedrängten, rief er von Zeit zu Zeit aus, er wolle den Tempel Gottes (zu Nikomedien) wieder herstellen und für seinen Frevel Genugthuung leisten. Und schon waren seine Kräfte erschöpft, als er folgendes Edikt erließ.

34. Edikt[1]) des Galerius, wodurch der Verfolgung der Christen ein Ende gemacht wird (311 zwischen 1. März bis 1. Mai).

„Außer Anderem, was wir stets zum Wohle und Nutzen des Staates verfügen, hatten wir früher beabsichtigt, nach den alten Gesetzen und der gemeinsamen Verfassung der Römer überall Besseres zu schaffen und dafür Sorge zu tragen, daß auch die Christen, welche die Religion ihrer Väter

---

1) Dieses Edikt, welches Eusebius (K.-G. VIII. 17) in griechischer Übersetzung liefert, hat bei Eusebius eine Ueberschrift, welche bezüglich des Galerius also lautet: „Galerius Valerius Maximianus, Selbstherrscher und Kaiser, der Unüberwindliche, Augustus, oberster Priester, Besieger der Germanen, der Aegyptier, der Thebais, fünfmal Besieger der Sarmaten, zweimal der Perser, Besieger der Karper, sechsmal Besieger der Armenier, das zwanzigste Mal Inhaber der tribunicischen Gewalt, das neunzehnte Mal Imperator, das achte Mal Konsul, Vater des Vaterlandes und Prokonsul." Dann folgen die Titel Konstantins und Licinians.

verlassen hatten, zur Vernunft zurückkehrten. Denn aus welchem Grunde hätte ein solcher Eigensinn eben diese Christen befallen, eine so große Thorheit sich derselben bemächtigt, daß sie nicht jenen Gebräuchen der Alten[1] folgten, die vielleicht zuerst von den Voreltern ebenderselben festgestellt waren, sondern daß sie nach ihrem Gutdünken und gerade, wie es ihnen beliebte, sich Gesetze machten, die sie beobachten sollten, und daß sie in verschiedenen Gegenden mancherlei Völker vereinigten? Da endlich ein Befehl von uns ergangen war dermaßen, daß sie sich an die Einrichtungen der Alten zu halten hätten, sind Viele durch die Gefahr überwunden worden, Viele auch in Angst gerathen. Da aber sehr Viele bei ihrem Vorsatze verharrten und wir

---

[1] Die Alten (veteres) kann nur in dem Sinne von "Heiden" stehen. Eigenthümlicher Weise haben die meisten Erklärer unter diesen "veteres" die ersten Christen verstanden und den Galerius als einen Eiferer gegen Spaltungen unter den Christen bezeichnet; ist das nicht der größte Unsinn? Lasaulx bezog im "Untergang des Hellenismus" (München 1854) ganz richtig den Vorwurf des Ediktes gegen die Christen darauf, daß sie das Heidenthum verlassen hätten. Er schreibt Seite 19: Das Edikt traf Vorsorge, "daß auch die Christen, die den Glauben ihrer Väter verlassen hätten, — der beständige Vorwurf der Heiden gegen die Christen, — zu der guten Sinnesart zurückkehren möchten. Der Ausdruck, daß der Gott der Christen von ihnen auch nicht verehrt werde, soll nicht heißen, sie seien von ihrem (christlichen) Glauben abgefallen, sondern, die Verehrung ihres Gottes sei ihnen unmöglich gemacht worden. Die schielende Zweideutigkeit des ganzen Erlasses ist allerdings eine absichtliche." Sogar Burckhardt sagt: "Freilich ist hier jedes Wort so geflissentlich schief und zweideutig, daß die meisten Erklärer unter den "Vorfahren" und Alten ebenso gut die Heiden verstehen konnten. Demnach ist es unbegreiflich, wie neuerdings Keim (Uebertritt Konstantins, Zürich 1862) Seite 80 Lasaulx bekämpft und für die "Alten" und "Eltern" nur Christen will gelten lassen. Wir sagen dagegen: Es sind nur Heiden; das Christenthum rekrutirte sich damals ja immer aus Heiden; war nicht das Blut der Martyrer der Same der größeren Ausbreitung? Die seit Valerians (250) Verfolgung neu gekommenen Christen hatten doch heidnische Eltern und die anderen doch wenigstens heidnische Vorfahren.

wahrnahmen, daß dieselben weder den Göttern die schuldige religiöse Verehrung erwiesen noch den Gott der Christen verehrten, so haben wir in Anbetracht unserer mildesten Güte und mit Rücksicht auf unsere beständige Gewohnheit, wonach wir allen Menschen uns gnädig zu erweisen pflegen, auch Diesen bereitwilligst unsere Nachsicht beweisen wollen (indem wir gestatten), daß sie wieder Christen sind und ihre Zusammenkünfte veranstalten,[1] soferne sie Nichts gegen die öffentliche Ordnung unternehmen. In einem weiteren Schreiben aber wollen wir den Richtern angeben, was sie beobachten müssen. Daher werden sie, entsprechend diesem Erweis unserer Gnade, zu ihrem Gott beten müssen für unsere Wohlfahrt, für das Wohl des Staates[2] und ihr eigenes, auf daß der Staat in jeder Beziehung wohl erhalten bleibe und sie an ihren Wohnplätzen furchtlos leben können."

35. Tod des Galerius.

Dieses Edikt wurde zu Nikomedien am letzten April bekannt gemacht, als er zum achten, Maximin zum zweiten Male das Konsulat verwaltete. Da öffnete sich dir, theuerster Donatus, der Kerker, und mit den anderen Bekennern wurdest du freigelassen aus der Haft, nachdem der Kerker dir sechs Jahre zur Wohnung gedient hatte. Aber doch erhielt Jener hierdurch keine Verzeihung für seinen Frevel von Gott, sondern wenige Tage später, nachdem er dem Licinius seine Gemahlin und seinen Sohn anempfohlen und in seinen Schutz übergeben hatte, wurde er, während schon die Glieder des ganzen Körpers der Fäulniß verfallen waren, von der schrecklichen Seuche hinweggerafft.[3] Dieses wurde be-

---

1) „Conventicula componant" kann sowohl heißen: „Gottesdienstliche Versammlungen halten" als „Gotteshäuser bauen".

2) Das thut die Kirche von selbst gemäß apostolischer Anordnung; vgl. I. Timoth. 2, 2 und Tertullian, Apologet. Kap. 30.

3) Des Galerius Ende erzählt ebenso Aurelius Viktor K. 40: „Durch eine pestartige Wunde wurde er ganz verzehrt." Das schreckliche Ende des Galerius steht nicht vereinzelt da; an gleich scheußlicher Krankheit gingen zu Grunde: Antiochus (II. Makk. 9, 13), Herodes (siehe Flavius Josephus, Alterthümer 17, 8) und noch

lannt zu Nikomedien am fünfzehnten desselben Monats, als die Vicennalien in naher Aussicht standen für den kommenden ersten März [312].

36. Des Maximinus neue Verfolgung gegen das Edikt von Sardica.

Als Maximin diese Nachricht gehört hatte, eilte er in bereitstehenden Eilwagen¹) aus dem Orient herbei, um die Provinzen zu besetzen und Alles bis zur Meerenge von Chalcedon für sich in Anspruch zu nehmen, während Licinius sich gar nicht rührte.²) Als er in Bithynien angekommen war, hob er zur größten Freude Aller, um sich gleich in Gunst zu setzen, den Census auf. Zwietracht bricht zwischen beiden Konsuln aus, und der Krieg steht vor der Thür; bewaffnet halten sie die gegenüberliegenden Ufer (des Bosporus) besetzt. Doch unter gewissen Bedingungen wird Friede und Freundschaft geschlossen, auf der Meerenge selbst kommt ein Bündniß zu Stande, und man reicht sich die Hände. Maximin kehrt zurück und spielt dieselbe Rolle wie früher in Syrien und Ägypten. Zuerst hebt er die den Christen unter gemeinsamer Namensunterschrift gewährte Freiheit auf, indem er sich von den Städten Deputationen bestellen läßt, die verlangen mußten, daß es den Christen verboten würde, innerhalb ihrer Städte Gebäude zu (gottesdienst-

---

in unserem Jahrhundert der Regent Muley Ismael auf Marocco. Lesenswerth ist hierüber die Erklärung des heiligen Hieronymus zu Zacharias XIV. 12: Tabescent carnes eorum, schwinden wird ihr Fleisch und desgleichen die Augen in den Höhlen ꝛc. Burckhardt sagt 856: Wir wollen den falschen Laktantius nach Herzenslust in dem von Würmern zerfressenen Leib des Galerius wühlen lassen. Es genügt, daß Galerius bei den Heiden als „braver Mann" und „tüchtiger Krieger" gilt. Sehr tröstlich für einen Neubeiden!

1) Maucroix übersetzt: il prit la poste et se rendit en diligence.
2) Licinius war bei Sardica, wo er sich beim Tode des Galerius aufhielt. Maximinus eilte sofort beim Tode des Galerius nach dem Hellespont; er stimmte sich das Volk günstig durch Steuererlasse. Als die Herre Vetter zusammentrafen, kam ein Vergleich zu Stande, nach welchem Maximinus die asiatischen Provinzen erhielt, jedoch in etwa die Oberhoheit des Licinius anerkennen mußte.

5*

lichen) Zusammenkünften zu errichten, damit es den Anschein gewänne, als ob er durch Zureden veranlaßt und gezwungen thäte, was er doch aus eigenem Antriebe thun wollte. Indem er diesen seine Zustimmung ertheilte, führte er eine Neuerung ein durch die Ernennung von Oberpriestern aus den Reihen der Vornehmsten in jeder einzelnen bürgerlichen Gemeinde, die unter Anrufung aller ihrer Götter täglich Opfer darzubringen und, auf dem Dienst der alten Priester fußend, dahin zu wirken hatten, daß die Christen weder bauten noch öffentlich oder einzeln zusammen kämen; sie sollten vielmehr befugt sein, dieselben zu ergreifen, zum Opfern zu zwingen oder den Richtern vorzuführen. Das wäre noch Wenig gewesen, wenn er nicht jeder (der zwei) Provinz einen aus den höheren Ständen gewählten Mann gleichsam als Pontifex vorgesetzt hätte; beide mußten auf seinen Befehl mit dem weißen Staatsmantel geschmückt einhergehen. Er schickte sich an, zu vollführen, was er in einigen Gegenden des Orients schon längst gethan hatte. Denn während er nur zum Schein sich für Milde erklärte, verbot er, die Diener Gottes zu tödten, gebot aber, sie zu verstümmeln. Daher wurden den Bekennern die Augen ausgestochen, Hände und Füße abgehauen, Nasen und Ohren abgeschnitten.

37. Maximinus übt neben dem eifrigsten Götzenkult unglaubliche Gelderpressungen.

Während er Dieß in's Werk setzte, wurde er durch ein Schreiben Konstantin's geschreckt. Er spielte natürlich den Heuchler. Und doch, wenn Einer ihm in die Hände gefallen war, wurde er heimlich in's Meer versenkt. Auch ließ er nicht von der Gewohnheit ab, daß täglich im kaiserlichen Palaste geopfert wurde. Und die Maßregel hatte er zuerst ersonnen, daß alle Thiere, von deren Fleisch er aß, nicht von den Köchen, sondern von den Priestern an den Altären geschlachtet werden sollten, und daß Nichts auf den Tisch gebracht wurde, es müßte denn vorher (von heidnischen

Priestern) gekostet oder beim Opfer dargebracht oder mit Opferwein begossen sein, auf daß Jeder, der zum Mahle geladen war, sündenbefleckt und unrein davonginge. Auch im Übrigen war er seinem Lehrer ähnlich. Hatten Diokletian oder Galerius Etwas übrig gelassen, Dieser schor es ein, indem er ohne Scheu Alles wegraubte. Daher wurden die Scheunen der Privatleute geschlossen, die Weinkeller versiegelt, die Steuern für folgende Jahre im Voraus erhoben. Daher entstand eine Hungersnoth, obgleich die Äcker fruchtbar waren,[1]) daher eine unerhörte Theuerung. Heerden von kleinem und großem Vieh wurden vom Lande eingetrieben für die täglichen Opfer. Hierdurch hatte er die Seinigen verwöhnt, daß sie das Getreide verschmähten, und oft schütteten sie es aus, ohne Rücksicht, ohne Maß, während er sämmtliche Trabanten, von denen er eine ungeheure Zahl hielt, mit kostbaren Gewändern und Goldmünzen abfand, den gemeinen Soldaten und Rekruten Silber gab und Ausländer mit den verschiedenartigsten Beschenkungen beehrte. Dafür aber, daß er die Güter der Lebenden raubte und sie seinen Kreaturen schenkte, sobald einer derselben fremdes Gut gewünscht hatte, dürfte man ihm noch danken müssen, weil er nach der Art gnädiger Räuber[2]) seine Beute ohne Blutvergießen raubte.

38. Grenzenlose Wollust[3]) des Maximinus.

Sein Hauptverbrechen aber, worin er alle seine Vorgänger übertraf, war seine schändliche Wollust. Wie soll

---

1) Diese entsetzliche Hungersnoth schildert Eusebius, Kirchengeschichte B. 9, K. 11.
2) Denselben Ausdruck hat Salvianus de gubernatione lib. VIII. am Ende: Latrones quidem hoc proverbio uti solent, ut quibus non auferunt vitam, dedisse se dicant. Die Räuber sagen sprichwörtlich, daß Denen, die nicht umgebracht haben, das Leben zum Geschenke gegeben hätten. Dasselbe sagt Cicero orat. Philipp. II, 2: Quid est beneficium latronum, nisi ut commemorare possint, iis se dedisse vitam, quibus non ademerint?
3) Selbst Burckhardt nennt ihn S. 365 „roh, ausschweifend".

ich sie anders bezeichnen als blind und zügellos? Und doch
kann ich in solchen Ausdrücken meine Entrüstung nicht er-
schöpfend ausdrücken. Für die Größe des Frevels versagt
die Sprache fast den Dienst. Verschnittene Kuppler hielten
überall ihre Nachforschungen. Wo nur ein etwas anstän-
diges Gesicht war, mußten Väter und Ehemänner bei Seite
geben. — Es wurde genaue Untersuchung gehalten, daß
Nichts der königlichen Leidenschaft unwürdig wäre. —[1])
Weigerte sich Eine, so wurde sie im Wasser getödtet, als
wenn unter jenem Ehebrecher Schamhaftigkeit ein Maje-
stätsverbrechen gewesen wäre. Manche, deren Gattinen,
die sie wegen ihrer Keuschheit und Treue innigst liebten,
entehrt waren, gaben sich, unfähig den Schmerz zu ertragen, selbst den Tod. Unter diesem Ungeheuer war die Schamhaftigkeit nirgends verschont, auſſer wo auffallende Häßlich-
keit seine rohe Begier fern hielt. Zuletzt hatte er noch die
Sitte eingeführt, daß Niemand eine Frau ohne seine Erlaubniß nehmen durfte, damit er bei allen Heirathen die
ersten Blumen pflückte. Frei geborene Jungfrauen, die er
geschändet hatte, gab er seinen Sklaven zu Frauen. Aber
auch seine Hofleute ahmten unter einem solchen Fürsten dessen Schandthaten nach und verletzten ungestraft das Ehebett ihrer Gastgeber. Denn wer wäre als Rächer eingetreten? Töchter von geringeren Leuten ließ er entführen,
wie es gerade Einem beliebt hatte. Vornehme Töchter, die
nicht entführt werden konnten, wurden als Anerkennung
für Verdienste erbeten. Sich zu weigern ging nicht an, da
der Kaiser selbst darunter schrieb, die Betreffenden müßten
entweder sterben oder einem Barbaren die Hand reichen.
Er hatte nämlich in seinem Gefolge fast nur Trabanten
aus dem Volksstamme Jener, die von den Gothen zur
Zeit der Vicennalien des Diokletian aus ihren Wohnsitzen
vertrieben sich dem Maximian Galerius ergeben hatten zur

---

1) Diese durch — — eingeschlossene Stelle gibt die Obscö-
nitäten des im Urtext Berichteten absichtlich nicht genau wieder.

Plage der Menschheit, damit sie, der fremden Knechtschaft entflohen, später über Römer herrschten. Von solchen Trabanten und Schutzleuten umgeben verhöhnte er den Orient.

39. Maximin bemüht sich vergebens um Valeria, des Galerius Wittwe, worauf er sie beraubt und ächtet.

Als er endlich für seine Lüste es sich zum Grundsatze gemacht hatte, Alles, was er wünschte, für erlaubt anzusehen, konnte er nicht einmal von der Kaiserin, die er kurz vorher (in Folge seiner Adoption) als „Mutter" angeredet hatte, sich enthalten. Nach dem Tode des Maximian (Galerius) war Valeria zu ihm gekommen, da sie in seinem Gebiete einen sicheren Wohnsitz sich versprach, meist schon deßhalb, weil er eine Frau hatte. Aber das verruchte Ungeheuer entbrannte gleich in sträflicher Begierde. Noch war die Frau im schwarzen Gewande, da die Trauerzeit noch nicht zu Ende war. Durch Boten, die er vorausschickte, verlangte er sie zur Ehe, zugleich versprechend, seine Gattin zu verstoßen, wenn er ihre Hand erlangen würde. Jene antwortete frei, was sie zunächst erwidern konnte: für's Erste könne sie in diesem Trauergewande nicht von Heirathen sprechen, wo die Asche ihres Gemahls, seines Vaters, noch nicht kalt sei; dann handle er frevelhaft, daß er die ihm treue Gattin verstoße; dasselbe Schicksal stünde natürlich auch ihr bevor; schließlich sei es unerlaubt, daß eine Frau von ihrem Titel und Rang gegen alle Sitte und früheres Beispiel es mit einem zweiten Manne versuche. Man berichtet dem Menschen, wie die Sache steht. Seine Leidenschaft geht in Zorn und Wuth über. Sofort ächtet er die Frau, raubt ihre Güter, nimmt die Hofdamen von ihr, läßt ihre Eunuchen auf der Folter umbringen, schickt sie selbst mit ihrer Mutter in die Verbannung, aber nicht an einen bestimmten Ort, sondern blindlings jagt er sie bald hierhin bald dorthin zum Spotte und verurtheilt ihre Freundinnen, nachdem sie fälschlich des Ehebruches bezichtigt worden.

40. Drei vornehme Frauen werden von Maximin wegen ihrer Züchtigkeit getödtet; der gegen sie zeugende Jude wird gekreuzigt und widerruft.

Es war eine sehr angesehene Frau, die von ihren erwachsenen Söhnen schon Enkel zählte. Dieser war Valeria wie einer zweiten Mutter zugethan; Maximin aber argwohnte, daß sie auf deren Rath ihn abgewiesen habe. Er beauftragt den Statthalter Eratineus, sie mit Schimpf und Schande um's Leben zu bringen. Ausser dieser waren noch zwei andere ebenso abelige Frauen, von denen eine ihre Tochter als vestalische Jungfrau zu Rom gelassen hatte und damals heimlich mit Valeria Freundschaft hielt; die andere, welche der Kaiserin nicht weniger nahe stand, hatte einen Senator zum Manne. Aber beide sollten wegen ihrer ausnehmenden Schönheit und ihrer Keuschheit sterben. Unvermuthet werden die Frauen weggeführt, nicht vor einen Gerichtshof, sondern vor eine Räuberbande: es war ja auch kein Ankläger da. Es findet sich ein Jude wegen anderer Verbrechen angeklagt, her mit der Aussicht auf Straflosigkeit gegen die unschuldigen Frauen falsches Zeugniß geben soll. Der billig denkende und gewissenhafte Richter[1]) führt ihn mit einer Schutzmannschaft vor die Stadt, damit er nicht gesteinigt würde. Diese Tragödie wurde zu Nicäa aufgeführt. Man verweist den Juden auf die Folter: er sagt,[2]) was er geheissen war; jene (Frauen) werden von den Henkersknechten durch Faustschläge gehindert, zu widersprechen. Es wird befohlen, die Unschuldigen zur Richtstätte zu führen. Weinen und Jammern erscholl nicht nur von jenem Manne, der seiner tugendhaften Gattin zur Seite

---

1) Die Epitheta des Richters sind Ironie.
2) Halm hat diese Stelle wesentlich verbessert; er fand, daß man das „dic" der Handschrift falsch für „dum" gelesen, während es dicit bezeichnet.

blieb, sondern auch von Allen, welche die unwürdige und unerhörte That dorthin gezogen hatte. Aber damit sie nicht durch einen Sturm des Volkes den Händen ihrer Henker entrissen würden, werden Leute in militärischer Weise mit Wurfspießen und Schwertern ausgerüstet vorausgeschickt, Bogenschützen folgen hintendrein. So werden sie mitten zwischen Schaaren von Bewaffneten zum Tode geführt; und sie wären unbeerdigt da liegen geblieben (ihre Dienerschaft hatte die Flucht ergriffen), wenn nicht heimlich das Mitleid ihrer Freunde Bestattung bewirkt hätte. Indeß auch dem vermeintlichen Ehebrecher wird nicht die versprochene Straflosigkeit gewährt; als er aber an's Kreuz geschlagen war, enthüllte er das ganze Geheimniß, und unter den letzten Zügen bezeugte er allen Zuschauern, daß die Frauen unschuldig getödtet seien.

41. Die Kaiserin Valeria bleibt sogar unter Verachtung der Bitten Diokletians in der Verbannung.

Die Kaiserin aber, die in die wüsten Einöden Syriens verbannt war, theilte ihrem Vater Diokletian durch heimliche Boten ihr Elend mit. Dieser schickt Gesandte und bittet, seine Tochter zu ihm zurückzusenden: er richtet Nichts aus. Zu wiederholten Malen beschwört er ihn; sie wird nicht zurückgeschickt. Zuletzt sendet er einen seiner Verwandten, einen im Kriege erprobten und einflußreichen Mann, der ihn an die empfangenen Wohlthaten erinnern und Fürbitte einlegen sollte. Auch Dieser meldet nach Ausrichtung seiner Sendung, daß seine Bitten vergeblich gewesen.

42. Konstantin beseitigt die Statuen und Bildnisse des Herkulius wie auch die des noch lebenden Diokletian; Dieser stirbt vor Gram.

Zu derselben Zeit wurden die Statuen des alten Maximian (Herkulius) auf Konstantins Befehl zerstört und die

Bildnisse desselben, da er sich auch hatte malen lassen, herabgerissen. Weil aber die beiden alten Kaiser gewöhnlich zusammen abgemalt waren, so wurden auch die Bilder Beider weggeschafft. Da er nun bei seinen Lebzeiten sehen mußte, was nie einem Kaiser begegnet war, beschloß er von doppeltem Kummer ergriffen, er müßte sterben.¹) Während es in seiner Seele vor Schmerz tobte und wogte, wälzte er sich bald hierhin, bald dorthin und wollte weder schlafen noch Nahrung zu sich nehmen. Er seufzte und stöhnte, vergoß häufig Thränen und wälzte sich beständig herum, bald auf dem Bette, bald auf der Erde. So wurde er, der zwanzig Jahre der glücklichste Kaiser gewesen war, von Gott zu einem elenden Leben verstoßen, und von Schmach niedergebeugt und von Haß gegen das Leben erfaßt kam er endlich um vor Hunger und Gram.

43. Maximinus verbündet sich mit Maxentius, der dem Konstantin den Krieg schon erklärt hat, damit er so den Licinius vernichte.

Es war nunmehr noch Einer²) von den Feinden Gottes am Leben; dessen jämmerliches Ende will ich jetzt anfügen. Er (Maximinus Daja) war nämlich eifersüchtig auf den Licinius, weil er ihm von Maximianus (Galerius) vorgezogen worden, und obgleich er erst kürzlich mit ihm Freundschaft geschlossen hatte, so hegte er doch bei der Nachricht, daß die Schwester des Konstantin mit Licinius verlobt worden, den Glauben, daß diese Verwandtschaft der beiden Kaiser gegen ihn selbst gebildet worden. Er schickte nun ganz heimlich Gesandte nach der Stadt, daß sie ein Freundschafts-

---

1) Ueber das Unglück seiner Tochter und die ihm zugefügte Schmach.
2) Einer, nämlich Maximinus Daja im Orient. Maxentius wird hier nicht als Feind Gottes bezeichnet, weil er, obgleich grausam, die Christen weniger verfolgt hatte; Licinius war den Christen um diese Zeit noch günstig.

bündniß mit Marentius nachsuchen sollten. Er fügte sogar ein vertrauliches Schreiben bei. Die Gesandten werden freundlich aufgenommen, die Freundschaft kommt zu Stande, und die Bildnisse Beider werden neben einander angebracht.¹) Marentius greift mit beiden Händen nach dieser Hilfe, wie vom Himmel gesandt, da er dem Konstantin den Krieg bereits erklärt hatte, als wenn er den Tod des Vaters (Hertulius) rächen wollte. Daher ist die Muthmaßung entstanden, jener Alte hätte die schändliche Zwietracht mit seinem Sohne geheuchelt, um sich einen Weg zum Sturze Anderer zu ebnen, und damit, wenn Alle wären beseitigt gewesen, er für sich und den Sohn die Oberherrschaft über den ganzen Erdkreis gewänne. Aber Das ist falsch gewesen; denn er hatte den Plan, sich und den Diokletian wieder an die Herrschaft zu bringen, wenn sowohl sein Sohn als auch alle Übrigen vernichtet wären.

44. Konstantin wird nach Besiegung des Marentius vom römischen Senate und Volke als oberster Kaiser begrüßt.

Schon war es zwischen ihnen zum Bürgerkrieg gekommen. Und wenn Marentius sich auch zu Rom zurückhielt, weil ihm der Bescheid²) geworden, daß er, wofern er sich ausserhalb der Thore Roms verfügen sollte, umkommen würde, so wurde der Krieg dennoch durch geschickte Feldherrn geführt. An Macht war Marentius überlegen,³) weil

---

1) Die Bildnisse wurden auf Schilden und Münzen angebracht; man hat noch einige Muster davon.
2) Wohl vom Orakel oder wahrscheinlicher noch aus den sibyllinischen Büchern, die ihn ja später bestimmten, in's Treffen zu gehen.
3) Zosimus schätzt des Marentius Macht auf 170000 Mann zu Fuß und 18000 Reiter, während Konstantin nur 90000 Fußsoldaten und 8000 Reiter hatte. Dagegen sagt der anonyme Lobredner (incerti panegyr. c. 3), Konstantin sei mit dem vierten

er sowohl die Armee seines Vaters vom Severus erhalten als auch seine eigene aus Mauritanien und Italien kürzlich an sich gezogen hatte. Es wurde ein Treffen geliefert, und des Maxentius Soldaten behielten die Übermacht, bis Konstantin nachträglich mit erneutem Muthe und auf Alles[1]) gefaßt alle Truppen zur Stadt heranzog und der Milvischen Brücke gegenüber sein Lager aufschlug. Der Tag, an welchem Maxentius die Herrschaft erlangt hatte, nahte heran, es war nämlich der siebenundzwanzigste Oktober; an diesem vollendete er das fünfte[2]) Jahr seiner Regierung. Konstantin wurde in einem Traume gemahnt, mit dem himmlischen Zeichen Gottes[3]) die Schilde bezeichnen zu lassen und so das Treffen zu liefern. Er that, wie befohlen; er läßt nämlich die Schilde mit dem Christus-Zeichen versehen, indem er den Buchstaben X quer [+] legte

---

Theile seiner Truppen gegen Maxentius gezogen. Kap. 5 sagt er bestimmt, daß er mit weniger als 40000 Mann gegen ihn gezogen; diese letztere Zahl gibt auch Burckhardt (Konstantin S. 358) an.

1) Ad utrumque paratus ist aus Virgil. Aen. II. 61: „Fidens animi et utrumque paratus;" zum Siegen oder Sterben. Horatius sagt: Concurritur, horae
 Memento, cito mors venit aut victoria laeta.
2) Maxentius war am 27. Oktober 306 zum Augustus ausgerufen worden; deßhalb vollendete er 312 sein sechstes Jahr; Laktantius hat sich hier geirrt.
3) Diese Mittheilung über eine Offenbarung Gottes bringt die Ungläubigen in Aufregung. Burckhardt sagt a. a. O. S. 394: Das Wunder dürfte wohl endlich aus den geschichtlichen Darstellungen wegbleiben, weil es nicht einmal den Werth einer Sage, überhaupt keinen populären Ursprung hat, sondern erst lange nachher von Konstantin dem Eusebius ist erzählt worden. Wie ist nun aber Burckhardt durch die neuen Werke von Hunziker und Ebert zu Schanden geworden! Diese beweisen, daß Laktantius ein zuverlässiger Geschichtschreiber ist. Ebert zeigt Seite 124, daß Laktantius i. J. 313 oder spätestens Anfang 314 sein Werk geschrieben hat, also nicht lange nachher, wie er von Eusebius höhnt. Weitere Belehrung bieten: Hug, Ehrenrettung des Kon-

und die oberste Spitze umbog [⳩].¹) Mit diesem Zeichen bewaffnet greift das Heer zur Waffe. Der Feind rückt entgegen, aber ohne den Kaiser [Maxentius], und zieht über die Brücke. Die Schlachtreihen stoßen mit einer Fronte von gleicher Ausdehnung auf einander; auf beiden Seiten wird mit der äußersten Anstrengung gekämpft.

„— — Nicht hier galt Fliehen und dort nicht." ²)

Jetzt entsteht in der Stadt ein Aufruhr, und er (Maxentius) wird geschmäht als ein Führer, der das allgemeine Wohl im Stiche lasse. Mit einem Male ruft das Volk nun allgemein, während er gerade zur Feier des Antrittstages (seiner Regierung) ein Pferderennen ausführen ließ: „Konstantin kann nicht besiegt werden!" Bestürzt über diesen Ausruf macht er sich eilends auf, läßt einige Senatoren rufen und befiehlt ihnen, die sibyllinischen Bücher nachzusehen; in diesen findet man, daß an diesem Tage der Feind der Römer umkommen werde. Durch diese Antwort zur Siegeshoffnung gelangt, bricht er auf und geht in die Schlacht. Hinter ihm wird die Brücke abgebrochen. Sobald er erblickt wurde, entbrennt das Treffen heftiger, und durch Gottes mächtigen Schutz wird das Heer des Maxentius gänzlich geschlagen; er selbst ergreift die Flucht und

---

stantin (Freiburg 1830), Dieringer, System der göttlichen Thaten, und Stolberg, Bd. 9.

1) Das Zeichen ⳩ enthält die Buchstaben X und P, die Anfangsbuchstaben des Wortes Χριστός; auf den alten Münzen ist es so ☧ dargestellt.

2) Virgil. Aen. X, 756.

eilt zur Brücke, die abgebrochen war, von der Masse Flüchtlinge mit Gewalt in die Tiber gestürzt. Nun war einer der schrecklichsten Kriege beendet; Konstantin wird unter großem Jubel des Senates und römischen Volkes empfangen (in Rom); da lernt er die Treulosigkeit des Maximinus kennen, er entdeckt (dessen) Briefe, sieht die Statuen und Bilder. Der Senat erkennt dem Konstantin wegen seiner Tapferkeit das Recht, seinen Namen als den ersten zu setzen, was sich Maximinus angemaßt hatte. Als Dieser nun die Nachricht von dem Siege und der Befreiung der Stadt erhielt, nahm er sie nicht anders auf, als wenn er selbst besiegt worden wäre. Als er später auch noch den Beschluß des Senates erfuhr, entbrannte er so von Aufregung, daß er seine Feindschaft (gegen Konstantin) offen aussprach und Schmähungen gepaart mit Witz gegen den „größten" Kaiser ausstieß.

45. Während Konstantin und Licinius in Mailand verweilen, kommt Maximin aus dem Orient; Licinius eilt ihm nach gefeierter Hochzeit mit Konstantin entgegen.

Nachdem Konstantin die Angelegenheiten in der Stadt geordnet, ging¹) er nach Mailand. Ebendahin kam auch Licinius, um sich zu vermählen.²) Sobald Maximinus erfuhr, daß Jene Hochzeit feierten, führte er sein Heer aus Syrien, obgleich der Winter äußerst hart war, und kam durch verdoppelte Tagemärsche mit geschwächtem Heere nach

---

1) Halm hat aus der Handschrift statt „contendit" die Lesart „concessit" nachgewiesen.
2) Er heirathete die nach Kap. 43 ihm verlobte Schwester des Konstantin, Konstantia, die später dem Arius so günstig war und dazu noch ihren Bruder zu dessen Schutz beredete. Daß die Beiden in Mailand zusammenkamen nach Besiegung des Maxentius, erzählt auch Zosimus 2, 17.

Bithynien. Denn bei sehr starkem Platzregen und Schneefall, Morast und Kälte und Strapazen ging alles Vorspannvieh zu Grunde. Das jämmerliche Umkommen desselben den ganzen Weg entlang gewährte einen Anblick des zukünftigen Krieges und stellte den Soldaten eine ähnliche Niederlage in Aussicht. Nun blieb er auch nicht innerhalb seines Reiches, sondern nach sofortiger Übersetzung der Meerenge (von Chalcedon) rückte er mit seiner Heeresmacht vor die Thore von Byzantium. Licinius hatte dort Soldaten zur Besatzung für derartige Fälle untergebracht. Diese versuchte er anfangs durch Geschenke und Versprechungen an sich zu locken, später auch durch Androhung von Gewalt und Bestürmung zu schrecken; aber Beides blieb ohne den geringsten Erfolg. So waren schon eilf Tage verflossen, in deren Verlauf Zeit gewesen, Boten und Briefe an den Kaiser (Licinius, in dessen Gebiete Byzanz lag,) zu senden; da ergaben sich die Soldaten freiwillig aus Kleinmüthigkeit wegen ihrer geringen Zahl, ohne aber in ihrer Treue zu wanken. Von da rückte er vor Heraklea,[1]) wo er in gleicher Weise aufgehalten wurde und so wieder einige Tage an Zeit verlor. Unterdessen war Licinius durch schleuniges Vorrücken mit wenigen Leuten nach Adrianopel gekommen, während Jener, nachdem er die Übergabe von Perinthus (Heraklea) angenommen und kurze Zeit dort sich aufgehalten hatte, achtzehn Meilen vorrückte zu einer Haltstation. Weiter konnte er nämlich nicht mehr vorwärts, da Licinius bereits die folgende, ebensoweit entfernte Haltstation besetzt hatte. Dieser aber sammelte in der Nähe so viele Soldaten, als er nur konnte, und zog dem Maximinus entgegen, mehr um ihn aufzuhalten, als in der Absicht, mit ihm zu kämpfen, oder mit der Hoffnung zu siegen, da Jener nämlich ein Heer von siebzigtausend Soldaten bei sich führte, er

---

1) Heraklea in Thracien, heute Erekli genannt, damals auch Perinthus geheissen, wie Laktantius gleich anführt.

selbst aber kaum dreissigtausend Mann zusammengebracht hatte. Die Soldaten waren in verschiedenen Gegenden zerstreut, und die Kürze der Zeit ließ eine Vereinigung nicht zu.

46. Traumgesicht des Licinius; ihm wird von Gott ein Gebet kund gethan, das alle seine Soldaten beten. Unterredung der beiden Kaiser.

Während die Heere so einander nahe waren, schien die Schlacht mit jedem Tage bevorzustehen. Da macht Maximinus dem Jupiter folgendes Gelübde: er wolle, wenn er den Sieg erlangen sollte, den Namen der Christen vernichten und gänzlich vertilgen. In der nächsten Nacht darauf trat zu Licinius im Schlafe der Engel des Herrn, der ihn ermahnte, schnell aufzustehen und zum höchsten Gotte zu beten mit seinem ganzen Heere; wenn er Das thäte, würde ihm der Sieg zu Theil werden. Nach diesen Worten schien es ihm, als stünde er auf, und als stellte er sich zu Dem, der ihn ermahnte. Dieser belehrte ihn dann, wie und mit welchen Worten er beten müsse. Als er darauf erwachte, hat er einen Geheimschreiber kommen lassen, und er gab ihm die Worte an (zum Aufschreiben), wie er sie gehört hatte: „Höchster Gott, wir bitten dich. Heiliger Gott, wir bitten dich. Wir empfehlen dir alle Gerechtigkeit, unser Heil empfehlen wir dir. Wir empfehlen dir unser Reich. Durch dich leben wir, durch dich sind wir glückliche Sieger. Höchster, heiliger Gott, erhöre unser Gebet! Wir strecken unsere Arme zu dir empor, erhöre uns, heiliger, höchster Gott!" Dieses Gebet wird auf mehrere Zettel geschrieben und an[1]) jeden Befehlshaber und Obersten versandt, damit

---

1) Das „an" ist durch per ausgedrückt, um zu bezeichnen, daß jeder Einzelne ein Exemplar empfing.

ein jeder seine Soldaten damit bekannt mache. Allen wuchs der Muth, indem sie glaubten, der Sieg sei ihnen vom Himmel verkündet. Der Kaiser (Licinius) bestimmte den ersten Mai zur Schlacht, weil an diesem Tage das achte Jahr vollendet wurde, seitdem Jener (Maximin) zum Cäsar ernannt worden, damit er so gerade an seinem Ernennungstage besiegt würde, wie Jener (Marentius) zu Rom besiegt wurde. Maximinus wollte früher vorgehen. Er stellte schon Tags vorher früh seine Schlachtordnung auf, damit er am folgenden Tage als Sieger seinen Ernennungstag feiern könnte. Es wird in des Licinius Lager berichtet, daß Maximin ausgerückt sei. Die Soldaten greifen zu den Waffen und ziehen ihm entgegen. Zwischen ihnen liegt eine unfruchtbare, kahle Ebene, Serenus[1]) genannt. Die Schlachtreihen stehen sich nun gegenüber. Des Licinius Soldaten legen die Schilde nieder, nehmen die Helme ab und beten nach dem Vorgange ihrer Vorgesetzten für[2]) den Kaiser mit zum Himmel erhobenen Händen. Die zum Untergange bestimmte Armee hört das Gemurmel der Betenden. Jene setzen, nachdem das Gebet breimal gesprochen, mit Heldenmuth gerüstet die Helme auf das Haupt und erheben die Schilde. Die Kaiser treten vor zur Unterredung. Maximinus konnte nicht zum Frieden bewogen werden; denn er verachtete den Licinius und glaubte, er würde von den Soldaten im Stiche gelassen werden, weil Jener im Schenken sehr sparsam, er selbst aber verschwenderisch war. Er hatte auch den Krieg mit der Berechnung begonnen, daß er das Heer des Licinius ohne Kampf an sich ziehen würde und dann mit verdoppelten Kräften gegen Konstantin vorrücken könnte.

---

1) Das Feld Serenus „Sonnige" lag zwischen Adrianopel und Heraklea bei Resiston.
2) Halm hat die von Heumann vermuthete, sonst aber fast nicht beachtete Lesart pro statt post, womit kaum ein Sinn zu verbinden war, als ächt aus der Handschrift nachgewiesen.

47. Niederlage des Maximinus; er wirft den Purpur ab und flieht nach Kappadocien.

Man rückt also näher, die Trompeten ertönen, die Fahnen rücken vorwärts. Die Licinianer machen den Angriff und bringen auf die Feinde ein. Diese aber gerathen in Schrecken, so daß sie weder die Schwerter ziehen noch Pfeile werfen konnten. Maximin eilt um die Schlachtreihe herum und sucht die Licinianer bald durch Bitten bald durch Geschenke zu gewinnen. Nirgends wird ihm Gehör geschenkt. Man zieht auf ihn los, und er flieht zu den Seinigen zurück. Seine Schlachtreihe wurde ohne Gegenwehr niedergehauen, und so viele Legionen, eine so große Menge Soldaten wird von Wenigen niedergemacht. Keiner gedenkt seiner Ehre oder seiner Tapferkeit oder auch der früheren Belohnungen; als wenn sie zum selbstgewählten Tode und nicht zum Kampfe gekommen wären, so hatte sie der höchste Gott den Feinden zum Niedermetzeln anheim gegeben. Bereits ist eine ungeheure Masse niedergestreckt, und Maximin sieht ein, daß es anders verlaufe, als er sich gedacht. Er wirft den Purpur ab und entflieht in Sklavenkleidung und setzt über die Meerenge; vom Heere wurde die Hälfte niedergemetzelt, die andere Hälfte ergab sich oder floh.[1] Da der Kaiser selbst ausgerissen war, hatte das Fliehen jede Beschämung eingebüßt. Jener aber gelangte am ersten Mai, das heißt in einer Nacht und einem Tage [zur Meerenge],[2] in der folgenden Nacht nach Nikomedien, obgleich das Schlachtfeld hundertsechzig Meilen davon entfernt war. Er nahm

---

1) Burckhardt schreibt Seite 366: Maximin unterlag w a h r s ch e i n l i ch der höheren Kriegskunst oder der kriegerischen Popularität seines Gegners. Ist es nicht merkwürdig, wie die aufgeklärten Ungläubigen zu „Wahrscheinlichkeiten" greifen, wenn sie das Walten der göttlichen Gerechtigkeit nicht sehen w o l l e n ?

2) Schon Tollius ergänzte hier „ad fretum", neuerdings bestätigte es Dübner.

dort seine Kinder und Gemahlin und Wenige von seinem Gefolge mit sich und eilte nach dem Orient. Aber in Kappadocien sammelte er Soldaten von der Flucht und aus dem Oriente und blieb dort; da zog er auch den Purpur wieder an.

48. Licinius kömmt nach Bithynien; in Nikomedien dankt er Gott und erläßt in seinem und Konstantins Namen ein Edikt zu Gunsten der Christen.

Licinius aber setzte mit seinem Heere, nachdem er einen Theil der Armee [des Maximin] erhalten und sie unter die Regimenter vertheilt hatte, wenige Tage nach der Schlacht nach Bithynien über, und in Nikomedien angekommen stattete er Gott, durch dessen Hilfe er gesiegt hatte, seinen Dank ab; am dreizehnten Juni (313), wo Konstantin und er selbst zum dritten Male Konsuln waren, ließ er einen Brief an den Statthalter (von Nikomedien) über den Schutz der Kirche folgenden Inhaltes öffentlich bekannt machen:[1])

„Da wir uns, sowohl ich, Kaiser Konstantin, als auch ich, Kaiser Licinius, zu Mailand glücklich vereinigt und Alles, was zur öffentlichen Wohlfahrt und Sicherheit gehört, berathen haben, so glaubten wir unter Anderem, was wir für Mehrere als nützlich erkannten, vor Allem Dasjenige in Ordnung bringen zu müssen, worin die Verehrung der Gottheit besteht, so daß wir sowohl den Christen als auch allen Übrigen die volle Freiheit geben, diejenige Religion zu wählen und zu befolgen, welche ein Jeder wählt, damit die Gottheit im Himmel sowohl uns als auch Allen, die unserer Macht unterworfen sind, geneigt und gnädig

---

1) Dieses Dekret ist uns von Laktantius im Original erhalten. Eusebius hat dasselbe in seiner Kirchengeschichte Buch 10 Kap. 5 in's Griechische übertragen; er hat übrigens auch noch eine Einleitung zum Erlasse, die hier fehlt; vgl. Lasaulx S. 24.

sein möge. Und zwar glaubten wir, diesen Beschluß aus der heilsamen und richtigen Erwägung fassen zu müssen, daß durchaus Niemandem die Freiheit benommen werden soll, sein Herz entweder den christlichen Gebräuchen oder der Religion zuzuwenden, welche er als die beste für sich erkennt, damit das höchste Wesen, dessen Religion wir aus freiem Antriebe des Herzens folgen, uns in allen Stücken seine gewohnte Gnade und sein Wohlwollen erzeige. Wir setzen daher deine Ergebenheit hiermit von diesem unserem Beschlusse in Kenntniß, auf daß du mit gänzlicher Beseitigung aller der Anordnungen und Maßregeln, welche dir in Bezug auf die Christen in den früher an dich erlassenen Verhaltungsbefehlen gegeben worden,[1] dafür sorgest, daß Jeder von ihnen, der den Willen hegt, die Religion der Christen zu beobachten, Dieß gerade und einfachhin ohne die geringste Beschwerde und Beunruhigung thun dürfe. Wir glauben Dieß deiner Sorgfalt auf das Umständlichste angeben und eröffnen zu müssen, damit du wissest, daß wir eben diesen Christen eine gänzlich freie und unbeschränkte Religionsübung zugestanden haben. Da du nun siehst, daß wir ihnen Dieß verliehen haben, so bleibt es andererseits deiner Ergebenheit nicht unbekannt, daß damit auch den Anderen gleichfalls volle und unbeschränkte Freiheit ihrer Religion und religiösen Gebräuche zum Behufe des Friedens in unserer Zeit ertheilt ist, damit Jedermann in der Verehrung Dessen, was er sich einmal gewählt hat, vollkommene Freiheit habe, weil wir nicht wollen, daß irgend einer Religion durch uns die gebührende Ehre entzogen

---

[1] Hier ist der Text verstümmelt. Dübner ergänzt: „Continebantur, et quae prorsus laevae et a nostra clementia alienae esse." So würde der Satz lauten: die Maßregeln, welche in den an dich erlassenen Verhaltungsbefehlen enthalten waren, die uns aber unpassend und unserer Milde widersprechend schienen.

werde.[1] Übrigens haben wir in Hinsicht auf die Christen auch noch Das zu beschließen für gut befunden, daß, wenn irgendwie in früheren Zeiten die Stätten, an welchen sie sich ehemals zu versammeln pflegten, worüber auch in einem besonderen schon ohnehin an dein Amt gerichteten Schreiben eine bestimmte Vorschrift enthalten ist, entweder von unserem Fiskus oder von wem immer gekauft worden sind, solche den Christen unentgeltlich und ohne Zurückforderung des Kaufpreises ohne alle Hinhaltung und Bedenken zurückerstattet werden sollen. Deßgleichen sollen auch Diejenigen, welche sie etwa zum Geschenke erhalten haben, sie diesen nämlichen Christen ohne Verzug zurückgeben. Sollten aber Jene, welche durch Kauf oder Schenkung in den Besitz derselben gelangt sind, Etwas von unserer Gnade dafür fordern, so sollen sie sich an einen Vikarius (Gerichtsbeamten) wenden, damit vermöge unserer Huld und Milde auch für Diese gesorgt werde. Dieses alles muß der Gesellschaft der Christen sofort und ohne Verzug durch deine Verwendung zurückgegeben werden. Und weil es bekannt ist, daß diese Christen nicht allein die Orte, wo sie sich zu versammeln pflegten, sondern auch noch andere besessen haben, welche zu den Gerechtsamen ihrer Gemeinden, das ist der Kirchen, gehörten, so wirst du Dieß alles nach demselben Gesetze, das wir oben aufgestellt haben, ohne alle Bedenklichkeit und Einreden denselben Christen, das ist der ganzen Korporation und ihren einzelnen Gemeinden, zurückerstatten lassen mit der oben angegebenen Bedingung, daß Diejenigen, welche dergleichen ohne Wiederersatz des Kaufpreises, wie wir bestimmt haben, hergeben werden, von unserer Gnade Schadloshaltung zu hoffen haben. In allem Diesem wirst du obgemeldeter Gesellschaft der Christen die kräftigste Vermittelung angedeihen lassen, damit unser Befehl sobald als möglich vollzogen werde und wir auch in diesem Punkte

---

[1] Diese verstümmelte Stelle haben die Erklärer seit Lenglet durch „nolumus detrahi" ergänzt nach Eusebius' Uebersetzung.

in Gemäßheit unserer Huld und Milde für die öffentliche
Ruhe sorgen. Nur auf diese Art wird es geschehen, daß,
wie wir oben erwähnt haben, die göttliche Huld und Gnade,
die wir in so wichtigen Angelegenheiten schon erfahren haben, nie wieder von uns weiche und sowohl unsere eigenen
Unternehmungen zu einem glücklichen Ausgange führe,
als auch die allgemeine öffentliche Wohlfahrt begründe.
Damit nun aber der Inhalt dieses unseres gnädigen Be-
schlusses zu Jedermanns Kenntniß gelangen könne, so wird
es zweckmäßig sein, daß du dieses Schreiben, verbunden
mit einer Bekanntmachung von deiner Seite, allenthalben
anheftest und zu Jedermanns Einsicht bringest, damit dieser unser gnädiger Beschluß nicht verborgen bleiben könne."
Nach Bekanntmachung dieses Erlasses gab Licinius, der
in Nikomedien ihn publiziren ließ, auch noch mündliche Befehle, die Bethäuser und Kirchen wieder in ihren vorigen
Zustand herzustellen. So verflossen vom Umsturz der Kirche
bis zu deren Wiederherstellung zehn Jahre und ungefähr
vier Monate.

49. Maximinus wird von Licinius gänzlich be-siegt; er nimmt Gift und stirbt unter grausa-men Qualen in Verzweiflung.

Als aber Licinius mit seinem Heere dem Tyrannen
folgte, zog er sich fliehend zurück und suchte er nunmehr die
Engpässe des taurischen Gebirges auf. Hier bemühte er
sich, den Weg durch Verschanzungen und aufgeführte Thürme
zu verrammeln, und von da floh er schließlich nach Tarsus,
als die Sieger nach der rechten Seite hin Alles durchbra-
chen. Da man ihn dort zu Wasser und zu Lande zu erreichen suchte und er alle Hoffnung zur Flucht verloren
hatte, so nahm er in der Angst seines Geistes und aus
Furcht seine Zuflucht zum Tode, gleichsam als zu dem Mittel gegen alle Übel, welche Gott auf sein Haupt häufte.

Aber vorher stopfte er sich voll mit Speise und füllte sich an mit Wein, wie Jene zu thun pflegen, welche die letzte Mahlzeit zu halten glauben, und so nahm er Gift. Die Kraft desselben wurde in dem vollen Magen abgestumpft und konnte für den Augenblick nicht wirken, sondern sie verwandelte sich in ein schleichendes, der Pest ähnliches Übel, damit er bei verlängertem Leben die Qualen länger empfände. Nun fing das Gift aber an, in ihm zu wüthen; da dessen Eingeweide durch die Kraft desselben heftig brannte, wurde er durch unerträglichen Schmerz zum Wahnsinn fortgerissen, und zwar so sehr, daß er vier Tage hindurch, von diesem Wahne beherrscht, die mit den Händen aufgeraffte Erde wie ein Hungriger verschluckte. Als er zuletzt nach langen und schrecklichen Qualen mit dem Kopfe wider die Wand rannte, sprangen ihm die Augen aus den Höhlen. Jetzt erst, nach Verlust des Augenlichtes, fing er an, Gott zu sehen, der, umgeben[1]) von Dienern in weißen Kleidern, Gericht über ihn hielt. Er schrie laut auf wie Jene, die gefoltert werden, und rief, nicht er habe es gethan, sondern Andere. Darnach gestand er, gleichsam durch Folter gezwungen, seine Verbrechen; zuweilen bat er flehend, Christus möge sich seiner erbarmen. So hat er unter jämmerlichem Stöhnen, nicht anders, als würde er verbrannt, seine verbrecherische Seele in einer entsetzlichen Todesart[2]) ausgehaucht.

---

1) „Umgeben" (circumdatum) muß hier ergänzt werden. Die Candidi sind die Engel; so nennt Laktantius sie Instit. 7, 2. 6.

2) Burckhardt schreibt Seite 366: Maximinus starb wahrscheinlich eines natürlichen Todes zu Tarsus in Cilicien; dann citirt er Aurel Viktor Epit. 40: morte simplici, läßt aber das periit, welches unnatürlich sterben heißt, aus (siehe Schulz, Symbolik Seite 97); die Stelle: de Caesaribus apud Tarsum periit läßt er ganz aus, citirt nur noch Eutrop. fortuita morte, läßt aber praevenit wieder aus. Das nennt man Geschichtsforschung! Aurel Viktor bestätigt also als

50. Licinius läßt die Gattinen und Nachkommen von Galerius, Maximinus und Severus tödten.

So hat Gott alle Verfolger seines Namens niedergeworfen, so daß weder Stamm noch Wurzel von ihnen übrig geblieben. Denn sobald als Licinius zur Oberherrschaft gelangt war, befahl er die Hinrichtung der Valeria, welche der erzürnte[1]) Maximinus nicht einmal nach der Flucht, wo er doch seinen Untergang vor Augen sah, zu tödten wagte. Deßgleichen sollte Kandibianus, den Valeria wegen Kinderlosigkeit, von einem Nebenweibe [mit Galerius] entsprossen, an Kindes Stelle angenommen hatte, hingerichtet werden. Sobald die Frau erfährt, daß er (Licinius) Das angeordnet habe, verändert sie ihre Kleidung und mischt sich unter sein Gefolge, um das Schicksal des Kandibianus zu beobachten. Dieser aber wird, da er zu Nikomedien sich öffentlich zeigte und geehrt zu werden schien, hingerichtet. Jene nun flieht sofort, nachdem sie Das vernommen. Ebenso ließ er dem Severianus, dem Sohne des Severus, der dem Maximinus, als er aus der Schlacht floh, gefolgt war,

---

nächster heidnischer Zeuge, was die Christen Laktantius und ebenso Eusebius berichten; Eutrop. ist ein späterer Zeuge, widerspricht indessen auch dem Laktantius nicht.

1) Er war erbost gegen die Valeria, Wittwe des Galerius, daß sie ihn nicht heirathen wollte (vgl. Kap. 89). Diese Stelle ist sehr dunkel. Soll die obige Valeria die Wittwe des Galerius sein, so muß man annehmen, daß der Befehl des Licinius nicht gleich ausgeführt wurde. In der Landshut'schen (Feiler's) Uebersetzung stirbt Valeria, wechselt dann die Kleidung, um das Geschick ihres Sohnes zu beachten, und flieht dann noch fünfzehn Monate umher, um dann nochmals zu sterben. Eine genaue Revision des Manuskriptes wird schließlich zeigen, ob nicht Valerius statt Valeria zu lesen sei; so meint Pagi zum Baronius ad. an. 306. Er behauptet, dieser Valerius sei von den Soldaten bei Karthago zum Kaiser proklamirt worden.

als wenn er nach dessen Tode nach dem Purpur getrachtet hätte, den peinlichen Prozeß machen und ihn hinrichten. Alle Diese hatten, den Licinius schon längst als feindselig fürchtend, sich lieber dem Maximinus anschließen wollen. Valeria allein (fürchtete ihn nicht), da sie nicht abstehen wollte von ihren Erbschaftsrechten des Maximianus (Galerius) zu Gunsten des Licinius; Dasselbe hatte sie auch dem Maximin versagt. Auch eben dieses Maximinus ältesten Sohn, damals acht Jahre alt, und seine siebenjährige Schwester, die dem Kandidianus versprochen war, hat er tödten lassen. Aber vorhin wurde ihre Mutter in den Orontes gestürzt; darin hatte sie selbst so oft keusche Frauen ersäufen lassen. So empfingen alle Gottlosen nach einem wahren und gerechten Gottesgerichte Dasselbe, was sie selbst verübt hatten.

51. Tod der Valeria und ihrer Mutter Priska.

Schließlich wurde nun auch Valeria, nachdem sie noch fünfzehn Monate in ärmlicher Kleidung herumgeirrt, bei Thessalonike erkannt, ergriffen und mit ihrer Mutter (Priska) zur Strafe gezogen. Man führte diese Frauen unter ungeheurem Zulaufe des Volkes, das Mitleid empfand über ein solches Mißgeschick, zur Todesstrafe, und als sie enthauptet waren, warf man ihre Körper in's Meer. So ist ihnen die Keuschheit (unter Maximinus, der sie dieserhalb verbannte) und ihr Rang (unter Licinius) zum Verderben gewesen.

52. Schluß des Buches, Loblied des Laktantius zum Preise Gottes, Anrede an Donatus.

Dieß alles glaubte ich der Wahrheit gemäß, ich spreche ja zu einem Kundigen (dem Donatus, der die Verfolgung empfunden), so niederschreiben zu müssen, wie es sich zugetragen hat, damit nicht so wichtige Ereignisse in Vergessenheit begraben werden noch auch die Wahrheit verfälscht werbe, wenn Jemand die Geschichte zu schreiben gedächte, indem er entweder die Missethaten Jener (der Verfolger) gegen Gott verschwiege oder das Gericht Gottes gegen Jene. Seiner ewigen Liebe müssen wir Dank sagen, daß er endlich die Erde gnädig angesehen und sich gewürdigt hat, die theils von reissenden Wölfen verwüstete, theils zerstreute Heerde zu erquicken und wieder zu sammeln, dagegen aber ausrottete die gottlosen Ungeheuer, welche die Weiden der göttlichen Heerde zertraten und ihre Schafställe niederrissen. Wo sind denn nun jene gerühmten und bei den Heiden so glänzenden Namen der Jovier und Herkulier,¹) welche Dio-

---

1) Ja, wo ist er, der stolze Diokletian, und der grausame Maximian Herkulius, denen in Spanien zu Lebzeiten zwei Säulen errichtet wurden mit den Inschriften:
Diocletian Jovius, Maximian Herculius Caesares Augusti Wegen Ausbreitung der römischen Herrschaft im Osten und Westen und wegen Vertilgung des Namens der Christen, welche der Republik den Untergang bereiteten, und: Diocletian Caesar Augustus wegen Adoptirung des Galerius im Osten, wegen allgemeiner Abschaffung des Aberglaubens Christi, wegen Ausbreitung der Verehrung der Götter. Für die Aechtheit dieser Inschriften zeugt eine Denkmünze Diokletians mit den Worten: „Nomine Christiano deleto"; vgl. Bullet, Geschichte der Gründung des Christenthums nach jüdischen und heidnischen Zeugen. Sogar Burckhardt nimmt sie als ächt an Seite 333 und citirt dafür Gruter, Inschriften Seite 280 N. 3.
Also wähnten die armen Heiden, das Christenthum sei vertilgt; nein, es hat triumphirt trotz Kerker, Ketten, Schwert, Feuer und wilden Thieren, weil der allmächtige Gottessohn die Kirche auf den Felsen gegründet, welchen die Pforten der Hölle niemals überwinden werden. Möge die wahrheitsgetreue Schilderung des Laktantius von dem wunderbaren Triumphe der Kirche und dem jämmerlichen Untergange der Verfolger Tausende unserer heiligen Kirche im Glauben bestärken und Andersgläubige dieser von Jesus Christus durch sein Blut erlangten und seit seiner Himmelfahrt bis heute so wunderbar geschützten Braut, der heiligen katholischen Kirche, zuführen, auf daß eine Heerde unter einem Hirten sei!

lles und Maximianus zuerst übermüthiger Weise annahmen und später auf ihre Nachfolger vererbt, in Verachtung standen? Der Herr vertilgte sie und strich sie von der Erde weg. Lasset uns also den Triumph Gottes mit Frohlocken begehen, den Sieg Gottes mit Lobgesängen erheben! Lasset uns bei Tag und bei Nacht ihn feiern mit Gebet, daß er den Frieden, den er seinem Volke nach zehn Jahren verlieh, auf immer befestigen möge! Du insbesondere, mein theuerster Donatus, der du verdienst, von Gott erhört zu werden, bitte den Herrn, daß er seine Barmherzigkeit gütig und gnädig auf immer seinen Dienern bewahre, daß er alle Nachstellungen und Angriffe des Teufels von seinem Volke fern halte und einen immerwährenden Frieden der blühenden Kirche erhalte!

Des
Firmianus Laktantius
Auszug
aus den sieben Büchern
religiöser Unterweisungen,

zum ersten Male aus dem Urtexte übersetzt und mit
Einleitung versehen

von

P. H. Jansen,
Pfarrer der Erzdiözese Köln.

Einleitung.

Wie des Laktantius Werk über die Todesarten der Christenverfolger (de mortibus persecutorum) nach des heiligen Hieronymus Lebzeiten bis 1679 „ganz" unbekannt geblieben ist, so war des Laktantius „Auszug" (Epitome) aus den sieben Büchern der Unterweisungen in der christlichen Religion schon zu Zeiten des heiligen Hieronymus theilweise zu Verlust gegangen,[1]) und gelang es erst 1711 dem Kanzler der Universität in Tübingen, Pfaff, in Turin fast sämmtliche verlorene Stücke aufzufinden. Da dieser Auszug eine vollständige wissenschaftliche Widerlegung des Heidenthums und Begründung des christlichen Lehrgehaltes gibt, scheint es angemessen, die geistige Begabung, die Gelehrsamkeit, die theologische Bildung und die ausgezeichnete sprachliche Darstellung, um derentwillen der Verfasser „christlicher Cicero" genannt wird, eingehender zu erörtern. Zu diesem Zwecke wollen wir zunächst die Zeugnisse des christlichen Alterthums in Kürze anführen. Eusebius nennt ihn in seiner Chronik zum Jahre 318 den gelehrtesten Mann seiner Zeit; der heilige Hieronymus erwähnt ihn rühmend an sechs verschiedenen Stellen seiner Werke; sie sind zu lesen bei Eduardus 19. Dissertation und in den besseren Ausgaben des Laktantius. Daran schließt Eduardus die Zeugnisse des Petrarca, Picus von Mirandola, Trithemius, Vives und

---

1) Hieronymus schreibt de viris illustribus c. 80: Habemus ejus ἐπιτομήν in libro uno acephalo; vgl. Flügge, Geschichte der theolog. Wissenschaft I. Bd. S. 238.

Laurentius Valla, die wir nicht alle mittheilen¹) können. Von größerer Bedeutung dürfte es noch sein, das Zeugniß des Antonius Raudensis, der sonst ein Gegner des Laktantius war, zu vernehmen; er äussert sich in seinem „prooemium dialog. ad Eugenium IV. papam" wie folgt: „Die Institutionen des Laktantius lese ich oft und gerne, sowohl wegen der großen Eleganz und der höchsten Anmuth des Ausdruckes, worin keine affektirte Beredsamkeit, keine Vorbereitung der Rede erblickt wird, als auch, und zwar vorzüglich, wegen seiner tiefen Gelehrsamkeit, womit er die Sache unseres wahren Gottes Jesus Christus wider die Heiden nach seiner Kraft zu vertheidigen suchte. Das Ohr des Lesers wird hier wunderbar erquickt und sein Geist genährt, indem er Glanz und Schmuck der Rede mit dem höchsten Ernste gepaart sieht. Denn so groß ist bei diesem Manne die rednerische Gewandtheit, so groß die Kenntniß menschlicher und göttlicher Dinge, daß alle Jene, welche gegenwärtig die Beredsamkeit treiben und für neue Cicero gehalten zu werden wünschen, wenn des Laktantius Schriften sie gebessert haben, sich für höchst thörichte Menschen halten und einsehen, daß sie von wahrer Beredsamkeit so gut wie Nichts besitzen." Ein Zeitgenosse des Antonius Raudensis, Nikolaus Arcimbaldus, beschreibt des Laktantius schriftstellerischen Charakter in folgenden Sätzen: „Er besitzt eine wunderbare Anmuth, einen erhabenen, süßen, gewandten, unterrichteten Geist. Wenn er spricht, so fühlt man sich versucht zu glauben, die Musen sprechen lateinisch. Er ist mit allem Schmucke begabt, er sinkt nicht von der Höhe hinab, sondern Alles ist bei ihm erhaben. Denn so viel mir zu sehen gegeben ist, Alles ist bei ihm so glänzend und herrlich, daß auch Männer von nicht mittelmäßiger Gelehrsamkeit dadurch angelockt und gefesselt werden. Er disputirt auf eine feine, nachdrückliche und angemessene Weise,

---

1) Die Mittheilungen der betreffenden Schriftsteller sind vielen Ausgaben des Laktantius vorgedruckt.

und wir bemerken bei ihm nicht selten Cicero's Scharfsinn, Feinheit und Reichthum. Seine Rede ist voll, abwechselnd, süß, und er versteht es, uns ganz nach seinem Wunsche zu leiten. Glauben wir hier und da eine allzu große Strenge wahrzunehmen, so weiß er dieselbe alsbald mit gleicher Anmuth zu würzen. Wir haben die Erfahrung gemacht, daß es nicht minder schwer als groß sei, mit der höchsten Würde viel Liebreiches zu verbinden; das aber versteht Laktantius auf eine wahrhaft wunderbare Weise. Denn Honig scheint von seinen Lippen zu fließen, und was er schreibt, scheinen Bienen mit Blumen zu erfüllen."

Im achtzehnten Jahrhunderte fand Laktantius ausgezeichnete Bearbeiter und Bewunderer.[1]) Heumann sagt in seiner Vorrede: „Drei Vorzüge habe ich an Laktantius entdeckt: Frömmigkeit, vielseitige Gelehrsamkeit und Beredsamkeit." Bünemann, dem die französische Ausgabe von „Lenglet" mit vollstem Rechte die Palme des Sieges über alle anderen Erklärer zuerkennt, schätzte den Laktantius so sehr, daß er ihn fast ganz seinem Gedächtnisse einprägte. Ebnarbus hat in einer besonderen Dissertation, nämlich N. 18, des Laktantius Beziehungen zu Cicero weitläufig erörtert; er behauptet bei aller Ähnlichkeit die Verschiedenheit zwischen Cicero und Laktantius, die er besonders darin findet, daß Cicero mehr seine Gegner mit Worten als sachlich angreife, daß er mehr auf seinen Ruhm als auf Anderer Nutzen sehe, während Laktantius immer die Wahrheit im Auge behalte, nicht auf Zeit und Umstände sehe, sondern

---

1) Walch äussert sich in seiner Geschichte der lateinischen Sprache über dessen Stil: „Stilus Lactantii est purus, perspicuus, suavis et elegans, modum scribendi Ciceronis aemulatus est, et in vocum compositione tantam suavitatem observavit, ut oratoris ingenium sapere videatur. Fatemur ingenue, nos in Lactantii monumentis eam deprehendisse latinitatem, ut neminem post Ciceronem, Caesarem, Nepotem esse credamus, quem nitore atque elegantia sermonis ei praeferre possumus.

seine Beredsamkeit der Wahrheit, der Religion unterordne. Sein Stil ist ihm, nach Erforderniß der Sache, oft erhaben, meist in der Mitte sich haltend, steht gewissermaßen zwischen dem attischen und rhodischen und ist mit rhetorischen Tropen und Figuren, Metaphern und Sentenzen passend geschmückt. Die Anordnung der Beweise verräth einen Meister der Kunst.

Aus unserem Jahrhundert wollen wir ausführlicher das Urtheil von Bähr und Möhler mittheilen. Ersterer schreibt: „Weniger heftig und bitter in seinen Ausdrücken, die er stets wohl zu wählen weiß, beobachtet er überall eine ruhige Haltung und eine gewisse Würde, eben weil sein Kampf gegen die gebildeten Anhänger des Heidenthums, zunächst Philosophen, gerichtet ist, und es läßt sich auch nicht in Abrede stellen, daß Laktantius in dieser Widerlegung heidnischer Irrthümer im Ganzen glücklicher gewesen ist als in der Entwickelung und Darlegung der eigenen christlichen Religionslehren, wie schon Hieronymus[1]) und Sidonius[2]) ganz richtig urtheilten.... Er war mehr Redner als Philosoph. Auch fehlt es nicht an einzelnen trefflichen Erörterungen aus dem Gebiete der christlichen Sittenlehre.... Weniger dürfte er in dogmatischer Hinsicht befriedigen.... Ein Hauptverdienst des Laktantius, das auch zu jeder Zeit anerkannt ist, liegt in der Form, in der Darstellung, in Sprache und Ausdruck, wodurch er vor allen anderen christlichen Schriftstellern durch eine äusserst reine und fließende Sprache ausgezeichnet ist.... Stets bewegt sich die Rede in einem angenehmen und gleichförmigen Fluß, eine glückliche Mitte bewahrend, welche Nichts hinzu thun und Nichts hinweg nehmen läßt und in einer natürlichen Einfachheit und Leichtigkeit sich zu erhalten weiß. Der Ausdruck im Einzelnen ist durchaus rein und kann selbst zierlich genannt werden, sowohl was den Gebrauch und die Anwendung einzelner Worte als die Struktur der Sätze und den Bau der Pe-

---

1) Ep. ad Paulin. 58. — 2) Epist. 4, 3.

rioben betrifft; nur wenige Spuren der späteren kirchlichen Latinität sind hie und da bemerklich, überall aber tritt das fleissige Studium und Nachbildung der älteren klassischen Schriftsteller Roms, vor allen des Cicero, uns entgegen."

Der große Väterkenner Möhler äussert sich[1]) über Laktantius wie folgt: „Laktantius war Laie und Rhetor; gleichwohl entfaltet er in seinen eben nicht wenigen Schriften im Allgemeinen eine Gründlichkeit und ein Maß der theologischen Kenntnisse, wie man sie kaum erwarten möchte; und es überrascht oft, mit welcher Einsicht und Bestimmtheit er sich in manchen verwickelten Gegenständen bewegt. Nirgends fühlt der Leser sich durch den Ton des Angelernten oder Affektirten unangenehm berührt, überall durch das Gepräge ächter Gelehrsamkeit und Beredsamkeit angezogen." Auch Bernhardi, der von Möhler's Patrologie anmaßend sagt, sie beruhe nur auf mäßigen Studien, rühmt von Laktantius, daß, wenn er auch aus eigenem Verkehr Weniges aus dem Alterthum verwende,[2]) er doch mancherlei gelesen und werthvolle Notizen aus seltenen oder verschollenen Schriften bewahrt habe. Zu diesen herrlichen Lobsprüchen passen nun sehr gut seine eigenen Worte.[3])

Nachdem er erwähnt, daß es besser und ruhmvoller sei, die Menschen zur Weisheit und Tugend zu bilden, als jene rednerischen Übungen zu halten, mit denen er sich lange abgegeben habe, wodurch er junge Leute nicht zur Tugend, sondern zu listvoller Bosheit[4]) unterwiesen habe, fährt er fort:

---

1) Patrologie S. 919.
2) Der gelehrte Dr. Volkmann hat übrigens noch eine höhere Meinung von der Wissenschaft des Laktantius. Er sagt S. 2 der Einleitung zu der Uebersetzung der Institutionen, daß er nicht gerne Bernhardi's Worte: „Laktantius kenne kaum das Alterthum aus eigener Forschung" unterschreibe, und in seinen „observationes miscellae" nennt er ihn „elegantissimus et jucundissimus scriptor". Dr. Ebert sagt in seiner Geschichte der christl.-lat. Literatur (Leipzig 1874, bei Vogel) Seite 72: „Wir erkennen des Laktantius ächt klassische Bildung in dem lebendigen Sinn für plastische Schönheit, der sich an vielen Stellen kund gibt."
3) Institt. I, 1; III, 13. — 4) Ad argutam malitiam.

„Jene Übung hat mir so viel genützt, daß ich jetzt mit größerem Reichthum in Worten und mit stärkerer Beredsamkeit die Sache der Wahrheit zu führen im Stande bin." Was veranlaßte nun den so ausgerüsteten Laktantius, die Sache der Wahrheit zu vertheidigen? Hören wir ihn selbst: „Als ich in Bithynien die Rhetorik lehrte und das Gotteshaus niedergerissen¹) wurde, lästerten zwei Männer die verfolgte und zu Boden getretene Wahrheit mit dem größten Übermuthe. Der eine gab sich für einen Lehrer der Philosophie aus, aber der Lehrer der Enthaltsamkeit fröhnte dem Geize und den sinnlichen Lüsten; derjenige, welcher Armuth und Nüchternheit auf dem Katheder empfahl, tafelte daheim üppiger als der Kaiser in seinem Palaste. Seine sittlichen Gebrechen suchte er durch langes Haar, den Philosophen-

---

1) Diese Mittheilung des Laktantius über das Niederreissen des Gotteshauses bietet uns einen festen Anhaltspunkt über die Zeit der Abfassung der Institutionen; da Dieß am 23. Februar 303 geschah (siehe die Einleitung zu den mortes), so ist des Jsäus Meinung, die Bücher seien 302 geschrieben, geradezu unhaltbar. Da Laktantius V, 2 erklärt, noch einige Zeit nach den Zeitumständen geschwiegen zu haben, und zudem in V, 11 Einiges erzählt, was mehrere Jahre in die Verfolgung hineinreicht, die sieben Bücher auch ein langjähriges Studium erheischten und er vorher auch noch das Werk de opificio dei schrieb, so werden wir, ohne das nonum prematur in annum der Alten zu beachten, die Zeit von 310—313 als die Zeit der Abfassung anzunehmen haben. Dazu paßt denn auch die Schilderung des Laktantius V, 12. 23; VI, 17, wonach die Verfolgung der Christen noch fortdauerte; diese kann aber nur die Diokletianische Verfolgung sein, da Laktantius unmöglich von 303 bis nach dem Jahre 320 hätte warten können, für die Sache der Wahrheit einzutreten, deren Vertheidigung er ja sein Leben seit 303 widmete; damit stimmt denn auch, daß Laktantius in der Vorrede zur epitome sagt, daß er schon längst (jam pridem) die sieben Bücher der Institutionen herausgegeben habe. Demnach halten wir die Erwähnung der Arianer für interpolirt, die Anreden an Konstantin als Kaiser können von Laktantius selbst herrühren. Ueber die Zeit der Abfassung der epitome werden wir zu Kap. 53 näher reden.

mantel und durch Reichthum zu verhüllen."¹) Wer der Eine von Diesen gewesen, läßt sich nicht feststellen; Baronius meinte, es sei Porphyr gewesen; Andere glaubten noch grundloser den Jamblichus aus Chalcis oder den Maximus von Tyrus annehmen zu können. Unzweifelhaft aber ist der zweite Gegner des Christenthums Hierokles,²) Sophist, Schriftsteller, Redner und bis 306 hochgestellter Justizbeamter in Bithynien; er war ein gefügiges Werkzeug des blutschnaubenden Galerius und im geheimen Staatsrath zu Nikomedien einer der vorzüglichsten Anstifter³) der Christenverfolgung. Er ist einer von Jenen, die sich durch Revolutionen in den Rath der Mächtigen drängen und sich nützlich machen durch Talent für gewöhnliche Geschäfte; er führt stets die Worte Freiheit, Tugend, Wissenschaft, Fortschritt, Aufklärung und Menschenglück im Munde, und doch ist er der Menschheit blutiger Verfolger (ein ächter Mann von Blut und Eisen). Es genügte indessen diesem Ungeheuer nicht, mit grausiger Verfolgung zu wüthen. Unter dem Scheine, heilsame Rathschläge ertheilen zu wollen, schrieb er für die Christen zwei Bücher unter dem Titel: ‚Λόγοι φιλαλήϑεις‘,⁴) eine Nachbildung des ‚λόγος ἀληϑής‘ von Celsus. Hierin wird der Nachweis versucht, daß Christus verdienter Weise den Kreuzestod gefunden, und mit Christus werden seine Apostel, namentlich Petrus und Paulus, gräßlich verhöhnt. Als auf

---

1) Institt. V, 2.
2) Dieser Hierokles darf nicht verwechselt werden mit dem gleichnamigen, ungefähr 150 Jahre später lebenden Neuplatoniker, welcher als Vorstand einer Philosophenschule zu Alexandrien sieben Bücher über die Vorsehung und das Fatum schrieb und die goldenen Sprüche des Pythagoras commentirte.
3) Vgl. de mortibus c. 16.
4) Gegen dieses Werk des Hierokles haben wir noch die kleine Gegenschrift des Eusebius von Cäsarea mit dem Titel πρὸς τὰ ὑπὸ φιλοστράτου etc., gewöhnlich „adversus Hieroclem" citirt. Eusebius hat hier mit Scharfsinn und Witz den Hierokles widerlegt. Dieser kam später als kaiserlicher Präfekt nach Alexandrien; vgl. Bähr in Pauly's Realencyklopädie, 3. Theil, S. 1311.

solche Weise die Hölle die Religion Jesu Christi auf geistigem Gebiete zu vernichten trachtete, erweckte Gott aus den Reihen der Heiden den Laktantius, einen Mann von ausserordentlichem Talente und ausgerüstet mit heidnischer Gelehrsamkeit, daß er gegen den Irrthum zu Felde ziehe und die Heiden überführe von der Haltlosigkeit ihres Götterwahnes und von der Wahrheit der Religion Jesu Christi. Er schrieb sieben Bücher institutiones divinae, Unterweisungen über die Religion (so genannt mit Rücksicht auf die institutiones juris civilis). Er wollte dadurch den Gebildeten die wahre Philosophie und Weisheit und den Ungebildeten die rechte Religion zeigen. Dazu bedient er sich mit Vorliebe der Motive aus der Vernunft und der heidnischen Tradition auf dem religions=philosophischen Gebiete und enthält sich möglichst positiver Anführungen aus der heiligen Schrift, da diese die Ungläubigen nicht überzeugen würden. Im ersten Buche, welches den Titel „über die falsche Religion" (De falsa religione) führt, beweist er aus einer unbefangenen Betrachtung der harmonischen Weltordnung die göttliche Vorsehung und die Einheit Gottes (die heidnische Vielgötterei gibt er der verdienten Verachtung anheim). Im zweiten Buche, mit dem Titel „über den Ursprung des Irrthums" (de origine erroris), wird gezeigt, wie die Heiden durch Scheinwunder der Dämonen zum Götzendienst gekommen, wie sie aber bei Unglücksfällen sich zum wahren Gotte wenden. Das dritte Buch, „die falsche Weisheit" (de falsa sapientia), zeigt die Nichtigkeit der heidnischen Philosophie. Zu diesem Behufe geht Laktantius die drei Zweige der Philosophie, als Physik, Dialektik und Ethik, und die verschiedenen Systeme des Pythagoras, Sokrates und der Akademie durch und zeigt den Mangel an Übereinstimmung und das Unzureichende derselben in Betreff der wichtigsten Lehren. Diese drei Bücher bilden den polemischen Theil und erweisen die Nichtigkeit des gelehrten und praktischen Heidenthums. Die vier folgenden Bücher entwickeln den Gehalt der christlichen Theologie.

Das vierte Buch „über die wahre Weisheit" (de vera

sapientia) zeigt, daß, während die Philosophen vergeblich nach der Wahrheit suchten, Gott dieselbe durch die Propheten und seinen Sohn geoffenbart habe. Er spricht dann von der Menschwerdung des Sohnes Gottes, von seinen Vorbildern im alten Bunde und den Weissagungen der Propheten; in Allem erweise sich Christus als Gottes Sohn. Der Vater könne aber ohne den Sohn nicht wahrhaft verehrt werden. Die wahre Gottesverehrung findet sich aber nur in der katholischen Kirche.

Im fünften Buche „über die Gerechtigkeit" (de justitia) zeigt er, daß die Verehrung des wahren Gottes in der Haltung der Gebote bestehe.

Das sechste Buch „die wahre Gottesverehrung" (de vero cultu) zeigt, daß dieselbe in Zweifachem bestehe, in der Frömmigkeit gegen Gott, in der Liebe und dem Mitleide gegen die Menschen. Das siebente Buch mit der Überschrift „über das glückliche Leben" (de beata vita) bildet den Schluß der sechs ersten; Laktantius erörtert darin die Unsterblichkeit der Seele, die Auferstehung der Leiber, das letzte Gericht, die Ewigkeit der Belohnungen und Strafen im anderen Leben.

Aus diesem für den Anfang des dritten Jahrhunderts wahrhaft herrlichen Lehrbuche¹) der christlichen Religion machte

---

1) Wir sagen „für jene Zeit herrliches Lehrbuch"; ja man kann dreist behaupten, vor fünfzig Jahren noch wäre der Laktantius besser zum Studium der Theologie gewesen als Dutzende Handbücher der katholischen Dogmatik. Es ist wahrhaft entzückend, beim Laktantius die Weissagungen der Propheten über Christus so vollständig zu finden. Weil in Laktantius' Werken einige Glaubenssätze fehlen, andere unvollständig dargestellt sind, hat man ihn zum Lehrer von Irrlehren stempeln wollen. Wir werden an den betreffenden Stellen das Gegentheil zeigen, können aber nicht umhin, schon hier einige Rechtfertigungen von kompetenten Männern anzuführen. Ganz besonders wird ihm vorgeworfen, in Bezug auf den heiligen Geist geirrt zu haben; aus dem 29. Kap. IV. Buch könnte Das geschlossen werden, aber IV, 12 redet Laktantius in ächt kirchlicher Weise vom heiligen Geiste. Darum sagt Dr. Kuhn

Laktantius für seinen Bruder Pentabius einen Auszug; dieser ist aber kein wörtlich entnommenes Excerpt, sondern eine freie Originalbearbeitung, worin manches Neue und vom Hauptwerke Abweichende vorkommt. Darum sagt Eduardus in seiner eilften Dissertation[1]) mit Recht, daß im Auszuge „nonnulla explanantur, adjiciuntur, ac fere omnia diversa phrasi ac verborum nova dispositione traduntur."

Dieser Auszug wird hier dem Leser zum ersten Male in deutscher Sprache geboten. Wir haben auffer den zu den „mortes" genannten vollständigen Ausgaben des Laktantius die Separatausgabe von Pfaff benützt, der 1711 einen Codex (aus dem Kloster Bobbio[2]) stammend) in Turin fand

---

in seiner Abhandlung über die Trinität richtig, daß der Vorwurf des heiligen Hieronymus (ep. 65 ad Pamm. und in Comment. ad Galatas) nicht das Glaubensbekenntniß des Laktantius, sondern seinen Begriff des Verhältnisses des heiligen Geistes zum Vater und Sohne getroffen habe. Der gelehrte Exjesuit Goldhagen zeigt in seinem Religionsjournal (1871, VI, 521), daß Laktantius wegen der Stelle IV, 14: „Nec unquam se ipse (Christus) Deum dixit" unbillig des Irrthums gezichen werde; denn der Zusammenhang zeige, daß Laktantius nichts Anderes habe sagen wollen, als daß von Christus nie gesagt worden sei, daß er eine von der Wesenheit des Vaters verschiedene Gottheit habe. Wegen des Dualismus vertheidigt ihn Wörter in dem Werke „Gnade und Freiheit". Das Nähere in den Noten. Ebert nennt das Werk a. a. O. S. 81 „eine für jene Zeit bedeutende Leistung". Volkmann sagt in seinem Mspt. (siehe S. 105) nach Angabe des Inhaltes der sieben Bücher: „Fürwahr, es ist ein reicher Inhalt, der uns in diesen sieben Büchern in übersichtlicher Gruppirung und geschmackvoller Ausführung geboten wird, so daß man unbedenklich behaupten kann, Laktanz habe in der römischen Welt seine Vorgänger auf apologetischem Gebiete überflügelt, er sei der bedeutendste der abendländischen Apologeten vor Augustin. Die Fehler, die er selbst an den von ihm V, 1 namhaft gemachten Vorgängern rügt, an Minucius Felix, Tertullian und Cyprian, hat er glücklich vermieden."

1) II. Bd. Seite 25 (Rom 1757).
2) Nach der übereinstimmenden Ansicht ist diese Handschrift aus dem fünften oder sechsten Jahrhundert. Wer Näheres über

und ihn 1712 in Paris veröffentlichte. Auch benützten wir die Ausgabe des Eduardus (Rom, 1758); die von Davis Cambridge (1718) stand uns nicht zu Gebote. Ausserdem benützten wir eine große Anzahl vorzüglicher Abhandlungen zu den Werken des Laktantius als: Sphler, de pretio institutionibus div. Lactantii statuendo, Lehden 1826 (von allen Gelehrten als lectu dignissimum bezeichnet); Stöckl, Philosophie der patristischen Zeit, Würzburg bei Stahel; Wörter, Gnade und Freiheit, Freiburg (Herder); Dr. Overlach, die Theologie des Laktantius, Schwerin 1858 (Stiller'sche Hofbuchhandlung); Kotze, specimen historico-theologicum de Lactantio, Utrecht 1861. Die Übersetzung ist vor Allem wortgetreu und erhellen die Noten die schwierigen Stellen. Was die Texteskritik[1] anlangt, so haben wir an mehreren Stellen neue Lesarten eingeführt und nachgewiesen.

---

das Manuskript erfahren will, der lese die Dissertatio præliminaris von 62 Seiten zu der Ausgabe der Epitome von Pfaff und Fleck, Anecdota (Lipsiae 1837, p. 189).

[1] Leider ist für die Texteskritik des Laktantius noch wenig geschehen, wie auch Teuffel und Bernhardi in ihren Literaturgeschichten nachweisen. Letzterer verweist auf eine Gelegenheitsschrift von Dr. Volkmann (Pyritz 1861), die mir der Verfasser selbst nicht mehr beschaffen konnte; dafür besorgte er mir die observationes miscellae (Jauer 1872), worin Dr. Volkmann (Gymnasialdirektor in Jauer) mehrere Stellen des Laktantius kritisch bearbeitet hat. Er benützte speziell eine Handschrift der Leipziger Senatsbibliothek, die im 15. Jahrhundert in Venedig geschrieben sein soll, und eine Berliner (Ms. theol. lat., Fol. 266). Volkmann verweist noch in seinem Mspt. auf eine unbenützte Handschrift aus dem 4. oder 5. Jahrhundert in St. Gallen; vgl. Hänel, Cat. libr. Mss. S. 679. Derselbe Gelehrte stellte mir bereitwilligst seine Uebersetzung der sieben Bücher „Institutiones" (Mspt. nebst Einleitung und Noten) zu Gebote, wofür ich ihm hiermit meinen innigsten Dank ausspreche. Er hat sich der gelehrten Welt verdient erwiesen durch: Rhetorik der Griechen und Römer; Leben des Bischofes Synesius von Cyrene und Kritik der Wolf'schen Prolegomena zum Homer. Möchte Professor Halm uns bald mit einer neuen Ausgabe des Laktantius beglücken!

Auf die Frage nach der Echtheit[1]) des Auszuges einzugehen, halten wir für Zeitverschwendung, da selbst Kotze (l. c.), der so Vieles von Laktantius als unächt zu verweisen sich anstrengt, doch diesem Buche Gnade widerfahren läßt. Lebrun und Lenglet verweisen auf das beweiskräftige Citat des heiligen Hieronymus (de viris illust. c. 80). So möge denn nachfolgende Übersetzung des Auszuges, den der verdiente Erklärer des Laktantius (Heumann) einen „Juwel" nennt, dazu dienen, daß die herrlichen Schriften des Laktantius, von denen selbst Bernhardi sagt, daß überall den systematischen Vortrag die gemüthliche Wärme der Gesinnung in einem fließenden Stile belebe, mehr gelesen und gewürdigt werden. Unser sehnlichster Wunsch wäre es, daß von dem Auszuge eine Separatausgabe[2]) gefertigt würde, wie sie Düb-

---

1) Fritzsche sagt im 2. Bd. seiner Ausgabe des Laktantius (Lips. 1844): Walch allein hat die Aechtheit des Buches bezweifelt, aber seine Meinung ist eine derwegen hingeworfene (Lactantii opera 1715). Nun wußte Fritzsche aber nicht, daß Bähr in seiner „christl.-röm. Theologie" S. 77 ebenso abfällig darüber urtheilt; diesen Zweien hat sich noch Ebert a. a. O. angeschlossen, und das thut Ebert so ohne Weiteres in einer Note S. 82, während er Seite 83 in einer Note jämmerlich klagt, daß Bernhardi alle von ihm vorgebrachten, zwingenden, historischen, objektiven Argumente für die Aechtheit des Buches de mortibus vollständig ignorirt habe. (Bernhardi hält die Epitome für ächt.) Dieser Meister der deutschen Philologen äussert sich über Laktantius bezüglich des Gedichtes „Phoenix" Röm. Lit. S. 470 also: „Seine Nüchternheit verräth zwar überall den grammatischen Versmacher, sie tritt aber besonders im geistlosen Schluß hervor und ist des Laktantius nicht unwerth, der in seiner Jugend Verse machte;" dagegen heißt es auf Seite 795: „Das Gedicht Phoenix ist ihm (dem Laktantius) ebenso fremd als das spät herausgegebene Buch de mortibus persecutorum."

2) Zu diesem Zwecke gab Thom. Beconus schon 1558 eine Anthologia Lactantii (sententias illustres complectens) heraus, die aber jetzt kaum noch anzutreffen ist. Der berühmte Aug. Ernesti empfahl in seiner Vorrede zur Lindler'schen Ausgabe des Minucius Felix 1760 die Lesung guter kirchlicher Schriftsteller. Aus neuester Zeit ist besonders eine Stimme in Jahn's Jahr-

ner 1863 in Paris von den mortes gegeben, und selbe an allen christlichen höheren Schulen gelesen würde; auf diese Weise würde der christliche Cicero seine herrlichsten Erfolge für Gottesfurcht und Tugend feiern.

büchern für Philologie (Bd. 67, S. 68) beachtenswerth: „Glück auf, Philologen! Sträubet euch nicht länger, einzufahren in den reichhaltigen Schacht des christlichen Alterthums und die von euern Vorfahren besser gewürdigten Schätze, die darin verborgen liegen, zu heben! Glaubet mir, es wird euch nicht gereuen, in diesen gold- und silberhaltigen Schacht eingelaufen zu sein, und ihr werdet mit dem Christenthum in der Gegenwart versöhnt und verjüngt wieder zu Tage steigen." Katholischerseits sind zu beachten: Daniel, Klassische Studien (Freiburg 1855); Auer, die Kirchenväter als zeitgemäße Lektüre auf Gymnasien (Wien 1853); Krabinger, die klassischen Studien (München 1853), und Beda Weber in seinen „Cartons" die klassischen Studien.

Vorrede des Laktantius
zu dem „Auszug".

Wenn auch die schon längst zur Beleuchtung der wahren Religion von mir verfaßten Bücher der Religions-Unterweisungen der Art die Leser unterrichten und aufklären, daß weder die Weitläufigkeit Überdruß verursacht, noch auch die Reichhaltigkeit beschwerlich fällt, so wünschest du, Bruder Pentadius,[1] dennoch, daß für dich ein Auszug daraus gemacht werde. Deßhalb glaube ich, daß ich Etwas an dich schreibe, damit auch dein Name berühmt[2] werde durch dieses mein Werk, wenn es auch noch so unbedeutend sein sollte. Ich will deinem Begehren entsprechen, obgleich es eine schwere Aufgabe zu sein scheint, die Erörterungen von

---

1) Davisius hält diesen Ausdruck für eine Bezeichnung der christlichen Liebe; dagegen bemerkt Eduardus, daß Laktantius bei Anderen, denen er auch Werke widmete, diesen Titel nicht anwende, und hält er deßhalb den Pentadius für den leiblichen Bruder des Laktantius. Auch Dr. Volkmann (l. c.) hält den Pentadius für den leiblichen Bruder des Laktantius.

2) Aehnlich schreibt Cicero an den Luccejus (epistolae ad Fam. 12. lib. V.): ardeo cupiditate, ut nomen nostrum illustretur et celebretur tuis etc.

sieben Büchern in eins zusammenzustellen. Das Ganze wird theils weniger vollständig, da eine so große Fülle des Stoffes eng zusammengezogen werden muß, theils gerade der Kürze halber weniger klar, besonders dadurch, daß sehr viele Gründe und Beispiele, in denen die Beweiskraft liegt, übergangen werden müssen, da es deren eine solche Masse gibt, daß sie allein ein Buch füllen könnten. Wenn sie aber fehlen, was kann da noch wirksam und einleuchtend scheinen? Ich werde mich aber nach Möglichkeit bestreben, das weitläufig Ausgeführte in Kürze zusammenzufassen, so jedoch, daß die Ausführung weder an Stoff noch auch die Klarheit für das Verständniß mangelhaft erscheinen in einem solchen Werke, welches die Wahrheit an's Licht bringen soll.

Auszug aus den religiösen Unterweisungen.

1. Über die göttliche Vorsehung.

Für's Erste stellt sich uns die Frage: Gibt es eine Vorsehung, welche sowohl die Welt erschaffen hat als auch sie regiert? Daß es eine solche gebe, kann Niemandem zweifelhaft sein; denn fast alle Philosophen, die Schule des Epikur ausgenommen, geben einstimmig zu, daß die Welt weder ohne die erschaffende Thätigkeit Gottes hätte entstehen noch auch ohne seine Leitung hätte fortbestehen können. Demnach wird Epikur[1]) nicht bloß von den gelehrtesten Männern, sondern auch durch die Zeugnisse und Auffassungen aller Sterblichen des Irrthums überführt. Wer könnte freilich auch an der Vorsehung zweifeln, wenn er den Himmel und die Erde so eingerichtet und das Ganze so geleitet sieht, daß Alles nicht bloß, was Schönheit und Ausschmückung

---

1) Epikur war geboren zu Samos 341 vor Christus, gestorben im Jahre 270. Er huldigte der Ansicht, daß Alles in der Welt entstehe durch zufälliges Zusammentreten der Atome. Er leugnete die Götter nicht, glaubte aber, daß sie nur der Glückseligkeit lebten. Vgl. unten Kap. 36.

betrifft, wunderbar ist, sondern auch für den Nutzen der Menschen und den Vortheil der übrigen lebenden Wesen auf's Passendste übereinstimmt? Es kann das durch vernünftige Überlegung Bestehende doch nicht ohne eine solche begonnen haben.

2. Es ist nur ein Gott.

Da nun die Vorsehung bewiesen ist, folgt die zweite Frage, ob es nur einen Gott gebe oder mehrere? Dieselbe hat freilich ihre Schwierigkeit. Denn darüber sind nicht bloß einzelne Menschen, sondern ganze Völker und Nationen verschiedener Meinung. Wer aber vernünftigem Denken folgen will, wird einsehen, daß es nur einen höchsten Herrn und Urheber (aller Dinge) geben könne. Wenn Gott nämlich, da er Alles erschaffen hat, sowohl der Regierer als auch der Urheber[1]) ist, so muß er nothwendig Einer sein, da er Haupt und Ursprung der Dinge zugleich ist. Es kann auch keine Oberherrschaft bestehen, wenn nicht Alles in Beziehung zu Einem steht, wenn nicht Einer das Steuerruder festhält, wenn nicht Einer die Zügel lenkt und alle Theile des Ganzen nach einem Geiste beherrscht. Wenn sich in einem Bienenschwarme viele Königinen befinden, so kommen sie entweder um oder sie werden vertrieben. Indessen

„Empöret zweier Könige Brust
Die Gewalt unbändiger Zwietracht."[2])

Wenn mehrere Führer bei einer Heerde Thiere sind, werden sie sich so lange bekämpfen, bis einer den

---

1) Das Wort pater ist hier im bildlichen Sinne als Urheber, Gründer gebraucht, wo Cicero das Wort parens braucht, z. B. Cicero Divin. I, 2 parens urbis, desgleichen Fin. II, 1 parens philosophiae, und Cicero Tim. 2 nicht pater mundi, sondern parens hujus universitatis.
2) Vergil. Georgica IV, 68, nach Voß' Uebersetzung.

Sieg erlangt. Wenn viele Befehlshaber in einem Heere sind, wird der Soldat unmöglich gehorchen können, da Widersprechendes befohlen wird, und unter den Führern selbst kann auch keine Einigkeit zu Stande kommen, da jeder nach Kräften für sich besorgt ist. Wenn ja in diesem Weltgebäude nicht ein Leiter gewesen wäre, der zugleich dessen Gründer ist, so wäre das Ganze zusammengestürzt, oder es hätte nicht einmal zu Stande kommen können. Zudem kann bei mehreren (Göttern) nicht die ganze (Herrschaft) sein, da jeder einzelne für sich seine Obliegenheiten und Machtvollkommenheiten besitzt. Es kann also keiner von ihnen „allmächtig" genannt werden, da dieß der wahre Beiname Gottes ist, da der heidnische Gott ja Das allein bloß ausführen kann, was ihm übertragen ist; was dagegen Anderen übertragen ist, wird er nicht anzurühren wagen. So wird Vulkanus[1]) sich nicht die Herrschaft über das Wasser anmaßen, noch auch Neptun[2]) über das Feuer; deßgleichen wird die Ceres[3]) nicht die Wissenschaft der Künste, noch Minerva[4]) die der Feldfrüchte beanspruchen; ebensowenig Mer-

---

1) Vulkanus, altlat. Mulciber, Schmelzer, griech. Hephästos, war der Gott des Ofen- und Herdfeuers; seine Werkstätten waren alle feuerspeiende Berge.

2) Neptun, Bruder des Jupiter, wird dargestellt als kräftiger Mann mit einem Dreizacken, auf einem mit Seepferden bespannten Wagen; er hatte auf dem Marsfelde einen Tempel; Lib. 28, 11.

3) Ceres (griech. Demeter), älteste Tochter des Kronos und der Rhea, Göttin des Getreides. Ihr Tempel und Dienst wurde im Jahre 258 der Stadt vom Konsul Aur. Postumius, um eine durch Mißwachs entstandene Hungersnoth abzuwenden, gestiftet. Man ließ zu ihrem Dienste griech. Priesterinnen aus Neapolis und Velia kommen; Cicero pro Balbo c. 24; siehe noch Lib. 36, 37.

4) Minerva, bei den Griechen Pallas Athena, aus dem Haupte des Zeus entsprungen, stets Jungfrau, war Symbol der geistigen Kraft, daher Göttin der Kunst und Wissenschaft, selbst des mit Kunst geführten Krieges. Ovid. Fasti 3, 849.

kurius¹) die Waffen oder Mars²) die Leyer, noch auch Jupiter³) die Arzneikunde oder Asklepius⁴) den Blitz. Bequemer wird er jenen von einem Anderen bewerkstelligt hinnehmen, als er ihn selbst fertigen kann. Wenn demnach die Einzelnen für sich nicht Alles vermögen, so haben sie beschränkte Kräfte und Macht. Der ist aber viel mehr für Gott zu halten, der Alles vermag, als wer vom Ganzen nur Geringes leisten kann.

3. **Die Zeugnisse der Dichter über die Einheit Gottes.**

Es gibt demnach nur einen vollkommenen, ewigen, unvergänglichen, leidensunfähigen Gott, der keiner Macht noch irgend etwas Anderem unterworfen ist, der Alles besitzt und regiert, den der menschliche Geist weder durch Wahrnehmung der Sinne nach Gebühr schätzen noch die menschliche Zunge schildern kann. Er ist nämlich zu erhaben und

---

1) Merkurius (griech. Hermes), Sohn des Jupiter und der Maja, ist der Bote der Götter, war auch Schirmherr des Handels; deßhalb wurde ihm 495 v. Chr. ein Tempel in Rom errichtet, daß der Gott den Kaufleuten im Betrügen beistehe. Ovid. Fast. 5, 663.

2) Mars (griech. Ares) ist der Gott des Krieges, dargestellt als schöner kräftiger Mann in voller Kriegsrüstung.

3) Jupiter, bei den Griechen Zeus, König der Götter, Sohn des Kronos (Saturnus) und der Rhea. Er entthronte seinen Vater, gab dem Bruder Neptun das Meer und dem Pluto die Unterwelt zur Herrschaft. Die Kunst gibt ihm den Blitzstrahl in die Hand und den Adler zur Seite.

4) Asklepius, Gott der Heilkunde, ist Sohn des Apollo und der Koronis; nach dem Tode der Mutter geboren, wird er dem Cheiron übergeben, der ihn in der Heilkunde unterrichtet. Später heilte er die Kranken, und als er gar den Glaukos von den Todten erweckte, erschlug ihn Zeus durch den Blitz, versetzte ihn aber auf Apollo's Bitten unter die Götter; er wird als Gott der Arzneikunde verehrt.

zu groß, als daß der menschliche Gedanke oder dessen Sprache ihn erfassen könnte. Um nun von den Propheten, die einen Gott verkünden, zu schweigen, so sind es ja auch schließlich die Dichter und Philosophen (und Seher), die dem einen Gotte Zeugniß geben. Orpheus[1]) nennt Gott den Ursprung (der Dinge), der den Himmel und die Sonne mit den Sternen, der Land und Meere erschaffen. Deßgleichen nennt unser (Vergilius)[2]) Maro den höchsten Gott bald Geist bald Verstand, der auch gewissermaßen in menschliche Glieder eingekehrt, den ganzen Weltbau bewege, der auch als Gott die Regionen des Himmels wie auch die Gebiete des Meeres und des Landes durchlaufe, und von ihm, sagt er, empfangen alle lebenden Wesen das Dasein. Ja sogar Ovidius[3]) wußte ganz gut, daß die Welt von Gott zweckmäßig hergestellt worden; darum nennt er ihn bald den Werkmeister aller Dinge, bald den Schöpfer der Welt.

4. Die Philosophen bezeugen die Einheit Gottes.

Wir wollen nun zu den Philosophen übergehen, deren Zeugniß[4]) auch zuverlässiger gilt als das der Dichter. Plato behauptet, daß Einer herrsche, indem er erklärt, daß es einen Gott gebe, der die Welt hergestellt und sie mit wunderbarer Weisheit vollendet habe. Dessen Schüler Aristoteles erklärt, daß es einen denkenden Geist gebe, der über die Welt herrsche. Antisthenes sagt, daß es einen Gott

---

1) Ausführlicher hat Laktantius im ersten Buche Kap. 5 des Orpheus Aussprüche mitgetheilt; vgl. ausserdem: Justin, der Martyrer, in seiner cohortatio ad Graecos c. 15.
2) Die Stelle des Vergilius ist Aeneis, lib. VI. 724—732.
3) Ovid. Metamorph. lib. 1 im Anfange und lib. 15 v. 21—32.
4) Die Aussprüche der in diesem Kapitel erwähnten Philosophen führt Laktantius im 1. Buche der Institutionen Kap. 5 vollständiger an; auch nennt er da die Schriften, in welchen sie zu finden sind.

gebe, der durch seine eigene Wesenheit geworden und das Weltall beherrsche. Es würde zu weit führen, noch anzugeben, was über den höchsten Gott entweder Thales oder Pythagoras und Anaximenes früher, oder später die Stoiker Kleantes, Chrysippus und Zeno, oder von den Unsrigen Seneka, der den Stoikern folgte, und sogar Tullius gelehrt haben, da Diese alle sowohl die Wesenheit Gottes zu erklären versucht haben, als auch entschieden behauptet haben, daß von ihm allein die Welt regiert werde, und daß er keinem geschaffenen Dinge unterworfen sei, da jedes derselben von ihm hervorgebracht worden. Hermes, der wegen seiner Tugend und der Gewandtheit in vielen Künsten „Trismegistus"[1]) verdiente genannt zu werden, der sogar durch seine langjährige Gelehrsamkeit die Philosophen übertraf, und der bei den Ägyptiern als Gott verehrt wird, verkündet in zahllosen Lobsprüchen des einzigen Gottes Majestät; und er nennt ihn den Herrn und Urheber und sagt, daß er keinen Namen habe, weil er einer besonderen Wortbezeichnung nicht bedürfe, weil er der Einzige sei, der gar

---

1) Der griechische Hermes, der ägyptische Thot, erhielt im neuplatonischen Zeitalter, besonders bei Jamblichus den Ehrennamen „Trismegistos", der „Dreimalgrößte", als Priester (Mittler zwischen Göttern und Menschen), als Geschgeber und als Begründer der Wissenschaften, Künste und Kultur. Nach Clemens von Alexandrien (Strom. VI, 4.) verfaßte er einen Kanon von zweiundvierzig heiligen Büchern (den ganzen Umfang des priesterlichen Wissens in sich schließend). Von den Schriften sind noch erhalten: Poemander, de potestate ac sapientia divina ed. Bargicus (Paris 1554), Rosselt (Köln 1630), und Aesculapii definitiones (London 1628 und öft.); vgl. Baumgarten, Crusius de librorum hemet. origine et indole (Jena 1827). Ueber diese beiden irrthümlich (auch von Laktantius) dem Hermes zugeschriebenen Werke gab der Minorit Hannibal Roselli (aus Calabrien) in sechs Foliobänden (Krakau 1585 und Köln 1630) einen Kommentar heraus, worin er die ganze Theologie und Philosophie behandelt; siehe Hurter, Nomenclator (Innsbruck 1871, Bd. I. Seite 115).

keinen Urheber habe, weil er aus sich und durch sich selbst sei. Er beginnt so an seinen Sohn zu schreiben: „Gott zu erkennen ist freilich schon schwer, ihn durch Worte zu erschöpfen ist unmöglich sogar Dem, der ihn mit dem Geiste erkennt; denn das Vollkommene kann vom Unvollkommenen, das Unsichtbare von dem Sichtbaren nicht vollständig erfaßt werden."

5. Die weissagenden Sibyllen verkünden einen Gott.

Wir haben jetzt noch von den Seherinen zu sprechen. Varro berichtet von zehn Sibyllen;[1]) er nennt die erste die persische, die zweite die lybische, die dritte die delphische, die vierte die kimmerische, die fünfte die erythräische, die sechste die samische, die siebente die kumanische, die achte die hellespontische, die neunte die phrygische, die zehnte die tiburtinische Sibylle, die den besonderen Namen Albunea hatte. Von allen diesen wurden die drei Bücher der kimmerischen Sibylle, welche die Schicksale der Römer enthielten, geheim gehalten, fast alle übrigen Bücher aber standen dem Volke zu Gebote und waren in seinem Besitze. Sie trugen indeß nur einen Namen „sibyllinische Bücher", ausgenommen daß die erythräische, die zu den Zeiten des trojanischen Krieges gelebt haben soll, ihren wahren Namen in ihr Buch eingeschrieben hat, die der anderen sind durcheinandergemengt. Alle diese angeführten Sibyllen ausser

---

1) Die Sibyllen, welche bei Laktantius eine so grosse Rolle spielen (er citirt an fünfundsiebzig Stellen zweihundert ihrer Verse und bei ihm als ächt gelten, waren nach den Anschauungen der Griechen und Römer durch Jungfräulichkeit ausgezeichnete und mit der Gabe der Weissagung begabte Prophetinnen. Ihr Name besagt nach Laktantius I, 6 [σι(οῦ) statt θεοῦ, Gottes, und βόλλα (βύλλα), Rathschlüsse], daß sie sich mit Gottes Rathschlüssen befaßten. Clemens von Alexandrien nennt ihrer neun, während Varro deren zehn aufzählt wie Laktantius.

der kimmerischen, welche nur die fünfzehn Männer[1]) lesen durften, bezeugen, daß ein Gott sei, der Ursprung, Gründer und Urheber (aller Dinge) sei, der von Keinem erzeugt, sondern von sich selbst entstanden, der sowohl von Ewigkeit her gewesen, als auch in alle Ewigkeit sein werde. Deßhalb gebühre ihm auch allein Verehrung, Ehrfurcht und Hochachtung von allen lebenden Wesen. Und da ich die Zeugnisse derselben nicht abkürzen konnte, habe ich sie ausgelassen; solltest du Verlangen tragen, sie (kennen zu lernen), so mußt du die Bücher selbst aufsuchen.

6. Der ewige und unsterbliche Gott ist ohne Nachkommen.

Derartige zahlreiche und gewichtige Gründe beweisen klar, daß die Welt durch die Herrschaft und Macht eines Einzigen regiert werde. Der Ursprung desselben kann weder ausgedacht noch die Größe seiner Macht in Worten ausgedrückt werden. Thorheit ist demnach die Meinung Derjenigen, welche sagen, daß die Götter aus geschlechtlicher Vermischung entstanden seien, da die Geschlechtsverschiedenheiten und deren Verbindung gerade von Gott für die Sterblichen zur Fortpflanzung des Geschlechtes durch nachfolgende Sprossen angeordnet worden. Wozu sollten die Unsterblichen geschlechtlich sein und Nachkommenschaft haben, da sie weder sinnliche Lust noch der Tod erfaßt? Die also für Götter gehalten werden, da sie doch, wie es bewiesen ist, sowohl gezeugt worden sind als auch erzeugt haben, sind ganz gewiß Sterbliche gewesen. Sie wurden aber als Götter gefeiert, weil sie als große und mächtige Herrscher durch

---

1) Diese fünfzehn Männer waren Priester aus dem Geschlechte der Patrizier. Sie hatten die Leitung der feierlichen Opfer und gaben Antworten aus den prophetischen Büchern auf dem Algibus oder im Tempel der Diana. Durch den Diktator Sulla eingesetzt waren ihrer zuerst zwei, dann zehn, fünfzehn, zuletzt fünfzig. Unter Kaiser Honorius wurden sie durch Stilicho beseitigt.

den Menschen erzeigte Wohlthaten nach dem Tode göttliche
Ehren zu empfangen verdient hatten. Durch Errichtung
von Tempeln und Bildsäulen wird deren Andenken wie das
der Unsterblichen dauernd gefeiert.

7. Des Herkules Thaten und Tod.

Da nun fast alle heidnischen Völker von dem Dasein
der Götter überzeugt sind, so bekunden doch deren[1]) Thaten
sowohl nach den Berichten der Dichter als auch der Geschichtschreiber, daß sie nur einfache Menschen gewesen sind.
Jeder weiß, zu welchen Zeiten Herkules gelebt hat, da derselbe bei den Argonauten[2]) auf dem Schiffe war und auch
nach Troja's Eroberung den Laomedon,[3]) den Vater des
Priamus, wegen Meineid getödtet hat. Seit der Zeit sind
nach der gewöhnlichen Zeitrechnung etwas mehr als tausend
fünfhundert Jahre verflossen. Derselbe soll nicht einmal
eine ehrliche Abstammung haben, da er durch Ehebruch von

---

1) Der heidnischen Götzen.

2) Der Zug der Argonauten neunzig Jahre vor Troja's erster Zerstörung, der Sage angehörend, hatte den Zweck, das goldene Vließ auf Kolchis zu holen. Führer des Zuges war Jason,
der die tapfersten Griechen zu diesem Zuge auf dem 50ruderigen
Schiffe „Argo" berufen hatte. Als Herkules sich im Schiffe nie-
derließ, fing es an zu sinken, und als er zum Ruder griff, zer-
brach es in seiner Faust. Herkules wurde auf Mysien wegen Ver-
spätung zurückgelassen. Der Zug ging vom thessalischen Joltus
aus. Vgl. Pindar, Pyth. IV.

3) Laomedon, König von Troja, hatte den Apollo und Neptun
um den für Erbauung der Stadtmauern versprochenen Lohn betrogen (Lakt. 1, 10). Ein deßhalb geschicktes Seeungeheuer wird
durch das Opfer der Tochter des Königs, Hiesione, beseitigt.
Herkules rettet diese, aber auch er erhält dafür nicht den bedun-
genen Lohn, die Rosse des Zeus; da erschlägt Herkules den Laomedon; vgl. Hom. Il. 5, 637 und 20, 144.

Alkmene¹) erzeugt worden, und nun soll er auch den Lastern des Erzeugers ergeben gewesen sein. Kein Geschlecht war ihm heilig, und den ganzen Erdkreis durchwanderte er, nicht so sehr des Ruhmes als vielmehr der Sinnlichkeit wegen, und noch mehr der Erzeugung wegen, als um die wilden Thiere zu beseitigen. Und obgleich er der Unbesiegbare genannt wurde, so hat doch die Omphale²) über ihn triumphirt, da er ihr die Keule und die Löwenhaut übergab, sich selbst dagegen mit Frauenkleidung versehen ließ und sich be: Herrschaft des Weibes (Omphale) unterwarf, um die ihm zugewiesene Spinnarbeit fertig zu stellen. Derselbe hat später bei einem Zornesanfall seine kleinen Kinder und die Gemahlin Megara niedergemacht. Schließlich nahm er das Kleid der Gattin Deianira,³) wodurch er in Geschwür zerfloß; da er die Schmerzen nicht ertragen konnte, machte er einen Scheiterhaufen auf dem Berge Oeta und ließ sich da lebendig verbrennen. So ist es offenbar, daß er als ein sterblicher Mensch betrachtet werden muß, wenn er auch wegen seiner Kraft als Gott hätte gelten können.

8. Die heidnischen Götter Äskulap, Apollo, Mars, Kastor und Pollux, Merkurius und Bachus.

Tarquitius⁴) berichtet, daß Äskulap von unbekannten

---

1) Alkmene war die Gattin des Amphitryon von Theben. Von dieser und Zeus stammt Herkules.
2) Die Omphale, in deren schmähliche Knechtschaft sich Herkules begab, war eine lydische Königstochter; vgl. Fulgentius, Myth. 11, 5.
3) Dejanira war die Tochter des Königs Oeneus von Aetolien; sie war Gemahlin des Herkules, aber wegen dessen Umgang mit Jole schickte sie ihm sein Kleid, das mit dem vergifteten Blute des Centauren Nessus (den Herkules mit seinem vergifteten Pfeile getödtet hatte) getränkt war, deßhalb seine Wunden und freiwilliger Tod. Laktantius hat Dieses weitläufiger beschrieben im 1. Buche Kap. 9 und 18. Dieselbe Darstellung gibt Seneka in der Tragödie „Herkules auf Oeta".
4) Ueber denselben haben wir keine genauen Mittheilungen. Teuf-

Eltern herstamme, deßhalb sei er auch ausgesetzt worden, aber von Jägern aufgehoben, mit Hundemilch genährt, dem Chiron zum Aufziehen übergeben worden. Dieser hielt sich zu Epidaurus auf, und nachdem der Blitz ihn getödtet, wurde er zu Cönosura begraben, wie Cicero[1] erzählt. Sein Vater Apollo verschmähte es nicht, eine fremde Heerde [von Admetus in Thessalien] zu hüten, um Liebesgenuß zu erlangen, und als er den geliebten Knaben[2] unvorsichtig getödtet, verewigte er seine Trauer in der [Hyacinthen-]Blume [die aus dessen Blut entsproß]. Auch Mars, der Tapferste, ist durch des Ehebruches Laster bekannt; denn in Ketten gefesselt, war er mit der Buhlerin zum Schauspiele. Kastor und Pollur raubten die verlobten Bräute[3] Anderer nicht ohne Strafe, von denen Homer[4] nicht als Dichter, sondern nach treuer Überlieferung bezeugt, daß sie beerdigt worden. Merkur zeugte im Ehebruche mit der Venus den

---

sel (Lit. II. 551) meint, er gehöre der augusteischen Zeit an, und sagt, daß seine Schriften über etruskische Wahrsagekunst lange in Geltung geblieben seien. Er wird erwähnt von Makrobius (III, 20¹, Ammianus Marcell. (25, 2. 7.)
    1) Cicero, de natura deorum lib. 3. c. 22.
    2) Der von Apollo geliebte Knabe hieß Hyacinthus; er war ein Sohn des Oebalus (und Enkel des Amyklos). Apollo tödtete ihn durch einen unglücklichen Diskus-Wurf; dann ließ er aus dessen Blut die gleichnamige Blume, die auf den Blättern die Zeichen AI, AI (den griechischen Klagelaut αἴ) hervorsprossen; siehe Ovid 10, 215. Unsere Hyacinthe ist jedoch eine andere als die der Alten. Man vermuthet darunter den Türkenbund (lilium Martagon) oder die violblaue Schwertlilie (vaccinium nigrum). Das Fest „Hyacinthia" wurde in Sparta jährlich drei Tage gefeiert, und zwar vom längsten Tage des Jahres an im Monat Juli (Hecatombeus); vgl. Pausanias 3, 10. 1.
    3) Die geraubten Bräute sind Phöbe und Laira, des Leukippus Töchter; sie waren an Idas und Lynkeus verlobt; siehe Hyginus, Fabeln 80. Kastor und Pollur waren Söhne des Tyndareus, Königs von Lacedämon, und seiner Gattin Leda (Odyss. 11, 298); nach Anderen soll Zeus ihr Vater sein.
    4) Ilias 3, 243.

Anbrogynus (Zwitter); dennoch galt er der Gottheit würdig, weil er die Leyer und die Kampfspiele erfand. Als der Vater „Liber" nach siegreicher Bekriegung Indiens zufällig nach Kreta gekommen war, fand er am Ufer die von Theseus entehrte und verlassene Ariadne. Von Liebe zu ihr ergriffen, heirathete er sie, und nach der Erzählung der Dichter brachte er ihre Krone unter den Sternen an.[1]

Sogar die Mutter der Götter [Cybele] hat auch nach der Flucht und dem Tode des Gemahls bei ihrem Verweilen in Phrygien als Wittwe einem schönen Knaben in Liebe gehuldigt, und da er ihr nicht treu geblieben,[2] hat sie ihn entmannt und zum Weibe gemacht. Deßhalb hat es auch noch die Freude, „Gallen" als Priester zu haben.

9. Die schändlichen Leidenschaften der heidnischen Götter.

Ceres hat ja auch die Proserpina im Ehebruch [mit Zeus] erzeugt, und hat nicht Latona[3] in gleichem Verbrechen Zwillinge geboren?

---

1) Ovid 8, 178.
2) Cybele (Rhea) liebte den schönen phrygischen Hirtenknaben Atys und verbot ihm jede andere Liebe. Da traf sie ihn mit der Nymphe Sangaris und strafte ihn, wie oben gesagt, worüber er starb; aus seinem Blute entsproß die Fichte. Der schändliche Priesterdienst der „Gallen" (entmannten Priester) wird fast bei allen Schriftstellern der ersten christlichen Zeit erwähnt, z. B. Justinus Martyr, Apol. 2; Tertullian, Apol. Kap. 9 u. 24; Minutius Felix Oktavius; Arnobius lib. 5; verschiedene Stellen des Augustinus de civitate lib. 7. c. 6 (diese Stelle hat Lenglet falsch als lib. 1. c. 7 notirt, und ist sie so bei Migne nachgeschrieben). Sogar Prudentius hat es Vers 1066 verewigt; in den Noten dazu führt Weitz S. 630 noch viele Quellen an. Von den Heiden führen wir noch Ovid an: Fast. 4, 221; Phrynich, ed. Lobeck, S. 273. Neuerdings hat darüber eingehend gehandelt Döllinger S. 347, der auch den vielen Muthmaßungen über den Namen „Gallen" ein Ziel gesetzt, indem er zeigt, daß dieses Wort in der „bithynischen" Sprache „Entmannte" heißt.
3) Latona gebar von Jupiter den Apollo und Diana; sie ist die Tochter des Titanen Cöus und der Phöbe.

Als Venus¹) auf Cypern ihr Wesen trieb und sich den Leidenschaften der Götter und Menschen hingab, erfand sie sogar buhlerische Künste und schrieb den Weibern solche vor, damit sie nicht allein ehrlos wäre.

Waren jene Jungfrauen Minerva und Diana auch nur keusch? Woher ist denn Erichthonius entsprossen? Hat wohl Vulkanus die Erde befruchtet, daß jener Mensch von ihr wie ein Schwamm entstanden wäre?²) Oder warum hat die Diana den Hippolyt³) an geheime Orte verwiesen oder auch zu einem Weibe (der Nymphe Egeria), wo er in unbekannten Hainen mit verändertem Namen „Birbius" seine Zeit verleben sollte? Was bedeutet das Anderes wie schändliche Sinnlichkeit, was die Dichter nicht zu gestehen wagen?

10. Jupiter in seiner Sinnlichkeit.

Bekanntlich ist Jupiter Herrscher über Alles; er soll im Himmel die höchste Herrschaft haben; aber was hat der für eine kindliche Liebe, da er seinen Vater Saturnus aus der Herrschaft verjagte und ihn auf der Flucht mit Waffen verfolgte? Welche Enthaltsamkeit besaß er, der jeder sinnlichen Leidenschaft fröhnte? Er hat ja nämlich die Alkmene⁴) und Leda,⁵) die an Herrscher vermählt waren, durch Ehe-

---

1) Venus, nach Einigen Tochter des Jupiter und der Diana oder, wie Andere wollen, aus dem Meere entstiegen; vgl. über sie Cic. de natura deorum lib. III, 24.
2) Siehe über dessen Herkunft: Lakt. lib. I, c. 17.
3) Hippolytus, Sohn des Theseus von der Amazone Antiope, wurde von der Stiefmutter Phädra wegen ihrer verschmähten Liebe beim Vater verleumdet, der ihn verbannte, und, durch die scheu gewordenen Pferde zu Tode geschleift, ließ ihn Diana, die ihn liebte, durch Aeskulap wieder erwecken und deßhalb Birbius (bis vir) nennen. Virg. VII, 761—780, wo auch aevum exigere (die Zeit verleben) gebraucht wird.
4) Alkmene, Mutter des Herkules; siehe Kap. 7.
5) Leda war Gemahlin des Königs Tyndarus von Lacedämon.

bruch um ihre Ehre gebracht. Er wurde auch von der Schönheit des Knaben [Ganymedes] so eingenommen, daß er ihn auf der Jagd,¹) wo er männliche Thaten sann, mit Gewalt wegnahm zu schändlichem Mißbrauch. Wozu soll ich noch die von ihm entehrten Jungfrauen aufzählen, da seine zahlreichen Nachkommen deren große Zahl klar beweisen? Bei einer einzigen, der Thetis, jedoch war er enthaltsamer. Es war nämlich vorhergesagt, daß Der, welcher von ihr geboren werden sollte, größer als sein Vater sein würde. Da blieb er also mit der Liebe im Kampfe, damit kein Größerer als er selbst geboren würde. Deßhalb war er ja davon überzeugt, daß er keine vollkommene Kraft, Größe und Macht besitze, und deßhalb fürchtete er für sich, was er dem Vater angethan hatte. Wie kann er nun noch der Größte und Beste genannt werden, da er sich mit Sünden befleckte, was nur der Ungerechte und Schlechte thut? Und dazu fürchtete er noch einen Größeren, was ja nur Sache eines Schwachen und Kleineren ist.

11. Einige Sinnbilder, durch welche die Dichter Jupiter's Schändlichkeiten bemäntelten.

Aber, möchte vielleicht Jemand sagen, dergleichen Dinge seien von Dichtern erfunden; das ist aber nicht die Handlungsweise der Dichter, daß man nur Unwahrheiten bringt, sondern daß man Das, was sich zugetragen, gleichsam mit einem farbenreichen Schleier verhüllt. Die Freiheit der Dichter verhält sich so, daß sie nicht Alles erdichten, was Lügner und Alberne thun, sondern daß sie hie und da Etwas nach Berechnung in andere Form bringen. So haben sie

---

1) Im ersten Buche Kap. 11 u. 12 erzählt Laktantius ausführlich, wie er von Jupiter, der sich in einen Adler verwandelt, weggenommen worden. Er deutet diese Fabel so, daß derselbe von einer Schaar Soldaten, die den Adler als Wappen bei sich führten, weggeführt worden sei.

erzählt, daß er (Jupiter) sich in einen Goldregen verwandelt habe, um die Diana zu täuschen. Was bedeutet aber der Goldregen? Offenbar das [hingegebene] Goldgeld, wovon er ihr eine Masse bot und ihr zusteckte; um diesen Lohn überwand er ihren schwachen Jungfrauen-Muth. So reden die Dichter auch von Eisenregen,¹) wenn sie eine große Masse von Geschoßen bezeichnen wollen. Den Catamitus²) hat er als Adler geraubt. Was bedeutet der Adler? Selbstverständlich eine Legion Soldaten, da ja das Bild dieses Thieres die Fahne einer Legion ist. Die Europa³) brachte er fort, nachdem er sich in einen Stier verwandelt. Was bedeutet der Stier? Offenbar das Schiff, welches als Schutzgottheit das Bild eines Stieres trug. So ist auch die Tochter des Inachus [Ino] nicht in Gestalt einer Kuh über das Meer geschwommnen, dagegen entkam sie dem Zorne der Juno auf einem ähnlichen Fahrzeuge, welches das Bild einer Kuh mit sich führte. Als sie endlich nach Ägypten gelangt war, wurde sie Isis genannt und ihre Schifffahrt an einem gewissen festgesetzten Tage zur Erinnerung an ihre Flucht gefeiert.

12. Die Dichter erfinden nicht alles auf die Götter Bezügliche.

Du siehst also, daß die Dichter nicht Alles erfunden haben. Einiges auch bildlich dargestellt haben, damit sie bei Mittheilung des Wahren irgend eine göttliche Eigenschaft Denen beilegten, von denen sie behaupteten, daß es Götter seien. So machten sie es zum Beispiel mit ihren Regierungsgebieten. Wenn sie nämlich sagen, daß Jupiter die

---

1) Vergil Aen. XII, 284.
2) Katamitus, verderbt für „Ganymedes".
3) Europa, Tochter des Königs der Phönizier, Agenor, wurde von Jupiter nach Kreta gebracht. Wie Laktantius diese Stieresverwandlung deutet, findet sie sich auch in Franc. Pomey S. J. Pantheum Mythicum S. 14, Leipzig 1751 (vgl. Backer).

Herrschaft im Himmel durch das Loos in Besitz genommen habe, so bezeichnen sie damit entweder den Olymp, auf welchem Saturnus und Jupiter nach Mittheilung alter überlieferungen gewohnt haben, oder einen Theil des Morgenlandes, da dieser dem Anscheine nach höher liegt, weil von ihm das Licht herkömmt; das Abendland aber, weil es niedriger gelegen scheint, sei dem Pluto als Unterwelt zugefallen. Das Meer aber, sagen sie, sei an den Neptun gekommen, weil ihm die Seeküste mit allen Inseln zu Theil ward. Auf diese Weise schmücken die Dichter Vieles aus, weßhalb Unkundige sie als Lügner verklagen, wenigstens dem Wortlaute nach. Denn was den Sachverhalt angeht, so glauben sie ihnen, da sie ja selbst, weil sie die Bildnisse der Götter so darstellen, daß sie Männer und Frauen vorstellen, die einen für Gatten, andere für Eltern, wieder andere als Kinder erklären. Also stimmen sie den Dichtern bei, da dergleichen ohne Geschlechtsgemeinschaft und Abstammung nicht stattfinden kann.

13. Die Thaten des Jupiter nach dem Geschichtschreiber Euhemerus.

Indeß wollen wir die Dichter nicht weiter mehr anführen, sondern zur Geschichte übergeben, die sowohl eine mehr sachgetreue als auch uralte Beweiskraft hat. Euhemerus,[1] ein Messenier und Schriftsteller der grauen Vorzeit, hat vollständig die ältesten heiligen Inschriften der Tempel, den Ursprung, die Thaten und Nachkommenschaft des Jupiter zusammengeschrieben. Deßgleichen hat er die Eltern der übrigen [Götter], ihre Geburtsstädte, Thaten,

---

[1] Euhemerus lebte um 315 vor Christus; er ist besonders dadurch bekannt und einflußreich geworden, daß er die im Volkskultus verehrten Wesen als vergötterte Menschen nachzuweisen suchte in seiner Schrift ,Ἱερὰ ἀναγραφή', Reise um Arabien bis Indien; vergleiche über ihn das interessante Programm: „Quaestiones Euhemereae" von Oberlehrer Dr. Gauß (Kempen 1860) und Eusebius praepar. 2, 2.

Reiche, Todestage, sogar noch ihre Begräbnisse von Anfang bis zu Ende geschildert. Diese Geschichte übertrug Ennius in's Lateinische; er schreibt wörtlich Folgendes: „Das hier Aufgezeichnete ist die Abstammung Jupiters und seiner Brüder und seine Verwandtschaft, wie sie uns nach der heiligen Geschichte überliefert worden." Eben dieser Euhemerus erzählt nun auch, daß Jupiter, nachdem er den Erdkreis fünfmal durchwandert und seinen Freunden die Länder vertheilt hatte und den Menschen Gesetze und viele andere Güter verschafft hatte, mit unsterblichem Ruhme und unvergänglichem rühmlichen Andenken geschmückt auf Kreta gestorben sei, darauf sei er unter die Götter versetzt worden, sein Grab finde sich in der Stadt Gnosus;[1] auf demselben war in griechischen Buchstaben die Inschrift ZANKPONOT,[2] das ist Jupiter, Sohn des Saturnus. Nach diesen Berichten steht es fest, daß er ein Mensch gewesen und auf Kreta geherrscht habe.

14. Des Uranus und Saturnus Werke nach den Berichten der Geschichtschreiber.

Wir wollen nun das oben Begonnene wieder aufgreifen, um den Ursprung des ganzen Irrthums zu entdecken. Saturnus soll der Sohn des Himmels (Uranus) und der Erbe sein. Das ist nun sicher unglaublich; aber diese Überlieferung hat einen bestimmten Grund; wer ihn nicht kennt, verwirft ihn als Fabel. Sowohl Hermes als auch die heilige Geschichte berichten, daß Uranus (der Himmel) der Vater des Saturnus gewesen sei. Als (Hermes) Trismegistus erklärte, es seien nur sehr wenige Menschen von vollendeter Gelehrsamkeit gewesen, so rechnet er zu diesen seine Ver-

---

1) Gnosus auf Kreta, Geburtsort des Philosophen Epimenides, vom heil. Paulus Tit. 1, 12 erwähnt, indem er schreibt: Einer von ihnen (den Kretern) hat gesagt: „Sie sind immerdar Lügner, Unthier, müßige Bäuche." Epiphanius und Hieronymus schreiben diese Worte dem Epimenides von Gnosus zu.

2) ZAN oder ὁ Ζεὺς τοῦ Κρόνου siehe Gronov. in scriptores eccles. S. 181.

wandten (Vorfahren), den Uranus, Saturnus und Merkurius.

Euhemerus erwähnt von selbem Uranus, daß er zuerst auf Erden regiert habe, in folgenden Worten: Anfangs hatte zuerst auf Erden Uranus die höchste Herrschaft. Dieser hatte jene Herrschaft im Vereine mit seinen Brüdern eingerichtet und gefestigt. — —

[Es fehlen in der Handschrift zwei Blätter, wodurch Kap. 15—18 und 19 zum Theil verloren sind. Die fehlenden Kapitel handeln von den unsinnigen Darlegungen über die Götter, über die Veranlassungen und Gründe, weßhalb man die verehrten Götter zu solchen gemacht; daran schließt sich nun der Rest von Kap. 19.]

19. Durch thörichtes Wohlwollen der Menschen und Irrthum ist ihnen die Gottheit beigelegt worden.

20. Über die besonderen Götter der Römer.

Ich habe nun über den bei allen Völkern gemeinsamen Götterdienst gesprochen; nun will ich von den Göttern, die den Römern allein gehören, reden. Jeder weiß, daß die Frau des Faustulus, die Amme des Romulus und Remus Jedem zu Willen war, und doch wurden ihr zu Ehren die Larentiä-Feste[1]) gefeiert. Sie wurde wegen ihres niedrigen Treibens Lupa (Wölfin) genannt [Livius nennt sie Larentia] und in Gestalt eines Thieres dargestellt. Auch Fabula[2]) und Flora waren Buhlerinen, wovon die eine nach Verrius'[3]) Zeugniß dem Herkules diente, die andere nach Erlangung eines großen Vermögens in Folge ihres Geschäftes das (rö-

---

1) Siehe Lib. 1, 9.
2) Fabula anstatt Faula hat Reifferscheit in Analectis Horatii (Breslau 1870) nachgewiesen, und R. Boltmann hat diese Lesart im Codex des Laktantius (Bibl. des Leipziger Senates) gefunden; vgl. Programm, Jäner 1872.
3) Siehe über diesen von Augustus geehrten Alterthumsforscher Bernhardi a. a. O. S. 933.

mische) Volk zum Erben einsetzte, und deßhalb werden zu ihrer Ehre Spiele¹) „Floralien" gefeiert. Tatius fand eine weibliche Statue in der größten Kloake und nannte es als Götzenbild die Kloaken-Göttin. Als die Römer von den Galliern eingeschlossen waren, machten sie Stricke von dem Haupthaare der Frauen, und deßhalb errichteten sie der Venus ohne Haupthaar „Calvä" einen Altar nebst Tempel. Dasselbe thaten sie dem Jupiter (als Bäcker) Pistor, weil er sie im Traume ermahnt hatte, von jeder Fruchtart ein Brod zu backen und es den Feinden herauszuwerfen, wodurch diese die Hoffnung aufgaben, die Römer auszuhungern, und so von der Belagerung abstanden. Pavor und Pallor (Furcht und Schrecken) machte Tullus Hostilius zu Göttern.²) Auch der Verstand (mens) wird als Gott verehrt; wenn sie selbst, glaube ich, solchen gehabt hätten, würden sie ihn nie verehrungswürdig gehalten haben. Marcellus führte die „Ehre" und „Mannhaftigkeit" als Götter ein.³)

21. Weitere Gottheiten der Römer.

Indessen hat der Senat noch andere erdichtete „Götter" eingesetzt wie: die „Hoffnung", „Treue", „Schamhaftigkeit", „Frömmigkeit", und diese alle stellte man innerhalb der Wände ohne Grund auf, obgleich sie das wahre geistige Eigenthum der Menschen sein sollten. Jedoch möchte ich

---

1) Ueber diese spricht Laktantius I, 20, 10 näher. Der Senat ernannte sie zur Göttin der Blumen, und man mußte ihr ein Fest geben, daß Feldfrüchte, Bäume und Reben grünen und gute Blüthe setzten. Die Feier der Spiele war am 28. April; Döllinger S. 546.
2) Diese Thatsache berichtet Liv. 1, 27; Tullus führte Dieses aus auf dem Schlachtfelde gegen die Vejenter. Er gelobte diesen Beiden (Oertel nennt sie Gott des Herzklopfens und der Bleichheit) zwölf Salier (Springpriester) und zwölf Tempel.
3) Cicero de legibus II, 8.

diese, wenn sie auch nur beim Menschen selbst überhaupt vorhanden sein können, viel eher verehrt wissen als den „Rost" oder das „Fieber", welche vielmehr zu verabscheuen sind, als heilig zu verehren. Dasselbe gilt von der Ofengöttin¹) mit ihren heiligen Öfen, von dem „Sterkulus", der zuerst die Düngung des Bodens gelehrt hat; von der Göttin Muta (der Stummen), von der die Laren (Hausgötter) abstammen; von der Kunina,²) welche die Kinderchen in den Wiegen beschützt, und schließlich von der „Kaka",³) welche dem Herkules den Diebstahl der Ochsen meldete und so ihren Bruder dem Tode überlieferte. Wie viel andere sonderbare und lächerliche Gestalten gibt es noch bei ihnen? Ihre Aufzählung wird Einem zum Überdruß. Jedoch möchte ich den Terminus nicht übergehen, da er nicht einmal dem Jupiter Kapitolinus gewichen sein soll, obgleich er nur ein unförmlicher Stein⁴) war.

22. **Die von Faunus und Numa eingeführten religiösen Gebräuche.**

Alle diese Albernheiten hat zuerst Faunus in Latium eingeführt, der sowohl für seinen Großvater Saturnus blu-

---

1) Das Fest der Fornacalien wurde ihr gegeben, damit das Kornbörren gut von Statten gehe und das Verbrennen abgewehrt werde.
2) Ueber diese spricht Augustinus de civ. dei lib. 4 c. 11 und Döllinger S. 506.
3) Diese verrieth ihren Bruder Kakus, der dem Herkules die Ochsen entführt. Das Ganze schildert Vergil Aeneis VIII, 190—260.
4) Als Tarquinius Superbus dem Jupiter auf dem tarpejischen oder kapitolinischen Hügel einen Tempel bauen wollte und die daselbst befindlichen Heiligthümer entfernt wurden, verboten dieß die Vogelzeichen allein beim Heiligthum des Terminus, daher capitolii immobile saxum genannt. Ueber die dem Terminus gefeierten Opfer siehe Vergil. Aen. 9, 448.

tige Opfer anordnete,¹) als auch seinen Vater Pikus²) verehrt wissen wollte. Deßgleichen stellte er die Fauna, seine Gattin und Schwester, unter die Götter und nannte sie die gute Göttin.³) Darauf hat Numa zu Rom durch lästigen neuen Aberglauben für ländliche und unwissende Menschen Priesterschaften gestiftet und den einzelnen Familien und Geschlechtern Gottheiten zugewiesen, damit er den rohen Sinn des Volkes von der Liebe zu den Waffen abbrächte. Deßhalb hat Lucilius⁴) die Albernheiten Jener verhöhnt, die sich eitelem Aberglauben hingeben, durch folgende Verse: "Das Volk fürchtet die von Faunus und Numa Pompilius gelehrten Ammenmärchen.⁵) Es nimmt Alles vollständig hin, wie es ihm vorgehalten wird. Wie unmündige Kinder glau-

---

1) Über die in diesem und dem folgenden Kapitel erwähnten Menschenopfer siehe ausführlicher Lakt. I, 21 u. 22; ausserdem Tertullian, Apol. 9; Aug. de civ. dei 7, 19; Cäsar de bello gall. 6, 16; Cic. pro Fontejo 10 und Pauly's Realenchklopädie Th. III. S. 622. Die Römer rotteten diese Barbarei in der Kaiserzeit aus, doch finden sich noch Spuren davon bis Alexander Severus; vgl. Tzschucke ed. Mel. III. 2, 3.
2) Ueber das Geschlecht des Faunus, eines alten Königs in Latium, vgl. Virgil. Aen. 7, 48 u. f.
3) Ueber Fauna spricht Laktantins I, 22, 9—12; dort wird ihre große Züchtigkeit und Todesart erzählt. Wegen ersterer wurde sie auch ganz geheim (in operto) ohne Beisein von Männern verehrt; siehe Cicero Paradoxa IV; pro Milone c. 5; Seneka epist. 97; Plutarch, Caesar 9 u. 10.
4) Der von seinem Erklärer des Laktantius näher besprochene Lucilius war der 148 v. Chr. zu Suessa geb. und 103 in Neapel gest. Satyriker; von ihm spricht Horatius, Satyren I, 4 u. 10, 50. Quintilian 10, 93 sagt von ihm, daß er Freimüthigkeit und reichlichen Witz vereinigt habe. Wir haben von ihm noch achthundert Fragmente ed. Gerlach 1846 (Zürich), ganz neu von K. A. Müller, Leipzig bei Teubner.
5) Die von Huet (demonstratio evangelica p. 180 ed. Lipsiae 1694) mit Bezugnahme auf Tertullian adv. Valent. c. 3 vorgeschlagene und von Heumann angenommene Lesart "turriculas" ist statt "terriculas" als richtig gehalten worden.

ben, daß eherne Bilder leben und Menschen seien, so halten Jene alles Erdichtete für Wahrheit. Sie glauben, daß die ehernen Bilder Leben haben. Es ist aber nur ein Atelier der Maler, wo gar keine Wahrheit, Alles nur Bild ist." Auch Tullius beklagt sich (in dem Buche über die Natur der Götter), daß eingebildete und erdichtete Götter eingeführt worden seien; daher seien auch die falschen Meinungen entstanden, sogar verwirrende Irrthümer und altweibischer Aberglaube. Dieser Ausspruch muß deßhalb um so wichtiger erachtet werden, weil er ihn nicht bloß als Philosoph, sondern auch als Priester[1]) gethan hat.

23. Über die Opfer, welche die Barbaren den Göttern darbrachten.

Von den heidnischen Göttern haben wir nun gesprochen; jetzt will ich noch reden von den Gebräuchen bei den Opfern und den Verehrungen (der Götter). Dem Jupiter auf Cypern pflegte man Menschenopfer zu bringen, wie Teukrus[2]) es angeordnet hatte. Deßgleichen opferten die Bewohner von Taurus[3]) der Diana die Fremden. Auch dem Jupiter Latiaris[4]) wurde Menschenblut als Sühnopfer geweiht. Sogar wurden dem Saturnus früher nach einer

---

1) Cicero gehörte zum Priester-Kollegium der Auguren.
2) Die von Teukrus, Sohn des Telamon und der Hesione, eingeführten Opfer wurden durch Kaiser Hadrian abgeschafft; siehe Döllinger S. 105 und Betulejus, Kommentar zu Laktantius, Basel 1563.
3) Siehe Juvenal, Satyre 15; Minutius Felix Kap. 30.
4) Der Dienst des Jupiter Latiaris als Schirmgott des latinischen Städtebundes war auf die Römer übergegangen; es wurde nebst Stieren jedesmal ein Mensch geopfert, wozu später ein Verbrecher genommen wurde; Minucius Kap. 80; Prudentius adv. Symmachum 1, 397; Döllinger 493; Tacitus lib. IV, annal. 68. 69.

Antwort[1]) des Apollo sechzigjährige Männer von der Brücke in die Tiber gestürzt. Die Karthager opferten demselben Saturnus auch nicht bloß Kinder, sondern, besiegt von den Siciliern, opferten sie zweihundert Söhne der Vornehmen, um ihn zu versöhnen. Was aber jetzt noch der großen Mutter und der Bellona[2]) geopfert wird, ist gar nicht menschlicher als das eben Erzählte. Hiebei nämlich verstümmeln sich die Priester geschlechtlich und opfern nicht fremdes, sondern ihr eigenes Blut; sie sind dann weder Mann noch Weib; oder sie verwunden ihre Schultern und bespritzen die abscheulichen Altäre mit ihrem eigenen Blute. Wir wollen nun zu Opfern übergehen, die erträglicher sind. Die heiligen Festlichkeiten der Isis stellen nun dar, wie sie den kleinen Knaben Osiris verloren und gefunden hat. Zuerst nämlich machen die Priester und ihre Diener alle Glieder glatt, dann schlagen sie auf die Brust, stoßen Klagen aus, zeigen Schmerz und suchen, indem sie die Gemüthsstimmung der Mutter nachahmen. Nachher wird der Knabe durch einen Hundskopf[3]) gefunden. So wird alsdann das Trauerfest mit Jubel geschlossen. Diesem fast gleich wird ein Fest der Ceres gefeiert, wobei Fackeln angezündet werden und bei Nacht die Proserpina gesucht wird; ist sie aber gefunden, so endigt man die Feier durch Umherwerfen von Fackeln[4]) zur Danksagung. Die Bewohner von Lampsakus opfern dem Priapus einen kleinen Esel. Dieß erschien nämlich als das

---

1) Pfaff und Heumann haben hier persona Apollinis, Davis las responso, und Ebnard sagt, daß Dieß ganz gut aus den nicht ganz deutlichen Buchstaben des Kodex zu nehmen sei.

2) Bellona, griech. Ἐνύω, war die Kriegsgöttin. Sie hatte zu Rom einen Tempel, den Appius Claudius in der neunten Region ausser der Stadt gebaut hatte. Vor ihrem Tempel stand eine Kriegssäule, über welche bei einer Kriegserklärung der Fertial die Lanze warf.

3) Siehe Minutius Felix Kap. 22 (Bdch. 22 S. 53 dieser Sammlung).

4) Siehe Minutius Felix a. a. O. und Ovid Fasti IV, 493.

passendste Opfer, damit es für Den, dem es geopfert wurde, die Größe der Mannes-Schande darstellte.[1] Zu Lindus, einer Stadt der Insel Rhodus, wird Herkules mit Verwünschungen verehrt. Als nämlich Herkules einem Landmanne die Ochsen gestohlen und geopfert hatte, so rächte Jener das ihm zugefügte Unrecht durch Scheltworte; und als nun eben dieser (bestohlene Bauer) später als Priester des Herkules eingesetzt worden, wurde festgestellt, daß sowohl er selbst als auch später die anderen Priester mit denselben Schimpfworten seine Feste begingen. Die religiöse Verehrung des kretensischen Jupiter stellt dar, wie er dem Vater heimlich entzogen und durch eine Ziege, mit deren Milch ihn Amalthea nährte, aufgezogen wurde. Dasselbe stellen die heiligen Opfer der Göttermutter dar. Weil nämlich damals Korybanten durch das Geklirr mit den Helmen und Schläge auf die Schilde das Weinen das Knaben verheimlichten, so wird jetzt eine Nachbildung davon bei den Opfern vorgenommen. Aber anstatt der Helme schlägt man auf Cymbeln und an Stelle der Schilde auf Pauken, damit Saturnus den weinenden Knaben nicht höre.

24. Über den Ursprung der religiösen Opfer.

So viel über die den Göttern geweihten geheimnißvollen Opfer. Jetzt wollen wir auch den Ursprung der Götter-Verehrungen untersuchen, um auf diese Weise klar zu stellen, von wem und seit welcher Zeit sie eingeführt sind. Didymus[2]) sagt in den „Erklärungen Pindars", daß die Töchter des Königs von Kreta, Amalthea und Melissa, den Jupiter mit Ziegenmilch und Honig ernährt haben. Deßgleichen, daß dieser neue Gebräuche und Feierlichkeiten bei

---

1) Siehe Ovid Fasti VI, 631.
2) Didymus aus Alexandrien um 30 vor Chr. soll über dreitausend Schriften, Erklärungen zu den Klassikern geschrieben haben; diese Schrift findet sich in den Scholien Pindars.

ben Opfern eingeführt und zuerst den Göttern, das ist Vesta, und später der Erde [Tellus] geopfert habe. Deßhalb sagt der Dichter:[1]

„Der ersten der Götter,
Der Erde."

Euhemerus sagt, daß selbst Jupiter sich, nachdem er die Herrschaft an sich gerissen hatte, Tempel habe erbauen lassen: indem er nämlich den Erdkreis umwanderte, verband er sich, wohin er auch immer kam, mit den Beherrschern des Volkes durch Freundschaft und Berechtigung zur Gastfreundschaft, und damit die Erinnerung daran leicht erhalten werden könnte, drang er darauf, ihm ein Heiligthum zu schaffen, wie auch, daß seine Gastfreunde jährliche Feste veranstalten möchten. Auf diese Weise hat er durch alle Länder die Verehrung seines Namens angeregt. Wann die eben Genannten aber gelebt haben, kann leicht ermittelt werden, da ja Thallus in seiner Geschichte berichtet, daß Belus, der König der Assyrier, der Zeitgenosse und Freund des Saturnus, der auch von den Babyloniern verehrt wird, dreihundertzweiundzwanzig Jahre vor dem trojanischen Kriege gelebt habe; und seit der Einnahme Trojas sind jetzt tausendvierhundertsiebenzig Jahre verflossen. Daraus geht klar hervor, daß das Menschengeschlecht erst seit tausendachthundert Jahren durch Einführung des neuen Götterdienstes in Irrthum gestürzt ist.

25. Über das goldene Zeitalter, Prometheus, die von ihm gefertigten Figuren.

Mit Recht sagen daher die Dichter, daß das Jahrhundert, welches unter der Regierung des Saturnus gewesen, verwandelt worden sei. Damals wurden nicht mehrere Götter[2]

---

1) Vergil. Aeneis VII, 136.
2) Ueber das Entstehen des Polytheismus verbreitet sich Euse-

verehrt, man kannte nur einen einzigen Gott. Nachdem sie sich dem Irdischen und Vergänglichen hingegeben hatten, verehrten sie Bildnisse von Holz, Erz und Stein; so wurde das goldene Zeitalter in's eiserne verwandelt. Nachdem so die Kenntniß des **einen** Gottes verschwunden und das **eine** Band der menschlichen Gesellschaft zerrissen war, fingen sie an, sich gegenseitig auszuplündern und sich zu bekriegen. Wenn sie aber ihre Augen zum Himmel hätten erheben und wenn sie auf den einzigen Gott, der sie zum Anblicke des Himmels und seiner selbst angeregt hat, hätten hinblicken wollen, so hätten sie niemals in Erniebrigung sich niedergebeugt, um irdische Dinge anzubeten, weßhalb Lukretius[1]) ihnen ihre Thorheit zum schweren Vorwurfe macht mit den Worten: „Sie erniebrigen ihre Seelen aus Furcht vor Götzen, und die Gedrückten beugen sie nieder zur Erde." Und Das thun sie, ohne zu wissen, wie thöricht es sei, Das zu fürchten, was man gemacht hat, davon irgend welchen Schutz zu erwarten, was ohne Sprache und Wahrnehmung ist und somit den Schutzflehenden weder sehen noch hören kann. Was kann das für eine Majestät und göttliche Macht haben, wovon es in der Macht des Menschen lag, daß es nicht wurde, oder daß es etwas Anderes wurde, und es ist ja auch jetzt noch (in dessen Macht)! Denn (die Götzenbilder) können sowohl zertrümmert als auch durch Diebstahl entwendet werden, wenn sie nicht das Gesetz oder menschliche Bewachung sicher stellt. Kann wohl seines Verstandes mächtig erscheinen, der solchen die besten Opfer schlachtet, Gaben weiht und kostbare Kleider schenkt, gleich als wenn sie dergleichen gebrauchen könnten, obschon sie sich auch nicht bewegen können? Deßhalb hat auch Dionysius,[2])

---

bius praep. evangel. I, 9; er sagt, daß derselbe sich von den Aegyptiern und Phöniziern auf die Griechen übertragen habe.

1) Lukretius, gest. um 50 v. Chr., schrieb ein Gedicht de rerum natura. Quintilian 10, 87 nennt ihn difficilis; Ausgaben von Forbiger und Bernays; Leipzig, Teubner.

2) Dieser Dionysius war der Aeltere; siehe Justinus lib. 20 und 21.

Tyrann von Sizilien, nach der siegreichen Eroberung Griechenlands mit Recht die griechischen Götter unter Verhöhnung ausgeplündert, und nach den an den Heiligthümern verübten Plünderungen kam er durch glückliche Fahrt nach Sizilien zurück und behauptete die Herrschaft bis zum Greisenalter. Die zertrümmerten Götzen haben ihn nicht bestrafen können. Um so besser ist es, das Eitele zu verachten und zu dem einzigen Gott sich zu wenden, wie auch die von ihm erhaltene Stellung und den Namen in's Auge zu fassen. Deßhalb wird der Mensch nämlich „Anthropos" [1]) (der Aufschauende) genannt, weil er in die Höhe blickt. Es blickt aber in die Höhe Der, welcher den wahren und lebendigen Gott, der im Himmel ist, mit Ehrfurcht anschaut, der sich zu dem Schöpfer und Urheber seiner Seele nicht bloß durch Wahrnehmung und Denken, sondern auch mit dem Antlitze und erhobenen Augen erhebt. Wer aber dem Irdischen und Vergänglichen sich hinwirft, stellt Das, was unter ihm ist, noch höher als sich. Denn da der Mensch selbst Gottes Werk ist, ein Bildniß aber Menschenwerk ist, so kann das menschliche Werk dem Göttlichen nicht vorgezogen werden; wie Gott der Urheber des Menschen ist, so ist der Mensch der des Bildes. Daher ist Der thöricht und unsinnig, welcher Das anbetet, was er mit seinen Händen gemacht hat. Prometheus, der Sohn des Japetus, des Oheims des Jupiter, ist Urheber dieses so verderblichen und närrischen Kunstbetriebes. Als nämlich Jupiter nach gewaltsamem Ansichreissen der höchsten Herrschaft wie Gott verehrt sein wollte, deßgleichen, daß ihm Tempel erbaut würden, so suchte er Jemanden, der eine menschliche Figur darstellen könnte, und es ist damals Prometheus[2]) aufgetre-

---

1) Das Wort ἄνθρωπος leitet Eduardus zu II, 1 von ἄνω ἀθρῶν ὄπι ab, das heißt: mit dem Antlitze aufwärts schauend.
2) Prometheus, Sohn des Japetus und der Klymene, verschaffte den Menschen das Feuer; Horat. Od. 3: Audax Iapeti genus ignem fraude mala gentibus intulit. Aeschylus Prometh. 10. Dafür wurde er zur Strafe angenagelt, und ein Adler fraß

ten, welcher aus weichem Lehm ein Menschenbild machte und zwar so ähnlich, daß das neue und vollendete Kunstwerk als ein Wunder betrachtet wurde. Endlich haben die Menschen seiner Zeit und nachher die Dichter überliefert, daß jene wahrhaft lebende Menschen machen könne. Und wir loben noch so oft die mit Kunst verfertigten Bilder und sagen, daß sie leben. Dieser nun ist in genannter Weise der Urheber der aus Erde gemachten Bilder gewesen. Die ihm folgenden Nachkommen aber meißelten schon solche aus Marmor und gossen sie aus Erz. Im Verlaufe der Zeit kam später die Ausschmückung von Gold und Elfenbein hinzu, so daß nicht bloß die Ähnlichkeit, sondern auch der Glanz noch die Augen der Menschen blendete. So vergaßen sie, durch Schönheit verlockt, die wahre Majestät, und es sind Die, welche Wahrnehmung, Vernunft und Leben haben, zu dem Glauben gekommen, daß das Empfindungslose, Vernunft- und Lebenslose angebetet werden müsse.

26. Über die Verehrung der Elemente und Gestirne.

Jetzt wollen wir auch Diejenigen widerlegen, welche die Elemente der Welt wie Götter verehren, nämlich den Himmel, die Sonne und den Mond; Diese nämlich erkennen den Schöpfer derselben nicht, bewundern aber die Werke und beten sie an. In diesem Irrthum befinden sich nicht bloß Unerfahrene, sondern auch Philosophen, da ja die Stoiker meinen, daß sämmtliche Himmelskörper den Göttern beizuzählen seien, weil sie bestimmte und vernünftige Bewegung haben, wodurch sie den Wechsel der sich nachfolgenden Zei-

---

ihm täglich die Leber ab. Herkules befreite ihn. Daß er auch Menschenbildner gewesen, sagt Horatius Ode 16; Apollodor I, 7, 1; Ovid Met. 1, 81; Hesiod opera et dies v. 61. Ausführlich spricht davon Lucian im „Prometheus".

ten auf das regelmäßigste erhalten. Diese haben aber deßhalb keine Bewegung nach freier Bestimmung, da sie sich vorgeschriebenen Gesetzen unterwerfen, und sicherlich nicht auf eigene Wahrnehmung hin, sondern nach der Einrichtung des höchsten Schöpfers, welcher jene so eingerichtet hat, daß sie nicht zu verfehlende Bahnen und bestimmte Räume durchlaufen sollten, damit sie dadurch den Wechsel von Tag und Nacht, von Sommer und Winter zu Stande brächten. Wenn sie nun ihre Wirkungen, ihre Wanderungen, Klarheit, Regelmäßigkeit und Schönheit bewundern, hätten sie erkennen müssen, daß viel schöner, herrlicher und mächtiger der Gründer und Erschaffer, Gott, sein müsse als sie selbst. Aber Jene schätzten das göttliche Wesen nach menschlichen Wahrnehmungen, daß Das weder ewig sein könne, was geschaut werden kann, noch auch daß man mit menschlichen Augen erfassen könne, was ewig ist.

27. Über die Erschaffung des Menschen, dessen Sünde und Strafe, die Engel.

Da es sich nach dem Berichte der Geschichtschreiber oft ereignet, daß die heidnischen Götter ihre Majestät durch Vorbedeutungen, Traumgesichte, durch Orakel, ferner noch durch Strafen an Denjenigen, die Frevel an ihren Heiligthümern begangen haben, offenbart zu haben scheinen, so bleibt uns zum Schlusse das Eine noch übrig nachzuweisen, welche Ursache Das bewirkt habe, damit Keiner auch jetzt noch in dieselben Schlingen stürze, in welche die Alten hineingerathen sind. Da Gott, gemäß der Kraft seiner Majestät, die Welt aus Nichts erschaffen und da er den Himmel mit Lichtkörpern geschmückt, die Erde und das Meer aber mit lebenden Wesen besetzt hatte, da bildete er den Menschen aus Lehm nach dem Bilde[1] seiner Ähnlich-

---

[1] Siehe Genesis II, 7: Formavit igitur Dominus Deus hominem de limo terrae; vgl. II. Kor. 8; Kol. 4; Ephes. 4.

keit und hauchte ihm das Leben ein; er wies ihm das Paradies, welches er mit allen Gattungen von Fruchtbäumen bepflanzt hatte, zum Wohnsitze an und befahl ihm, von einem Baume, dem der Erkenntniß des Guten und des Bösen, nicht zu essen; denn er würde, fügte er drohend bei, sterben müssen, wenn er Das gethan hätte; wenn er aber das Gebot hielte, würde er unsterblich fortleben. Damals beneidete die Schlange, welche eine von den Dienern Gottes war, den Menschen, weil er unsterblich erschaffen sei; sie verlockte ihn durch List, daß er Gottes Befehl und Gesetz übertrat. Und so erlangte er freilich die Erkenntniß des Guten und des Bösen, aber das Leben, welches Gott ihm als ein unsterbliches verliehen, verlor er. Deßhalb entfernte Gott den Sünder aus dem heiligen Orte und band ihn auf diese Erde, daß er sich durch Arbeit Nahrung verschaffte, daß er Beschwerden und Leiden zum Verdienste ertrüge; das Paradies selbst umgab er mit einem Feuerwalle, damit kein Mensch bis zum Tage des Gerichtes zu jenem Orte der ewigen Glückseligkeit vorzudringen wagte. Alsdann folgte der Tod als Strafe für die Menschen nach Gottes Ausspruch; indessen dehnte er ihm doch die Lebenszeit, welche auch der Zeit nach beschränkt war, auf tausend Jahre aus: das blieb die Dauer des menschlichen Lebens bis zur Zeit der Sündfluth. Nach der Sündfluth nämlich ist es verkürzt und bis auf hundertzwanzig herabgesetzt worden; jene Schlange aber, welche nach ihren Thaten Anschuldiger und Anzeiger genannt wurde, die Nachkommenschaft des Menschen, die er von Anfang an betrogen hatte, zu verfolgen. So hat er Den, welcher zuerst auf der Erde erzeugt worden, mit Neid erfüllt und zur Ermordung des Bruders ausgerüstet, damit er von den zwei Erstgeborenen den einen vertilge, den anderen zum Brudermörder mache. Hernach aber ließ er noch nicht ab, bei den einzelnen Nachkömmlingen in die Herzen das Gift der Bosheit einzupflanzen, sie zu verderben und schlecht zu machen, so daß er sie schließlich mit so großen Lastern bedeckte, daß ein Beispiel von Gerechtigkeit eine Seltenheit war und die Menschen wie die Thiere lebten. Als Gott Das sah, schickte er seine Engel, daß sie um das Leben der Menschen Sorge trügen und sie vor jedem Übel schützten. Diesen gab er auch den Auftrag, daß sie sich von allem Irdischen enthalten sollten, damit sie sich mit keiner Makel befleckten, wodurch sie die Engelswürde verlieren würden. Aber eben diese hat jener selbe listige Anschuldiger auch während ihres Verweilens bei den Menschen zu sinnlichen Freuden verlockt, so daß sie sich mit Weibern versündigten.[1]) Sodann wurden sie durch Gottes Ausspruch verurtheilt und wegen ihrer Sünden verworfen; auch verloren sie ihren Namen, Stand und wesentliche (übernatürliche) Gaben. So wurden sie Trabanten des Teufels, und um Trost in ihrem Verderben zu finden, verlegten sie sich darauf, die Menschen, zu deren Schutz sie gekommen waren, zu verderben.

28. Über die bösen Geister und ihre schlechten Werke.

Diese sind die bösen Geister, über welche die Dichter

---

1) Die irrige Auffassung, welcher Laktantius hier huldigt, daß sich nämlich Engel mit Weibern sollen versündigt haben, beruht auf falscher Erklärung von Genesis 6, 1—4: „Es sahen die Kinder Gottes die Töchter der Menschen und nahmen sie beliebig zu Weibern." Der Ausdruck „Kinder Gottes" (Bne-Elohim) wurde als Söhne Gottes (Engel) falsch aufgefaßt von Josephus, Philo, Justin, Athenagoras, Tatian, Clemens von Alexandrien und in der letzten Zeit von Kurtz, Geschichte des alten Bundes, 1., 2. u. 3. Auflage. Dieser Auffassung schloß sich in der Uebersetzung von Rohrbachers Kirchengeschichte, Bd. I, 124, der gelehrte Uebersetzer Hülskamp an; er fügt aber hinzu: Wir wünschen gewiß Nichts sehnlicher, als durch eine gründliche Darlegung eines Besseren belehrt zu werden, daß nämlich die Kinder Gottes fromme Sethiten gewesen seien. Diese Aufgabe hat Scholz (Die Ehen der Söhne Gottes; Regensburg, Manz, 1865) gut gelöst, so daß Hülskamp (Lit. Handweiser S. 57) sagt: Sie hat mich von der stets gewünschten Rettbarkeit der Sethiten-Deutung zuerst überzeugt.

oft in ihren Gedichten sprechen, und welche Hesiod¹) Wächter
der Menschen nennt. Denn sie haben den Menschen durch
Verlockungen und falsche Vorspiegelungen zugesetzt, daß sie
glaubten, daß auch sie Götter seien. Ja sogar Sokrates²)
lehrte öffentlich, daß er von seiner ersten Kindheit an als
Wächter und Führer seines Lebens einen Schutzgeist gehabt
habe, ohne dessen Willen und Wink er Nichts thun könne.
Sie halten sich also bei einzelnen (Menschen) auf und unter den Namen Schutz- oder Hausgötter wohnen sie in den
Häusern. Diesen werden Heiligthümer errichtet, täglich
Opfer gespendet wie auch den Heerdgöttern, denen als Ab-
wendern der Übel Ehre erzeigt wird. Diese haben von Anfang an neue Religionsgebräuche und Götterverehrungen
eingeführt, um die Menschen von der Kenntniß des wahren
Gottes abzuziehen. Diese haben gelehrt, das Andenken an
die verstorbenen Könige heilig zu halten, ihnen Tempel zu
bauen und Statuen zu errichten; nicht um die Ehre Gottes zu vermindern oder die ihrige, die sie durch die Sünde
verloren hatten, zu vermehren, sondern um den Menschen
das (übernatürliche) Leben zu rauben und ihnen die Hoffnung der wahren Erleuchtung zu nehmen, auf daß sie nicht
zum Lohne der Unsterblichkeit im Himmel, woher jene selbst
herabgestürzt waren, gelangen möchten. Ebendieselben haben auch die Sterndeutung, Zeichendeutung und Wahrsager-
kunst gelehrt, aber, obgleich diese an sich Täuschung sind, so
werden sie doch von ihnen, den Urhebern der Übel, so geleitet und gelenkt, daß sie für wahr gelten. Dieselben haben auch noch die Blendwerke der Zauberkunst erfunden,
um die Augen zu blenden. Durch ihren Zauberhauch geschieht es, so daß Das, was vorhanden ist, nicht zu sein
und Das, was nicht vorhanden ist, wirklich zu sein scheint.
Auch erfanden sie die Todtenbeschwörungen, Würfeln mit
Loosen und die Orakel, so daß sie denkende Menschen durch

---

1) Hesiod, Werke und Tage, V. 122.
2) Siehe Xenophons Memorabilien, 1. B. 1. Kap.

zweideutig (in Aussicht gestellte) Ausgänge zum Besten halten, wenn die Weissagung gelogen hatte. In den Tempeln und bei allen Opfern waren sie gegenwärtig, und durch Veranstaltung von einigen falschen Wundererscheinungen, welche die Anwesenden als ein wirkliches Wunder nehmen, umgarnen sie so die Menschen, daß sie glauben, in den Statuen und Bildern wohne die Gottheit. Als raumlose Geister schleichen sie in die Körper, und nach Beschädigung der Körpertheile erwecken sie Krankheiten, welche sie hernach, durch Opfer und Gelöbnisse versöhnt, beseitigen. Sie schicken Traumgesichte, entweder voll von schrecklichen Bildern, damit sie selbst zu Rathe gezogen werden, oder damit, wenn der Ausgang sich als wahr erweise, sie ihre Verehrung vermehren. Zuweilen üben sie gegen Die, welche an ihren Heiligthümern gefrevelt, Rache aus, damit Jeder, der es sieht, noch furchtsamer und ängstlicher werde. So haben sie das Menschengeschlecht in Finsterniß gehüllt durch ihre Betrügereien, damit nach Unterdrückung der Wahrheit der Name des höchsten und einzigen Gottes in Vergessenheit käme.

29. Über Gottes Zulassung des Bösen, daß Gutes daraus folge.

Aber, möchte Einer sagen, warum läßt der wahre Gott Das geschehen, oder vielmehr warum schafft er die Bösen nicht weg oder vernichtet sie? Warum hat er den ersten bösen Geist[1]) in's Dasein gerufen zu dem Zwecke, um Alles

---

1) Laktantius ist wegen dieser und ähnlicher Ausdrücke der Häresie, daß er Gott zum Urheber des Bösen mache, verdächtigt worden; allein seine sonstigen Auslassungen lib. I, 11, die Wörter (Gnade und Freiheit S. 478) erörtert hat, lassen solchen Verdacht nicht zu. Laktantius will also hier mehr das Zulassen Gottes bezüglich der bösen Engel und Menschen betont haben. Die heilige Schrift hat ja selbst so scharfe Ausdrücke, z. B. Is. 45, 7: „Ego sum Dominus faciens pacem et creans malum;"

zu verberben und zu Grunde zu richten? Ich werde kurz sagen, warum er das Dasein eines solchen gewollt habe. Ich frage, ist die Tugend etwas Gutes oder etwas Böses? Es läßt sich nicht läugnen, daß sie etwas Gutes ist. Wenn die Tugend etwas Gutes ist, so ist vielmehr als Gegensatz das Laster etwas Böses. Wenn das Laster daher etwas Böses ist, weil es die Tugend bekämpft, und die Tugend etwas Gutes ist, weil sie das Laster niederdrückt, so kann Tugend ohne Laster nicht bestehen. Und wenn du das Laster wirst weggenommen haben, so werden auch die Verdienste der Tugend beseitigt. Darum kann auch gar kein Sieg ohne Feind errungen werden. So kömmt es, daß das Gute ohne Böses nicht sein kann. Dieses hat auch Chrysippus,[1]) ein Mann von

---

Amos 3, 6: „Si erit malum in civitate, quod Dominus non fecerit?"

[1]) Diese Stelle des Stoikers Chrysippus, welche uns A. Gellius in den „attischen Nächten" überliefert hat, ist im Gellius selbst zum Theil verloren gegangen und später nach Auffindung der Handschrift des Laktantius aus derselben ergänzt worden. Selbst die Zweibrücker Ausgabe des Gellius von 1784 ist noch ohne Ergänzung. Dieser Umstand veranlaßte die commentatio de locis Gellii noctes Attic. lib. VI. cap. 1 et Lactantii epitome c. 29, Meißen 1827, von Kreyßig. Dieser Gelehrte hat den ganzen Passus kritisch festgestellt und namentlich das Fragezeichen nach: Proinde, inquit, homines stulti, cur — — et non sit mendacium? welches merkwürdiger Weise in allen Ausgaben des Laktantius — mit einziger Ausnahme der Oberthür'schen — fehlt, ohne welches kein Sinn herauszubringen ist. Das hier citirte Werk über die Vorsehung ist von Diogenes Laertius, der lib. VII, 7 an siebenhundertfünf Werke von Chrysippus aufzählt, nicht erwähnt. Wer sich näher über diesen zweiten Nachfolger des Stifters der stoischen Schule, Zenon, unterrichten will, nehme die gehaltvolle gekrönte Preisschrift von Baguet (vor Kurzem als Sekretär der katholischen Universität Löwen gestorben): De Chrysippi vita, doctrina et reliquiis (Löwen 1822). In wie weit nun Laktantius die Darlegung des Chrysippus zu der seinigen macht, denkt er sich die

scharfem Geiste, in der Abhandlung über die Vorsehung eingesehen; er hat Diejenigen ihrer Thorheit wegen stark getadelt, welche glauben, daß das Gute zwar von Gott bewirkt worden sei, ihm aber das Böse absprechen. Dessen Ansicht hat Gellius in den Büchern „attische Nächte" auseinander gesetzt mit den Worten: Welchen die Welt nicht Gottes und der Menschen wegen geschaffen zu sein scheint, noch auch, daß die menschlichen Angelegenheiten durch die Vorsehung regiert werden, die glauben einen wichtigen Grund anzuführen, wenn sie sagen: Wenn es eine Vorsehung gäbe, würden keine Übel sein. Nichts nämlich stimme weniger, sagen sie, mit der Vorsehung überein, als, daß in dieser Welt, welche Gott der Menschen wegen gemacht haben soll, eine überaus große Anzahl von Leiden und Übeln sei. Hierauf entgegnete indeß Chrysippus im vierten Buche über die Vorsehung: Nichts ist ungereimter als die Behauptung Jener, welche meinen, daß es Gutes habe geben können, ohne daß es zu gleicher Zeit Böses (Übel) gäbe. Denn da das Gute dem Bösen entgegengesetzt ist, so muß nothwendig Beides sich gegenüberstehen und kann nur bestehen, wenn es sich gegenseitig einander stützt. Somit gibt es keinen Gegensatz, ohne daß Eins dem Andern entgegensteht. Wie könnte man einen Begriff von Gerechtigkeit haben, wenn es keine Ungerechtigkeiten gäbe, oder was ist Gerechtigkeit anders als das Fernsein der Ungerechtigkeit? Wie könnte man das Wesen der Tapferkeit anders erkennen als durch den Gegensatz der Feigheit? desgleichen, was Enthaltsamkeit sei, wenn nicht aus der Unenthaltsamkeit? Wie würde ebenso die Klugheit erklärt, wenn nicht als Gegensatz die Unklugheit da wäre? Warum, sagt er, verlangen demnach die thörichten Menschen nicht auch, daß die Wahrheit existire,

---

Menschheit in statu naturae lapsae, bei welcher nach Jesu Christi Wort das Unkraut unter dem Weizen fortwächst, und wo Aergernisse kommen müssen; Matth. Kap. 13 u. 18.

dagegen die Lüge nicht existire?¹) Denn gerade so findet sich Gutes und Böses, Glück und Unglück, Freude und Schmerz neben einander. Ist ja das Eine, wie Plato²) sagt, mit dem Anderen verbunden, obschon der Ausgangspunkt (vertex) entgegengesetzt ist; hebst du Eines auf, so hast du Beides beseitigt. Du siehst also, was ich oft bemerkt habe, daß das Gute so mit dem Bösen verknüpft ist, daß das eine ohne das andere nicht bestehen kann. Daher hat also mit größter Überlegung Gott im Bösen die Veranlassung zur Tugend niedergelegt, und Das hat er deßhalb gethan, um uns den Wettkampf zu schaffen, in welchem er die Sieger mit dem Lohne der Unsterblichkeit krönen wollte.

30. Über die falsche Weisheit.

Ich glaube nun, bewiesen zu haben, daß die Verehrung vieler Götter nicht nur gottlos, sondern auch unsinnig sei, theils weil sie Menschen gewesen sind, deren Andenken nach dem Tode heilig gehalten wurde, theils weil sie empfindungslose und taube Naturen sind, die ja von Erde gemacht worden; ebenso zeigte ich, daß der Mensch, der seinen Blick zum Himmel richten soll, sich nicht dem Irdischen unterwerfen dürfe, eben weil die Geister, welche die Religionen beherrschen, frevelhaft und unrein sind und deßhalb durch Got-

---

1) Die Frage: „Warum verlangen die thörichten Menschen ꝛc." bezieht sich auf den Anfang des Kapitels; es sind Jene, die nichts Böses zulassen wollen; dann müßten sie auch die Lüge, die doch stets vorkommt, wegwünschen. Wäre dieser Satz die direkte Fortsetzung des letzten, dann müßte er so heißen: Sind deßhalb die Menschen nicht thöricht, daß sie die Wahrheit ersehen, aber nicht die Lüge? Ohne Fragezeichen ist mir ein Sinn unerfindlich, und doch haben die gelehrten Philologen Das bis jetzt nicht entdeckt; leider hat auch Kreyßig a. a. O. für die Aufklärung dieses Satzes Nichts gethan.
2) Plato's Phädo Bd. I. S. 186 ed. Bib. ὡς ἄτοπον — τὸ ἡδύ.

tes Entscheidung verurtheilt auf die Erde gestürzt sind, und daß es frevelhaft sei, sich in die Botmäßigkeit Derer zu geben, welche man weit überragt, wenn man dem wahren Gotte folgen will. Es erübrigt nun noch, daß wir, da wir über die falsche Religion gesprochen haben, eine Auseinandersetzung geben aus der Philosophie, welche die Philosophen öffentlich lehren. Diese sind zwar mit großer Gelehrsamkeit und Beredsamkeit ausgerüstet, indessen aber weit von der Wahrheit entfernt, weil sie weder Gott noch die Weisheit Gottes erkannt haben. Obgleich diese spitzfindig und beredt sind, so werde ich doch keine Bedenken tragen, weil ihre Weisheit eine menschliche ist, auch mit diesen den Kampf zu übernehmen, damit es klar einleuchte, daß die Wahrheit die Lüge, das Himmlische das Irdische leicht überwinden könne. Den Begriff der Philosophie erklären sie also: „Sie ist die Liebe zur Weisheit oder das Streben nach derselben." Also ist sie selbst die Weisheit nicht, weil nothwendig Das, was liebt, etwas Anderes sein muß als Das, was geliebt wird. Wenn sie also das Suchen der Weisheit ist, dann ist ja in dieser Beziehung die Philosophie nicht einmal Weisheit. Weisheit nämlich ist Das gerade, was gesucht wird, das Streben aber, was sucht. Also beweist der Begriff oder die Erklärung ihres Namens deutlich, daß die Philosophie die Weisheit nicht selbst sei. Ja ich möchte Das nicht einmal eine Erforschung der Weisheit nennen, wodurch man sich der Weisheit befleissigt. Wer möchte als ein Solcher gelten wollen, daß er sich um Etwas bemühte, was er auf keine Weise erreichen kann? Wer sich der Arzneikunde widmet oder der Sprachlehre oder der Rednerkunst, kann ein Erforscher der Kunst, welche er lernt, genannt werden. Sobald er sie aber gelernt hat, wird er auch gleich Arzt, Sprachlehrer, Redner genannt. So hätten auch die Erforscher der Weisheit, nachdem sie sie gelernt hätten, weise genannt werden müssen. Da sie aber, so lange sie leben, nach Weisheit Strebende genannt werden, so ist klar, daß ihre Bemühung kein wahres Studium sei, weil man durch daſſelbe das Erſtrebte nicht erreichen kann,¹) wenn nicht allenfalls Diejenigen, welche ſich bis zum Ende des Lebens bemühen, weiſe zu werden, in der Unterwelt als Weiſe gelten werden. Jedes Studium aber hat ein Ziel im Auge. Alſo iſt das kein richtiges Studium, welches kein Ziel erreicht.

31. Über Wiſſen und Muthmaßen.

Außerdem gibt es zwei Dinge, welche zur Philoſophie zu gehören ſcheinen, nämlich das Wiſſen und Muthmaßen. Wenn dieſe weggenommen werden ſollten, ſtürzt die ganze Philoſophie zuſammen. Und doch haben gerade die erſten der Philoſophen Beides der Philoſophie abgeſprochen. Sokrates hat das Wiſſen, Zeno das Muthmaßen beſeitigt. Ob mit Recht, wollen wir jetzt ſehen. Die Weisheit iſt nach Cicero's Erklärung die Wiſſenſchaft von göttlichen und menſchlichen Dingen. Wenn dieſe Erklärung richtig iſt, wird die Weisheit dem Menſchen nicht zu Theil. Wer nämlich von den Sterblichen könnte ſich anmaßen, zu erklären, die Wiſſenſchaft von den menſchlichen und göttlichen Dingen zu beſitzen? Die menſchlichen Dinge übergehe ich; wenn dieſe auch mit den göttlichen in Verbindung ſtehen, ſo wollen wir dennoch einräumen, daß der Menſch ſie wiſſen könne, weil ſie ſich ganz auf den Menſchen beziehen. Die göttlichen kann er durch ſich nicht wiſſen, weil er Menſch iſt; wer ſie aber weiß, muß nothwendig göttlich und deßhalb auch Gott ſein. Der Menſch aber iſt weder göttlich noch Gott; daher kann der Menſch die göttlichen Dinge durch ſich nicht wiſſen. Keiner iſt alſo weiſe als Gott oder we-

---

1) Lactantius hat hier wohl etwas zu ſtark das Nichtige des Studiums der Philoſophie nachzuweiſen geſucht; ſiehe Rößler, Bibliothek der Kirchenväter, 3. Theil, S. 373 u. ff.

nigstens der Mensch, den Gott belehrt hat.¹) Jene aber, die weder Götter noch von Gott belehrt sind, können deßhalb nicht Weise, das heißt Kenner der göttlichen und menschlichen Dinge genannt werden. Daher ist mit Recht von Sokrates und von den Akademikern das Wissen abgesprochen worden. Das Muthmaßen schickt sich auch nicht für einen Weisen. Denn Jeder muthmaßt Das, was er nicht weiß. Daß du aber muthmaßest, Das zu wissen, was du nicht weißt, ist Verwegenheit und Thorheit. Ganz richtig ist deßhalb das Muthmaßen von Zeno (der Philosophie) abgesprochen worden. Wenn es also beim Menschen kein Wissen gibt, das Muthmaßen aber nicht stattfinden soll, so ist die Philosophie von Grund aus vernichtet.

32. Über die verschiedenen Philosophenschulen und deren Widersprüche.

Hiezu kommt noch, daß sie (die Philosophie) gar nicht übereinstimmt, sondern in Schulen zerspaltet und in viele abweichende Meinungen auseinandergehend keinen festen Standpunkt hat. Da nämlich jede Schule für sich alle übrigen bekämpft und zu Grunde zu richten sucht und keine unter ihnen ist, die nicht nach dem Urtheile der anderen der Thorheit geziehen würde, so wird ganz bestimmt bei der Uneinigkeit unter den Gliedern der ganze Körper der Philosophie zum Untergange gebracht. Deßhalb ist später die Akademie entstanden. Denn da die Gründer dieser Schule sahen, daß alle Philosophie beim gegenseitigen Bekämpfen der Philosophen vernichtet sei, so übernahmen sie den Krieg gegen Alle, um Allen Alles umzustürzen, während sie selbst nur das Eine behaupteten, daß man Nichts wissen könne. Nachdem sie nun so das Wissen abgesprochen hatten, rich-

---

1) Pf. 93, 12: Beatus homo, quem tu erudieris, Domine, et de lege tua docueris eum. Glücklich der Mensch, den du schulest, o Herr, aus deinen Satzungen belehrest.

teten sie die alte Philosophie zu Grunde. Diese nun aber, da sie das Nichtwissen öffentlich kund thaten,[1] behielten nicht einmal den Namen der Philosophen mehr bei, weil Nichts zu wissen nicht nur nicht[2] einem Philosophen, sondern nicht einmal einem gewöhnlichen Menschen angemessen ist. So mußten sich die Philosophen, weil sie keinen festen Halt hatten, durch gegenseitige Wunden vernichten und sogar die ganze Philosophie durch ihre eigenen Waffen sich aufreiben und um's Dasein bringen. Aber ist denn allein die Körperlehre (Physik) ohne festen Halt? Wie steht es mit ihrer Sittenlehre? Ruht sie auf einem sicheren Fundamente? Wir wollen sehen, ob die Philosophen wenigstens in dieser Beziehung, wo es sich um den Beruf des Lebens handelt, übereinstimmen.

33. Untersuchung über das höchste Gut[3] des Menschen.

Nun haben wir zu untersuchen, was im Leben das höchste Gut ist, damit darnach das ganze Leben und unsere Handlungen eingerichtet werden. Indem wir nun eine Untersuchung anstellen über das höchste Gut, müssen wir ein solches aufstellen, das sich erstens nur allein auf den Menschen und zwar ganz besonders auf dessen Seele bezieht und

---

1) Als einen solchen öffentlichen Nichtswisser nennt Cicero Academ. post. I, 12, 45 den Arcesilas: itaque Arcesilas negabat esse quidquam, quod sciri posset etc. Auch Metrodorus aus Chios hat gelehrt: Οὐδὲν ἴσμεν etc.; siehe Diog. Laertius IX, 58.

2) „Nicht nur nicht" heißt im Texte bloß „non modo"; das ist häufig bei Cicero und Cäsar der Fall; siehe bell. gall. III, 4 am Ende und Muret. variae lectiones X, 7.

3) Ueber dieses Kapitel ist überhaupt zu vergleichen: Cicero Acad. priora II, 42, de finibus II, 6, 19, Tuscul. V, 30, de off 3, 119 und Augustinus de civ. dei XIX, 1; Clemens v. Alex. Strom. II.

auch nur durch Tugend erstrebt wird. Daher wollen wir sehen, ob das höchste Gut, das die Philosophen feststellen, so sei, daß es sich nicht auf das stumme Thier bezieht, noch auch auf den Körper, und daß es nicht ohne Tugend erlangt werden kann. Aristippus,[1]) Gründer der chrenäischen Schule, ist, weil er als höchstes Gut die Lust des Körpers erklärt hat, aus der Reihe der Philosophen und aus der menschlichen Gesellschaft auszuweisen, weil er sich zum Thiere herabgewürdigt hat. Nach Hieronymus[2]) ist das höchste Gut, ohne Schmerzen zu sein, nach Diodorus[3]) das Aufhören des Schmerzes. Aber die übrigen lebenden Wesen fliehen den Schmerz, und wenn sie keinen Schmerz empfinden oder aufhören, Schmerz zu haben, freuen sie sich. Was wird dann dem Menschen für ein Vorzug eingeräumt, wenn man sein höchstes Gut mit dem der Thiere gemeinsam hält? Zeno[4]) glaubte, daß das höchste Gut sei, der Natur gemäß zu leben. Aber diese Erklärung ist zu allgemein. Denn alle lebenden Wesen leben der Natur gemäß, und ein jedes hat seine eigene Natur. Epikurus hat behauptet, daß die Lust der Seele das höchste Gut sei. Was ist aber die Belustigung der Seele anders als Freude, wodurch die Seele sich meistens übermäßig ergötzt und sich belustigt, sei es mit Spiel oder mit Lachen? Aber auch dieses Gut kömmt den stummen Thieren zu, die ja, wenn sie satt sind, sich in Freude

---

1) Aristipp war ein Schüler des Sokrates aus Cyrene, wo er später lehrte, darum chrenäische Schule. Laktantius nennt ihn III, 7 einen unfläthigen Hund 2c.

2) Hieronymus von Rhodus, ein Schüler des Aristoteles, lebte unter Ptolemäus Philalethes; er schrieb ὑπομνήματα ἱστορικά und περὶ μέθης; Athenaeus lib. 12.

3) Diodorus von Tyrus, Schüler und Nachfolger des Critolaus. Nach Cic. de oratore lebte er noch 110 v. Chr.; vgl. Clemens v. Alex. II, 415.

4) Zeno aus Citium auf Cypern gründete die stoische Schule um 300 v. Chr.

und Muthwillen ergeben. Dinomachus und Kalliphon¹) haben es als ehrbares Vergnügen anerkannt; aber entweder sagten sie Dasselbe wie Epikur, vorausgesetzt, daß die Belustigung des Körpers unehrbar ist, oder wenn sie die Belustigungen des Körpers theils schändlich theils ehrenvoll hielten, so besteht darin nicht das höchste Gut, weil es dem Körper zugeschrieben wird. Die Peripatetiker setzen das höchste Gut aus Gütern der Seele, des Körpers und des Glückes zusammen. Die Güter der Seele kann man schon gelten lassen. Aber wenn sie Hilfe nöthig haben, um das Glück voll zu machen, so sind sie ja wahrlich ohne Kraft; die Güter des Körpers und des Glückes sind nicht in des Menschen Macht, und nicht ist Jenes das höchste Gut, was entweder dem Körper oder Dem, was sich ausserhalb desselben befindet, zugeschrieben wird, weil dieses doppelte Gut sich auf die Thiere bezieht, die das Bedürfniß haben, gesund zu sein, um an Nahrung keinen Mangel zu haben. Man glaubt, daß die Stoiker etwas bessere Erkenntniß gehabt haben, indem sie die Tugend als das höchste Gut erklärt haben. Aber Tugend kann das höchste Gut nicht sein, da sie ja als Dulderin von Leiden und Mühen an sich nichts Gutes ist, sondern das höchste Gut bewirken und bewerkstelligen muß, weil man zu ihm ohne sehr große Mühe und Anstrengung nicht gelangen kann. Aber Aristoteles entfernte sich wahrlich vom vernünftigen Denken, wenn er Ehrbarkeit und Tugend zusammenstellte, als wenn die Tugend jemals entweder von der Ehrbarkeit getrennt oder mit Schändlichkeit verbunden werden könne. Erhllus²)

---

1) Die Lebenszeit dieser Beiden läßt sich nicht genau bestimmen; Cicero führt sie an: Tuscul. 5, 30, de off. 13 am Schlusse; vgl. Clemens v. Alex. Strom. II, 128.

2) Erillus (Pyrrhonius) aus Karthago war Schüler des Zeno. Neben dem Wissen als höchstes Prinzip hatte er noch ein zweites (ὑποτελίς) für das praktische Leben, wonach die nicht Weisen streben; siehe Cic. de fin. II, 13, 43; de offic. I, 2, 6; Diog. VII, 165.

Pyrrhonius machte das Wissen zum höchsten Gut. Das kömmt nun zwar der Seele des Menschen allein zu; aber er kann es ohne Tugend erlangen. Der ist ja nicht für glücklich zu halten, der entweder durch Zuhören Etwas erlernt oder durch unbedeutendes Lesen Etwas erfahren hat. Und hierbei kann der Begriff des höchsten Gutes nicht zutreffen, weil das Wissen sich entweder auf schlechte Dinge oder wenigstens auf unnütze beziehen kann. Und wenn es nun ein Wissen von guten und nützlichen Dingen ist, welches man mit Mühe erlangt hat, so ist es dennoch das höchste Gut nicht, weil das Wissen nicht seinetwegen, sondern eines anderen Zweckes wegen erstrebt wird. Denn deßhalb werden ja Künste erlernt, daß sie uns zur Nahrung, zum Ruhme und zum Vergnügen gereichen, was alles ganz gewiß das höchste Gut nicht ausmachen kann. Also haben die Philosophen nicht einmal in der Ethik einen festen Halt, da sie ja gerade in der Hauptsache, das heißt in der Erörterung, die dem Leben die Richtschnur geben soll, sich gegenseitig bekämpfen. Es kann bei ihnen keine gleiche oder annähernde Vorschriften geben, da Einige sie bilden in Bezug auf das Vergnügen, Einige in Bezug auf die Ehrbarkeit, Andere dagegen in Bezug auf die Natur und das Wissen, Andere auf den Gewinn von Schätzen, noch Andere, um solche fern zu halten, schließlich Einige, um keinen Schmerz zu empfinden, die Anderen dagegen zum Ertragen der Übel. In allem Diesem weichen sie aber, wie oben gezeigt, vom vernünftigen Denken ab, weil sie den wahren Gott nicht kennen.

34. Die Menschen sind zur Gerechtigkeit geboren.

Jetzt wollen wir sehen, was dem Weisen als das höchste Gut vorgesteckt ist. Daß die Menschen zur Gerechtigkeit geboren sind, lehren nicht nur die heiligen Schriften, sondern die Philosophen bekennen es auch zuweilen. Von Allem, was sich für die Erörterung gelehrter Männer eignet, ist, wie Cicero[1]) sagt, in der That Nichts herrlicher, als daß wir vollständig überzeugt werden, daß wir zur Gerechtigkeit geboren seien. Und Das ist die volle Wahrheit. Denn wir sind nicht zum Verbrechen geboren, da wir als ein Wesen existiren, das der ganzen Gesellschaft angehört und deßhalb gemeinsame Pflichten hat. Die wilden Thiere erhalten ihr Dasein durch Grausamkeit. Denn anders können sie nicht leben als von Beute und Blut. Wenn sie jedoch auch der äusserste Hunger quält, verschonen sie nichtsdestoweniger die Thiere ihrer Art. Ebenso machen es auch die Vögel, die sich von dem Eingeweide Anderer ernähren müssen. Um wie viel mehr muß der Mensch, der dem Mitmenschen sowohl durch den Verkehr der Sprache als auch durch gleiche Sinneswahrnehmung nahe steht, diesen rücksichtsvoll behandeln und ihn lieben! Denn Das ist ja selbst die Gerechtigkeit. Da aber dem Menschen allein die Weisheit verliehen worden, Gott zu erkennen, und sich der Mensch hierdurch allein von den stummen Thieren unterscheidet, so ist die Gerechtigkeit selbst an zwei Pflichterfüllungen gebunden. Die eine schuldet er Gott als seinem Vater, die andere dem Menschen als Bruder. Denn wir sind ja von demselben Gotte in's Dasein gerufen. Mit Recht wird also ganz richtig gesagt, daß die Weisheit das Wissen göttlicher und menschlicher Dinge sei. Denn wir müssen wissen, was wir Gott, was dem Mitmenschen schuldig sind. Gott nämlich religiöse Verehrung, dem Menschen Liebe. Das Erstere kömmt der Weisheit, das Letztere der Tugend zu. Gerechtigkeit aber schließt Beides in sich. Wenn es daher feststeht, daß der Mensch zur Gerechtigkeit geboren ist, so muß der Gerechte Leiden unterworfen sein, damit die Tugend, welche er besitzt, in Übung bleibt. Die Tugend ist nämlich die Erdulderin der Leiden. (Der Tugendhafte) wird die sinnlichen Belustigungen fliehen wie ein Übel. Reichthümer wird er als hinfällig verachten, und wenn er welche zum

---

[1]) Cicero de legibus I, 10.

Besitze erhielte, würde er sie austheilen zur Rettung der Unglücklichen. Ehrenbezeigungen wird er nicht nachjagen, weil sie von kurzer Dauer und hinfällig sind; Keinem wird er Unrecht zufügen, und wenn er solches erlitten, wird er dasselbe nicht wieder zufügen, und Den, der ihm das Seinige raubt, wird er nicht verfolgen. Er wird es ja für einen Frevel ansehen, einem Menschen wehe zu thun. Wenn Einer aufstehen sollte, der Gewalt brauchte, ihn zum Abfalle von Gott zu bewegen, so wird er sich nicht weigern, Qual und Tod zu übernehmen. So wird es kommen, daß er sowohl in Dürftigkeit als auch in Niedrigkeit und Schmach oder sogar in Qualen leben muß.

35. Die Unsterblichkeit ist das höchste Gut.

Was wird also der Lohn der Gerechtigkeit und der Tugend sein, wenn sie im Leben Nichts haben sollen als nur Leiden? Wenn nun aber die Tugend, welche alle irdischen Güter verachtet, alle Leiden auf's gleichmüthigste duldet und sogar den Tod, wenn die Pflicht es erheischt, auf sich nimmt, nicht ohne Belohnung sein kann, was bleibt denn anders übrig, als daß ihr Lohn einzig die (glückselige) Unsterblichkeit sei? Denn wenn das glückselige Leben dem Menschen zukömmt, wie die Philosophen aufstellen, und sind sie in diesem Punkte allein ganz derselben Meinung; so kömmt ihm also auch die Unsterblichkeit zu. Das ist nun freilich glücklich zu nennen, was unvergänglich ist, und Das allein unvergänglich, was ewig ist. Die Unsterblichkeit ist also das höchste Gut, weil sie ganz allein der menschlichen Seele und der Tugend zukömmt; auf diese werden wir hingewiesen, denn diese zu erlangen, sind wir geboren. Deßhalb hat uns Gott vorgehalten, Tugend und Gerechtigkeit zu üben, daß wir durch unsere Arbeiten jenen ewigen Lohn erlangen. Über die Unsterblichkeit selbst werden wir an geeigneter Stelle sprechen. Nun bleibt uns noch von der Philosophie die Logik (Kunst der schönen Darstellung) übrig; diese aber wird zum glücklichen Leben Nichts beitragen. Denn die Weisheit besteht nicht im Redeschmucke, sondern in der Stimmung des Herzens und in der Gesinnung. Wenn nun aber sowohl die Physik als auch die eben beschriebene Logik überflüssig ist, in der einzig nöthigen Ethik die Philosophen aber geirrt haben, indem sie das höchste Gut auf keine Weise finden konnten, so wird ja die ganze Philosophie als eitel und unnütz erfunden, weil sie weder den Zweck des Menschen erfassen noch auch dessen pflichtmäßige Aufgabe erfüllen konnte.

36. Die Philosophen Epikur und Pythagoras.

Da ich nun kurz über die Philosophie gesprochen habe, so will ich jetzt Etwas über die Philosophen sprechen. Die Lehre des Epikur besteht darin, daß es unbedingt keine Vorsehung gebe. Das Dasein der Götter dagegen stellt er nicht in Abrede; Beides aber ist wider die Vernunft. Denn wenn es Götter gibt, gibt es auch eine Vorsehung. Denn Gott kann nicht anders als Derjenige, dem es zukommt, Vorsorge zu treffen, aufgefaßt werden. Für Nichts, sagt er, trägt er Sorge. Deßhalb sorgt er nicht nur nicht für die menschlichen, sondern auch nicht einmal für die göttlichen Dinge. Wie und woher soll er denn in's Dasein gekommen sein nach deiner Behauptung? Denn wenn die göttliche Vorsehung und Vorsorge ausgeschlossen sind, so mußt du folgerichtig sagen, daß es überhaupt keinen Gott gibt. Dem Wortlaute nach hast du Gott noch bestehen lassen, in der That aber beseitigt. Woher sind denn die Dinge erstanden, wenn Gott für Nichts sorgt? Es gibt, sagt er, kleine Urstoffe, welche man weder sehen noch erfassen kann; durch das zufällige Zusammentreten dieser ist Alles entstanden und entsteht noch fortwährend Alles. Wenn man sie nun nicht sehen und nicht mit irgend einem Körpertheile gewahr werden kann, woher könntest du dann wissen, daß sie da seien? Wenn sie nun schließlich vorhanden sind, nach welchem Plane kommen sie dann zusammen, um Etwas zu bilden? Wenn sie glatt sind, können sie nicht zusammenhängen; wenn sie hackenförmig und winkelförmig sind, so sind sie ja auch theilbar. Denn die Hacken und Winkel stehen vor und können abgenommen werden. Das sind wahnwitzige und leere Behauptungen. Wenn nun Derselbe aber die Seelen als sterblich hinstellt, so widerlegen ihn nicht nur alle Philosophen und die öffentliche Meinung, sondern auch die Antworten der Seher, die Gedichte der Sibyllen und schließlich noch die göttlichen Aussprüche der Propheten, so daß es wunderbar ist, daß Epikur allein aufgetreten ist, der das Geschick des Menschen mit Haus- und wilden Thieren auf eine Linie stellt. Wie steht es mit Pythagoras, der sich zuerst einen Philosophen genannt hat, der zwar die Unsterblichkeit der Seelen behauptet, aber auch, daß sie in andere Körper, seien es nun von Hausthieren oder Vögeln oder wilden Thieren, übergehen? War es in diesem Falle nicht besser, daß sie mit ihren Körpern aufhörten, zu sein, als daß sie so zu fremden verurtheilt wurden? Sollte Das nicht durchaus besser sein, als nach dem Dasein als Mensch wie ein Schwein oder Hund zu leben? Und der läppische Mensch erklärte, um seinem Worte Glauben zu schaffen, daß er selbst im trojanischen Kriege als Euphorbus[1]) gelebt habe, und als Dieser getödtet worden, sei er in Thiergestalten gewandert, darnach sei er Pythagoras geworden. O der Glückliche, dem allein ein so bedeutendes Gedächtniß verliehen, oder vielmehr der Unglückliche, der, in ein Thier übergegangen, nicht vergessen durfte, was er gewesen war! Wäre er doch allein in diesem Wahnwitze gewesen! Er fand aber sogar noch Solche, die ihm Glauben schenkten, freilich auch ungebildete Menschen, auf welche die Erbschaft ihrer Thorheit übergehen konnte.

---

1) Euphorbus, Sohn des Panthoos, einer der tapfersten Troer; er verwundete zuerst den Patroklus, wurde aber selbst von Menelaus getödtet; Hom. Il. 16, 808; 17, 1—60. Pythagoras behauptet also, von einem Troer in einen Jonier verwandelt worden zu sein; siehe Philostr. vita Apollon. 1, 1; Diog. Laert. 8, 1. 4; Ovid 15, 161.

37. Über den Sokrates und seine Widersprüche.

Nach Diesem behauptete Sokrates in der Philosophie den ersten Rang; er wurde sogar vom Orakel der Weiseste genannt, weil er öffentlich erklärte, nur Eins zu wissen, daß er Nichts wisse. Nach dem Ausspruche dieses Orakels hätten sich die Physiker enthalten müssen, entweder Das zu suchen, was sie nicht wissen konnten, oder die Meinung zu hegen, daß sie wüßten, was sie nicht wußten. Wir wollen jedoch zusehen, ob Sokrates der Weiseste gewesen sei, wie der Pythische (Gott) erklärt hat. Er gebrauchte oft folgendes Sprüchwort: „Was über uns ist, kümmert uns nicht."[1]) Er blieb aber freilich nicht in den Gränzen dieses Ausspruches; denn obgleich er erklärte, nur Eins zu wissen, hat er ja Neues gefunden, was er wie ein Wissender lehren wollte; aber das war ein Irrthum. Denn auch Gott, der allerdings über uns ist, muß gesucht werden, und seine Verehrung, die uns allein von den Thieren unterscheidet, muß angenommen werden. Diese aber hat Sokrates freilich nicht bloß unbeachtet gelassen, sondern sogar verhöhnt, indem er bei einer Gans und bei einem Hunde schwor,[2]) als wenn er

---

1) In dieser Fassung findet sich der Spruch in den Schriften Plato's und Xenophon's nicht. Er stützt sich auf Xenophons Memoiren I, 1, 11—13, wo gesagt wird, daß Sokrates nicht erforscht habe, wie das Universum entstanden, und nach welchen Gesetzen die Himmelskörper sich richten; er habe vielmehr Jene für Thoren gehalten, die Solches thäten, und es sei auch nicht möglich, zu finden (οὐ δυναίόν ἐστιν ἀνθρώποις εὑρεῖν). Volkmann a. a. O. meint, Sokrates habe nur sagen wollen, wie Dieß Cic. Acad. I, 4 gut ausgedrückt habe, daß der Ethik der Vorzug gebühre vor der Physik; Dieß hätte auch Hieronymus eingesehen, wenn er adv. Rufin. III, 8 bemerkt: ad ethicam transiens dixit, quae supra nos, nihil ad nos; siehe noch Minutius Felix 13; Sext. Empir. lib. VII; Gellius 14, 3. Tertullian lib. II, 4 ad nationes schreibt diesen Spruch dem Epikur zu.
2) Sokrates schwur (wie Andere, siehe Suidas s. v. χῆνα

es wahrlich beim Äskulap, dem er einen Hahn gelobt hatte, nicht gekonnt hätte. Siehe da ein Opfer eines weisen Mannes! Und weil er ihn selbst nicht opfern konnte, hatte er sterbend seine Freunde ersucht, daß sie nach seinem Tode das Gelöbniß erfüllen sollten, damit er nämlich nicht in der Unterwelt als ein Schuldner festgehalten würde. Hier hat er in der That ein Nichtwissen verkündigt und bewiesen.

38. Wie Plato's Gelehrsamkeit der Wahrheit näher kam.

Dessen Schüler Plato, den Tullius den König der Philosophen nennt, hat einzig unter Allen so geforscht, daß er der Wahrheit näher kam. Weil er jedoch den wahren Gott nicht kannte, hat er in so vielen Punkten fehlgegriffen, daß Keiner schlimmer geirrt hat als er, ganz besonders, weil er in dem Buche vom Staate erklärte, daß Allen Alles gemeinschaftlich sein solle. Bezüglich des geerbten Besitzes ist Das noch erträglich, wenn es auch ungerecht ist. Es soll nämlich Keinem entweder zum Schaden gereichen, wenn er durch seinen Fleiß mehr besitzt, oder nützen, wenn er durch seine Schuld weniger hat. Aber Das kann, wie gesagt, noch etwa ertragen werden. Sollen nun auch Gattinen und Kinder[1])

ὀμνύναι; Athenäus 9 S. 370) beim Hund, Bock, bei der Gans, der Platane und ähnlichen Gegenständen, worüber ausführlich Menag. ad Diog. Laert. II, 40. Tertullian Apol. 14 meint, Sokrates habe Das zur Verachtung der Götter gethan. Geistreich sagt Augustinus de vera religione 2: Credo, intelligebat qualiacunque opera naturae, quae administrante divina providentia gignerentur etc.

1) Diese entsetzliche Lehre hat Plato klar gelehrt de republica lib. V, 457: Alle Frauen sollen allen Männern gemeinsam sein, ferner sollen die Kinder Gemeingut sein; vrgl. Becker, die Philosophie Plato's S. 286; Döllinger S. 298; Plato de legibus lib. VII; praeparatio evangelica c. 12; Salvianus VII, 8, 1. Tertullian Apolog. 39: Socrates et Cato suas uxores ammunicaverunt. Plutarch sagt, daß es Kato von Utika,

gemeinsam sein? Alsdann wird es keinen Unterschied mehr geben in der Abstammung, es wird kein bestimmtes Geschlecht mehr geben, Familien, Blutsverwandte und Verschwägerungen werden aufhören, dagegen wird Alles unterschiedslose Vermischung sein wie bei einer Viehheerde. Die Männer werden keine Enthaltsamkeit und die Frauen keine Schambaftigkeit mehr haben. Welche eheliche Liebe kann aber beiderseitig vorhanden sein, wo keine bestimmte eigentliche Anhänglichkeit vorhanden ist? Wer kann eine kindliche Gesinnung gegen den Vater hegen, wenn er nicht weiß, von wem er abstammt? Wer wird einen Sohn lieben, von dem er meinen muß, daß er einem Anderen gehöre?

Ja sogar die Rathsversammlung erschloß er den Frauen, den Kriegsdienst, obrigkeitliche Ämter und Befehlshaberstellen überließ er ihnen. Wie unglücklich wird jene Stadt sein, in welcher Weiber die Posten der Männer einnehmen sollten?[1] Aber Das ist anderswo ausführlicher (behandelt). Zeno,[2] das Haupt der Stoiker, lobt die Tugend; das Mitleiden aber, eine sehr erhabene Tugend, die Gott lieb und den Menschen nothwendig ist, erklärte er, müsse beseitigt wer-

---

nicht der Censor gewesen; cf. Augustin de fide c. 7: et Porphyrius ap. St. Cyrillum lib. VI. contra Julianum narrat: Socratem duas uxores habuisse et aliis feminis abusum esse.

1) Betulejus führt schon eine Stelle an aus Epiphanius Panar. III., wonach bei den Serern die Männer in weibischem Putze zu Hause saßen, während die Frauen in Männerkleidung mit kurz geschorenen Haaren das Feld bebauten.

2) Es war Lehre der Stoiker, daß das Mitleid eine Krankheit der Seele sei; vgl. Laertius lib. VII. in Zenonem; Cicero Paradox. 4, de finibus lib. III, und in der Rede pro Muren. Kap 29 sagt er im Sinne der Stoiker: neminem esse misericordem nisi stultum et levem. Volkmann a. a. O. aber meint, daß die Stoiker unter misericordia die Weichherzigkeit, die bei fremden Leiden aus der Fassung komme und darum nicht helfe, gemeint hätten; vgl. Seneka de clementia II, 4. Ueber den Charakter des Zeno vgl. Lipsius Man. ad phil. stoic. lib. III. diss. 19. de foeda ejus vita; Athen. lib. 13; Laertius VII, 13.

ben. Wer möchte nämlich nicht, wenn er sich in unglücklicher Lage befindet, des Mitleides würdig sein und die Hilfe von Solchen, die ihm beistehen, ersehnen? Sie werden aber zur Hilfeleistung nur durch das Gefühl des Mitleidens angeregt. Wenn Jener Dieses nun "Menschlichkeit", "Menschenliebe" nennt, so hat er nicht die Sache, sondern nur den Namen geändert. Dieß (Mitleid) ist ein Gefühl, das allein dem Menschen zu Theil geworden, um unserer Schwäche durch gegenseitigen Beistand zu Hilfe zu kommen; wer es aufhebt, macht unser Leben zu dem der Thiere. Wenn er freilich sagt, daß alle Verirrungen gleich[1]) seien, so ist das die gleiche Unmenschlichkeit, mit welcher er das Mitleiden wie eine Krankheit anfeindet. Denn wer keinen Unterschied bei Vergehen festhält, meint entweder, daß die leichten schwer zu bestrafen seien, und Das ist einem grausamen Richter eigen, oder aber daß die großen leicht zu bestrafen seien, und Das ist die Sache der Willkür. Beides gereichet dem Staate zum Unheile; denn wenn sehr große Verbrechen leicht bestraft werden, so wird die Kühnheit der Bösen zu noch entsetzlicheren Unthaten wachsen; wenn aber den kleineren Vergehen eine zu schwere Strafe zuerkannt wird, so werden viele Bürger, da ja Niemand ganz ohne Übertretung sein kann, in (Lebens-) Gefahr kommen, welche durch ernste Rüge besser hätten werden können.

39. Über einige Philosophen und die Gegenfüßler.

Das Folgende ist zwar von geringer Bedeutung, entsteht aber aus demselben Wahnwitze. Xenophanes sagte, daß der Mond achtzehnmal größer sei als unsere Erde, ebenso

---

1) Daß alle Verirrungen gleich seien, erläuterten sie durch das Beispiel einer geraden Linie; alle davon abweichenden Linien nannten sie gemeinschaftlich krumme, als Abweichungen von der geraden (der Tugend) die größten Uebel; Horatius, Satyre I, 3 und Cicero Paradoxon III.

daß sich innerhalb des hohlen Mondgewölbes eine andere Erde befinde, welche von Menschen und Thieren jeglicher Art bewohnt würde.¹) Über die Gegenfüßler²) kann man auch ohne Lachen weder hören noch sprechen. Es wird jedoch als ernste Wahrheit aufgestellt, daß wir glauben sollen, es gebe Menschen, die gerade unter unseren Füßen (auf der anderen Seite der Erdscheibe!) kopfabwärts gingen. Erträglicher ist dann noch der Wahn des Anaxagoras,³) der behauptete, daß der Schnee schwarz sei. Einige gibt es, deren Handlungsweise nebst ihren Aussprüchen lächerlich ist. Demokrit⁴) ließ den ihm vom Vater ererbten Acker zurück

---

1) Was hier dem Xenophanes zugesprochen wird, hat Anaximander, der Landsmann des Thales von Milet, gelehrt; er hat auch ein Compendium der Geometrie geschrieben; siehe Cicero Acad. 4; Laertius II, 2.

2) Was die Gegenfüßler betrifft, hat Laktantius sich selbst lächerlich gemacht. Aber Das war bei den geringen Kenntnissen der Naturwissenschaft nicht so sehr auffallend, wenn auch Pythagoras (Laertius VIII, 26) und Plato (im Timäus S. 63 A) Dieses gelehrt hatten. Es gab viele Gegner dieser Ansicht bei den heidnischen Gelehrten; Cic. Acad. II, 39. Der heilige Augustinus (de civ. Dei 16, 9) war dagegen aus dogmatischen Gründen. Der heilige Papst Zacharias verwarf 748 in einem Schreiben an den hl. Bonifazius die vom hl. Virgilius, Abt von St. Peter in Salzburg, aufgestellte Lehre von den Antipoden. Wahrscheinli.v war aber Einiges von der Darstellung des Virgilius falsch nach Rom berichtet worden; das Mißverständniß klärte sich bald auf, und Virgilius wurde Bischof von Salzburg; siehe Damberger, Geschichte des Mittelalters II, 303; Seiters, Bonifazius 434; Külb, Bonifazius' Briefe I, 234.

3) Ueber Anaxagoras siehe Cicero Acad. II, 31; Sext. Emp. hopot. I, 33: Ὁ Ἀναξαγόρας τῷ λευκὴν εἶναι τὴν χιόνα ἀντετίθει, ὅτι ἡ χιὼν ὕδωρ ἐστὶ πεπηγός, τὸ δὲ ὕδωρ ἐστὶ μέλαν etc.

4) Die Alten sagen übereinstimmend, daß Demokrit sich aus Liebe zum Studium des Vermögens entäußerte; über die Art aber, wie er es gethan, gehen die Angaben auseinander; Balerius Max. VIII, 7; Senek. de prov. 6; Cic. de fin. V, 29.

und eine öffentliche Weide daraus machen. Diogenes, der die höchste und vollendete Tugend in der Verachtung aller irdischen Dinge zur Schau trug, wollte lieber mit seiner Schaar Hunde das tägliche Brod betteln, als es durch ehrbare Arbeit erwerben oder Etwas in seinem Besitze haben. Das Leben des Weisen soll ganz gewiß den Übrigen ein Muster des Lebens sein; wenn aber nun Alle deren Weisheit nachahmten, wie werden dann die Staaten bestehen? Aber vielleicht konnten eben diese Cyniker ein Muster des Schamgefühls bieten, die öffentlich mit ihren Gattinen geschlechtliche Umarmungen pflegten!¹) Wahrlich weiß ich nicht, wie Jene die Tugend schützen könnten, die alle Scham abgelegt haben. Besser als Diese ist Aristippus²) auch nicht, der, um seiner Hetäre Lais zu gefallen, wie ich glaube, die Cyrenäische Schule einrichtete, in welcher er als Zweck des höchsten Gutes die Lust des Körpers feststellte, damit den Sünden weder das Ansehen noch auch den Lastern die wissenschaftliche Begründung fehlte. Oder sind Jene als stärkere Geister etwa mehr zu loben, die sich freiwillig den Tod selbst anthaten, damit man von ihnen sagen könnte, sie hätten den Tod verachtet? Nämlich Zeno, Empedokles, Chrysippus, Kleanthes, Demokrit und der ihrem Beispiele folgende Kato? Wußten sie nicht, daß der nach göttlichem Rechte und Gesetze des Verbrechens des Mordes³) schuldig ist, der sich selbst getödtet hat? Gott hat uns nämlich in diese Wohnung des Leibes gesetzt, indem er uns den Körper als zeitweilige Wohnung anwies, damit wir ihn bewohnen, so lange es ihm beliebt. Deßhalb muß man es für einen Frevel halten, ohne Gottes Geheiß seine Wohnung zu verlassen. Man darf also der Natur keine Gewalt an-

---

1) Siehe Augustin de civ. Dei 14, 20.
2) Vgl. Laertius II, 75; Cicero ep. ultima ad Partum.
3) Nach stoischer Auffassung war es gestattet, sich unter gewissen Umständen das Leben zu nehmen; vgl. Laertius VII, 130; Cicero de fin. III, 18, 61; dagegen Plato, Phaedo S. 62. B; Cicero de senect. 20; Tusculan. I, 30, 74; somn. Scip. c. 8.

thun. Er (Gott) weiß, wie er sein Werk auflösen soll. Und wenn nun Einer seine frevlerischen Hände an dieses Werk legen sollte und die Bande des göttlichen Kunstwerkes zerreissen sollte, so versucht er, Gott zu entfliehen, dessen Urtheil weder ein Lebender noch ein Gestorbener entgehen kann. Verbrecher und Frevler sind demnach die oben Genannten, die sogar erörterten, welche Gründe ein freiwilliger Tod haben müsse, wie es eben kaum ein Verbrechen sei, wenn man nur als Mörder gegen sich selbst auftrete und nicht Andere zu solchem Unrecht anleite.

40. Über die Berirrung der Philosophen.

Unzählig sind die Schriften und Werke der Philosophen, wodurch sie ihrer Thorheit überführt werden können. Weil wir aber Alles nicht anführen können, möge Weniges genügen. Es genügt schon, wenn man erkennt, daß die Philosophen nicht Lehrer der Gerechtigkeit, die sie nicht kannten, noch auch der Tugend, die sie verläugneten, sein konnten. Was sollen Die denn lehren, welche wiederholt ihre Unwissenheit zur Schau tragen? Den Sokrates, dessen Meinung bekannt ist, übergehe ich. Anaxagoras[1] erklärt, daß Alles mit einem gewissen Dunkel umgeben sei; Empedokles,[2] daß die Wege der Wahrnehmung, die Wahrheit zu finden, eng seien. Demokrit erklärt, daß die Wahrheit in irgend einem tiefen Brunnen versenkt liege, und weil man sie nirgends finde, deßhalb behaupte man, daß Keiner als Weiser zum Vorschein gekommen sei. Da es nun, wie Plato bei Sokrates sagt, keine menschliche Weisheit gibt, so wollen wir der göttlichen folgen und Gott, der sie uns geoffenbart und überliefert hat, Dank sagen, und wollen wir uns Glück

---

1) Ueber Anaxagoras vergleiche Diog. Laertius 9, 72; Sext. Emp. adversus Math. S. 153; Cicero Acad. I, 12.
2) Die Ansicht des Empedokles und Demokrit findet sich bei Cic. Acad. I, 12.

wünschen, daß wir die wahre Weisheit durch eine himmlische Wohlthat besitzen, die so viele große Geister in vielen Jahrhunderten vergebens suchten.

41. Über die wahre Weisheit und Religion.

Da wir nun die falsche Religion, welche viele Götter verehrt, und die falsche Weisheit der Philosophen widerlegt haben, so wollen wir jetzt zur wahren Weisheit und Religion übergehen. Sie müssen freilich auch beide zusammen besprochen werden, weil sie unter sich zusammenhängen. Denn den wahren Gott ganz allein zu verehren ist Weisheit. Denn Jener ist der höchste und Schöpfer aller Dinge, der den Menschen als sein Ebenbild schuf; deßhalb hat er ja auch dem Menschen vor allen lebenden Wesen Vernunft gegeben, daß er ihn als Vater und als Herrn ehre und er durch diese kindliche Liebe und Gehorsam die Krone der Unsterblichkeit verdiene. Dieses ist ein wahres und göttliches Geheimniß. Bei Jenen aber gibt es keine Eintracht, weil sie der Wahrheit entbehren. Bei der Philosophie werden daher keine Opfer dargebracht, und bei den heiligen Opfern wird keine Philosophie betrieben; deßhalb auch ist die Religion falsch, weil sie ohne Weisheit ist, ebenso auch die Weisheit falsch, weil sie religionslos ist. Wo sie aber beide verbunden sind, da muß die Wahrheit sein, so daß auf die Frage, was die Wahrheit selbst sei, ganz richtig geantwortet werden kann: „Sie ist entweder weise Gottesverehrung oder religiöse Weisheit."

42. Die religiöse Weisheit; der Name Christ ist allein dem Vater bekannt.

Ich werde jetzt noch kurz sagen, was die weise Gottesverehrung und die religiöse Weisheit sei. Gott zeugte sich im Uranfange (von Ewigkeit), bevor er die Welt schuf, aus seinem Dasein ohne Anfang und aus seinem göttlichen und ewigen Geiste einen Sohn, der ewig, und als sein treues Abbild der väterlichen Macht und Majestät vollständig entsprach. Dieser ist Gottes Macht, Gedanke und Wort, Dieser ist die Weisheit. Durch dessen Wirken, wie Hermes sagt, und seinen Rath, wie die Sibylle angibt, hat Gott die herrliche und wunderbare Schöpfung dieser Welt bewirkt. Er wurde auch von allen Geistern, welche Gott von seinem Geiste gebildet, einzig zum Genossen seiner Macht zugelassen, einzig Gott genannt. Denn Alles ist durch ihn und ohne ihn ist Nichts (gemacht). Plato hat sogar von einer ersten und zweiten göttlichen Person durchaus nicht wie ein Philosoph, sondern wie ein Seher gesprochen; vielleicht ist er hierin dem Trismegistus gefolgt, dessen Worte aus dem Griechischen übersetzt ich hier anführe. Der Herr und Schöpfer aller Dinge, von dem wir glauben, daß er Gott genannt werden müsse, schuf eine zweite göttliche Person, sichtbar und wahrnehmbar. Wahrnehmbar nenne ich sie aber, nicht weil sie selbst Wahrnehmung erhielt, sondern weil sie sich der Wahrnehmung und zum Sehen darbot. Da er Diesen zuerst und ganz allein erschaffen hatte, so schien er ihm äußerst gut und mit allen Vorzügen vollständig begabt. Auch schreibt die Sibylle,[1] daß er als Gott und Führer Aller von Gott in's Dasein gerufen worden, und eine andere sagt, man müsse den Sohn Gottes als Gott kennen lernen, wie die in den (vorhergehenden) Büchern angeführten Belegstellen beweisen. Die mit dem göttlichen Geiste erfüllten Propheten haben von ihm geweissagt; unter ihnen thut Das ganz besonders Salomon im Buche der Weisheit, desgleichen sein Vater, der Verfasser der himmlischen Lobgesänge; Beide waren sehr berühmte Könige, sie lebten hundertachtzig[2] Jahre nach den

---

1) Die Verse der Sibylle finden sich Laktantius IV, 6; außerdem hat sie uns Theophilus ad Autolycum II, 24 erhalten; griechisch und deutsch stehen sie Friedlieb, Sibyll. Weissagungen S. 3 u. 4.

2) Nach Einsicht der Bemerkung des Dr. Volkmann (Mskpt.

Zeiten des trojanischen Krieges; sie bezeugen seine Geburt aus Gott. Nach dem Zeugnisse des heiligen Johannes in dessen Offenbarung¹) ist sein Name Keinem bekannt als ihm selbst und dem Vater. Hermes sagt, daß sein Name mit sterblichem Munde nicht ausgesprochen werden könne. Von den Menschen wird er daher mit zwei Namen genannt; Jesus wird er genannt als Erlöser und Christus, was König bedeutet. Erlöser wird er deßhalb genannt, weil er die Heilung und das Heil Aller ist, die durch ihn an Gott glauben; Christus deßhalb, weil er selbst vom Himmel am Ende dieser Welt kommen wird, um die Welt zu richten und sich nach der Auferstehung der Todten eine ewige Herrschaft zu gründen.

43. Über den Namen Jesus und über seine zweifache Geburt.

Damit dir aber gar keine Unklarheit mehr bleibe, warum wir den vor aller Zeit von Gott Geborenen „Jesus Christus" nennen, der auch vor dreihundert Jahren als Mensch geboren wurde, so will ich dir den Grund kurz auseinandersetzen. Er ist zugleich Gottes- und Menschensohn. Er ist nämlich zweimal geboren; zum ersten Male, bevor Etwas geschaffen worden, geistiger Weise, nachher leiblicher Weise vom Menschen unter der Regierung des Augustus; das ist nun ein herrliches und großartiges Geheimniß, in welchem das Heil der Menschen, die Verehrung des höchsten Gottes und alle Wahrheit enthalten ist. Als nämlich in den er-

---

zu 4, 8), daß der Leipziger Kodex quorum alterum antecessit statt alter habe, was auch mit dem Vatic. stimmt, und daß hier statt „qui" „quos" gelesen werden müsse, habe ich die von Bonarbus schon 1754 festgestellte Lesart „quos", die auch im Mspt. Tauriensi verbürgt ist, angenommen, und ist des Laktantius chronologische Angabe ganz korrekt.

1) Offenb. 19, 12.

sten Zeiten durch die Kunstgriffe der bösen Engel frevelhafte und verruchte Götterverehrungen sich eingeschlichen hatten, da blieb bei den Hebräern die Verehrung des einen Gottes, aber nicht weil sie ein geschriebenes Gesetz gehabt hätten, sondern weil sie nach Sitte der Väter die Gottesverehrung festhielten, wie sie ihnen von Geschlecht zu Geschlecht überliefert worden bis zu der Zeit, wo sie unter Anführung des Moses, des ersten Propheten, aus Ägypten zogen. Durch diesen wurde ihnen ein Gesetz von Gott auferlegt, nachher wurden sie nun Juden genannt. Sie dienten demnach Gott, durch die Bande des Gesetzes verpflichtet. Indessen haben sich aber Jene nach und nach zu unheiligen Religionsübungen verirrt, fremde Götter angenommen, und nachdem sie die Gottesverehrung der Väter verlassen, opferten sie empfindungslosen Götzenbildern. Deßhalb sandte Gott Propheten, die mit göttlichem Geiste erfüllt waren, zu ihnen, damit diese ihnen die Sünden vorhielten und Buße predigen sollten, die auch mit zukünftiger Rache drohen und ihnen erklären sollten, daß Gott einen anderen neuen Gesetzgeber senden würde, wenn sie bei ihren Vergehen beharren sollten; dann würde er auch das undankbare Volk von seiner Erbschaft ausschließen und sich ein anderes treueres Volk von fremden Stämmen bilden. Jene aber blieben nicht bloß starrsinnig, sondern sie tödteten sogar die Gesandten. Deßhalb verurtheilte sie Gott wegen ihrer Gräuelthaten, und er sandte weiter keine Propheten mehr zu dem hartnäckigen Volke; dagegen sandte er seinen Sohn, daß er alle Völker zur Gnade Gottes einlüde. Dennoch schloß er auch Jene, obgleich sie ruchlos und undankbar waren, von der Heilshoffnung nicht aus, sondern sandte u ihnen vorzugsweise (den Sohn), damit sie nicht verlören, was sie (zuerst) erhalten hatten, wenn sie etwa sich gehorsam erwiesen hätten; wenn sie aber ihren Gott nicht aufgenommen hätten, alsdann sollten sie als Erben beseitigt und die Heiden an Kindesstatt angenommen werden. Deßhalb befahl ihm der höchste Vater, auf die Erde herniederzusteigen und einen menschlichen Körper anzunehmen, damit er, den Leiden des Körpers unterworfen, Tugend und Geduld nicht bloß durch Worte, sondern auch durch Thaten lehren könnte. Als Mensch wurde er also aus einer Jungfrau ohne Vater zum zweiten Male geboren, damit, wie er in der ersten geistigen Geburt von Gott allein gezeugt ein heiliger Geist wurde, er so in der zweiten fleischlichen von der Mutter allein gezeugt ein heiliger Leib sei, auf daß durch ihn das Fleisch, welches der Sünde unterworfen war, vom Untergange befreit würde.

44. Die zweifache Geburt Christi wird aus den Propheten nachgewiesen.

Die Propheten hatten früher geweissagt, daß Dieses so sich ereignen werde, wie ich auseinandergesetzt habe. Salomon hat nämlich geschrieben: „Der jungfräuliche Leib hat sich unterworfen (des heiligen Geistes Einwirkung), und sie hat empfangen und ist gesegneten Leibes geworden, und die Jungfrau ist Mutter geworden in großem Erbarmen."[1]) Bei Isaias heißt es also:[2]) „Siehe, die Jungfrau wird empfangen und einen Sohn gebären, und du wirst seinen Namen Emanuel heissen, das bedeutet „Gott mit uns"." Er ist nämlich mit uns auf Erden gewesen, da er Fleisch annahm; er blieb aber vollständig Gott im Menschen als auch Mensch (menschliche Natur) in Gott. Daß er Beides gewesen sei, ist von den Propheten geweissagt worden. Seine Gottheit bezeugt Isaias mit den Worten:[3]) „Sie werden dich anbeten und zu dir flehen, weil Gott in dir ist und kein Anderer ist Gott außer dir. Du bist nämlich Gott, und wir wußten es nicht, der Gott Israels, der Erlöser; beschämt und schamroth werden Alle sein, die dir feindlich sind, und sie werden verwirrt werden." Jeremias spricht also:[4]) „Die-

---

1) Diese Stelle findet sich in der heiligen Schrift nicht.
2) Jf. 7, 14; vgl. des Eduardus Dissertatio XIII u. XXII.
3) Jf. 45, 14. — 4) Baruch 3, 36.

fer (ein Solcher) ist unser Gott, und kein Anderer ist ihm
zu vergleichen; er fand jeden Weg zur Weisheit (besitzt alle
Weisheit) und gab sie Israel, seinem geliebten Knechte.
Darnach erschien er auf Erden und wandelte unter den
Menschen." Ebenso bestätigt auch Jeremias seine Menschheit: „Und er ist ein Mensch, und wer hat ihn erkannt?"[1]
Isaias[2] hat noch folgende Überlieferung: „Und es schickt
ihnen der Herr einen Menschen, der sie erlösen wird
und sie durch ernste (richterliche) Rüge zur Besserung
bringen wird." Moses[3] sagt noch so: „Es wird auf-
gehen ein Stern aus Jakob und ein Mann sich erheben
von Israel." Deßhalb nahm er also Fleisch (die menschliche Natur) an, obgleich er Gott war, damit er, zwischen
Gott und dem Menschen zum Mittler geworden, den Menschen nach Überwindung des Todes durch sein Lehramt zu
Gott führte.

**45. Christi Werke werden aus der heiligen
Schrift nachgewiesen.**

Nachdem wir von seiner Geburt geredet, wollen wir
jetzt von seiner Macht und seinen Werken sprechen, da er
solche bei den Menschen wirkte, die groß und wunderbar
waren; und als die Juden jene mit Augen sahen, wähnten sie, Das geschehe durch Zauberkraft,[4] weil sie nicht wissen
wollten, daß Alles, was er that, von den Propheten vorhergesagt worden. Den Kranken und Solchen, die von verschiedenen Bedrängnissen niedergebeugt waren, half er sofort, nicht durch irgend ein Arzneimittel, sondern durch die
große Macht seines Wortes. Die Schwachen stellte er wie-

---

1) Diese Stelle ist wohl nach der Septuaginta citirt; da lautet sie (17, 9): Profundum est cor super omnia; et homo est,
et quis cognoscit eum? Siehe Hieronymus zu dieser Stelle.
2) Nach der Septuaginta 19, 20.
3) IV. Mos. 24, 17. — 4) Luk. 11, 14 ff.

der ganz her, die Lahmen machte er gehend, den Blinden gab er das Gesicht wieder; die Stummen machte er redend, die Tauben hörend. Die Aussätzigen und Unreinen reinigte er, denen, die durch das Eindringen der bösen Geister unsinnig tobten, gab er ihren Verstand wieder. Gestorbene, ja schon Begrabene rief er in's Leben und zur Menschheit zurück.¹) Er sättigte auch fünftausend Menschen mit fünf Broden und zwei Fischen.²) Er wandelte auch über das Meer,³) und bei einem Sturme gebot er dem Winde Ruhe, und sofort war er ruhig.⁴) Und Das alles finden wir sowohl in den Büchern der Propheten als in den sibyllinischen Gedichten⁵) vorhergesagt. Als wegen dieser Wunder eine große Volksmenge zu ihm eilte und ihn für den von Gott gesandten Gottessohn, welcher er auch war, hielt, entbrannten die Priester und Vornehmsten der Juden voll des Neides und auch von Zorn, daß er ihnen ihre Sünden und Ungerechtigkeiten vorhielt; alsdann hielten sie eine Zusammenkunft (zur Berathung), wie sie ihn tödten könnten. Daß Das aber geschehen würde, hatte Salomon etwas mehr als vor tausend Jahren im Buche der Weisheit⁶) mit folgenden Worten ausgesprochen: „Lasset uns dem Gerechten nachstellen, denn er fällt uns beschwerlich und wirft uns vor die Werke des Gesetzes, er rühmt sich, die Erkenntniß Gottes zu besitzen, und nennt sich Gottes Sohn. Er bringt unsere Gedanken an's Licht, schon sein Anblick fällt uns schwer; denn sein Leben ist ganz verschieden von Anderen, und seine Wege sind anders. Er hält uns für Leichtfertige und entfernt sich von unseren Wegen als von unreinen Dingen und ziehet vor das Ende der Gerechten und rühmet sich, Gott zum Vater zu haben. Lasset uns also sehen, ob seine Re-

---

1) Matth. 11. — 2) Joh. 6. — 3) Matth. 14, 26. — 4) Matth. 8, 23—27.
5) Die Verse der Sibyllinen finden sich bei Lactantius IV, 15, § 28 ff.
6) Buch der Weisheit 2, 12 u. f.

den wahr sind, und lasset uns versuchen, was über ihn kommen wird. In Schmach und Qualen wollen wir ihn versuchen, um seine Unterwürfigkeit zu sehen und seine Geduld zu prüfen. Zum schimpflichsten Tode wollen wir ihn verdammen. So dachten und irrten sie. Denn ihre Bosheit hatte sie verblendet, und sie kannten nicht die Geheimnisse Gottes. Deßhalb gedachten sie der von ihnen gelesenen Schriftstellen nicht, reizten das Volk wie gegen einen Missethäter auf, daß es ihn ergreifen und zum Gerichte schleppen sollte, ja seinen Tod durch frevelhaftes Geschrei fordern sollte. Sie bürdeten ihm aber Das gerade als Verbrechen auf, daß er sich Sohn Gottes nannte, ferner, daß er das Gesetz aufheben wollte, indem er am Sabbate die Menschen gesund machte; gleichwohl behauptete er, es nicht aufzuheben, sondern zu erfüllen. Als Pontius Pilatus, der als Legat des Kaisers[1]) in Syrien Richter war, einsah, daß jener Prozeß zur römischen Gerichtsbarkeit nicht gehörte, schickte er ihn zum Herodes,[2]) dem Vierfürsten, und erlaubte den Juden,[3]) daß sie selbst Schiedsrichter ihres Gesetzes sein könnten, und als ihnen die Gewalt über die Gesetzesverachtung eingeräumt war, erkannten sie ihm den Kreuzestod zu; vorher jedoch mißhandelten sie ihn mit Geißeln und Faustschlägen, krönten sie ihn mit Dornen, spieen sie ihm in's Angesicht, und zur Speise und zum Tranke gaben sie ihm Galle und Essig; während dessen aber wurde nicht ein Klageton von ihm vernommen. Alsdann warfen die Henkersknechte über sein Gewand und Oberkleid das Loos und richteten ihn, angeheftet am Kreuzesholze, in die Höhe,

---

1) Nach Tacitus' Annalen 15, 44 war er Prokurator, ebenso nach Lukas 3, 1.
2) Die Ursache dazu siehe Lukas 23, 7.
3) Er fällte zwar das Urtheil auf stürmisches Drängen der Juden. Darum sagt Hieronymus ep. XVII: Ille minister legum, sed vox Judaeorum sanguinem fudit.

als sie am folgenden Tage die Osterfeier,¹) das ist ihr Hauptfest, feiern sollten. Dieser That aber folgten ausserordentliche Zeichen, damit sie den geschehenen Frevel erkännten. In demselben Augenblicke, wo er seinen Geist aufgab, ist ein Erdbeben und eine Sonnenfinsterniß eingetreten, so daß sich der Tag in Nacht verwandelte.

46. Die Propheten haben das Leiden und den Tod Christi geweissagt.

Die Propheten hatten geweissagt, daß Dieß alles geschehen würde. Isaias spricht also:²) „Ich bin nicht eigensinnig und widerspreche nicht, meinen Leib gab ich den Schlagenden hin und meine Wangen den Faustschlägen, mein Angesicht aber habe ich nicht abgewandt von der Schmach der Bespeiung." Derselbe äussert sich über sein Stillschweigen: „Wie ein Schaf bin ich zur Schlachtbank geführt worden, und verstummend wie ein Lamm vor den Scheerenden habe ich den Mund nicht geöffnet." David sagt desgleichen im vierunddreißigsten Psalme: „Viele nicht geahnte Geißelstreiche wurden auf mich geschwungen, sie wurden zerstreut, aber nicht zerknirscht; sie haben mich angefochten und mit ihren Zähnen wider mich geknirscht." Derselbe spricht über seine Speise und Trank im achtundsechzigsten Psalme: „Und sie gaben mir zur Speise Galle, und in meinem Durste tränkten sie mich mit Essig." Vom Kreuze Christi spricht er also:³) „Sie haben meine Hände und Füße durchbohrt und alle meine Gebeine gezählt. Sie haben mich betrachtet

---

1) Schon Eduardus hat zu dieser Stelle und Dissert. 13 gegen Calmet bewiesen, daß Jesus am 15. Nisan, am Tage nach dem Abendmahlsfeste, gestorben ist. Laktantius versteht unter Hauptfest den großen Sabbat der Osterwoche. Den ganzen Sachverhalt hat Prof. Dr. Roth in dem Buche „die Zeit des letzten Abendmahles (1875)" ausgezeichnet klar gestellt.
2) Is. 50, 5. — 3) Ps. 21.

und angeschaut, meine Kleider haben sie unter sich getheilt und das Loos geworfen über mein Gewand." Moyses sagt im fünften Buche:¹) „Und dein Leben wird sein, wie wenn es vor dir hinge. Tag und Nacht wirst du dich fürchten und deines Lebens nicht sicher sein." Dann in seinem vierten Buche sagt er wiederum also:²) „Gott wird nicht wie ein Mensch angeheftet, nicht läßt er sich wie ein Menschensohn bräuen." Zacharias sagt also:³) „Und sie werden zu mir aufschauen, den sie durchbohrt haben." Über die Sonnenfinsterniß spricht Amos, wie folgt:⁴) „An jenem Tage, spricht Gott der Herr, wird am Mittag die Sonne untergehen, und am hellen Tage wird Dunkelheit eintreten. Ich werde eure Feste umwandeln in Trauer und all eure Gesänge in Wehklage." Dasselbe sagt Jeremias⁵) über die Stadt Jerusalem, in welcher er gelitten hat: „Die Sonne schwand ihm, als es noch erst Mittag war, sie wurde mit Schmach und Fluch bedeckt, die Hinterbliebenen ihrer (Einwohner) werde ich dem Schwerte überliefern." Und Das ist nicht umsonst gesagt worden. Nach kurzer Zeit hat der Kaiser Vespasian die Juden bekriegt und ihre Länder mit Feuer und Schwert verwüstet; er hungerte sie aus und unterwarf sie; Jerusalem zerstörte er und die Gefangenen führte er im Triumphe fort, den Übrigen aber, die noch am Leben waren, untersagte er ihr Land, so daß es ihnen niemals gestattet war, zum vaterländischen Boden zurückzukehren. Und Dieses alles ist wegen jenes Kreuzes Christi geschehen, wie es in ihren Schriften Salomon⁶) früher bezeugt hat: Israel wird in's Verderben kommen und in Schmach vor dem Volke; und dieses Haus wird öde sein, und ein Jeglicher, der durch selbiges hindurch geht, wird sich wundern und sagen: Weßwegen hat Gott diesem Lande

---

1) V. Mos. 28, 66. — 2) IV. Mos. 23, 19. — 3) Zach. 12, 10. — 4) Amos 8, 9. — 5) Jerem. 15, 9.
6) Diese Stelle Salomons findet sich nirgends mehr.

und diesem Hause solche Übel zugefügt? Und man wird sagen: Weil sie den Herrn, ihren Gott, verlassen haben und sie ihren König, den Gottauserkorenen, verfolgt haben und ihn in großer Schmach gekreuziget haben, darum hat Gott solches Unheil über sie gebracht. Was verdienten nämlich Diejenigen nicht für eine Strafe, die ihren Herrn, der gekommen war, sie zu retten, getödtet haben?

47. Christi Auferstehung, dessen Aussendung der Apostel und Himmelfahrt.

Darnach nahmen sie den Leichnam vom Kreuze und begruben ihn. Aber am dritten Tage vor Tagesanbruch stand er auf bei Erdbeben, wodurch der Stein, womit sie das Grab verschlossen hatten, abgewälzt wurde. In dem Grabe fand man indessen Nichts als die Todtenkleider. Daß er am dritten Tage aber wieder auferstehen würde, hatten schon längst die Propheten vorhergesagt. David sagt im fünfzehnten Psalme: „Du wirst meine Seele nicht bei den Todten lassen, noch wirst hingeben deinen Heiligen, zu schauen die Verwesung." Ebenso sagt Osee:[1] „Dieser ist mein weiser Sohn, deßhalb wird er nicht zurückbleiben (unterliegen), wenn auch seine Kinder in Betrübniß sind; aus der Gewalt des Todtenreiches will ich ihn befreien. Wo ist dein Machtspruch, Tod, wo ist dein Stachel?" Derselbe sagt an einer anderen Stelle:[2] „Er wird uns nach Verlauf von zwei Tagen am dritten Tage wieder lebendig machen." Als er nun nach der Auferstehung sich nach Galiläa begeben hatte, versammelte er seine Jünger, welche die Furcht zur Flucht gebracht hatte, von Neuem, und als er ihnen die Befehle gegeben, welche er ausgeführt wissen wollte, und die Predigt des Evangeliums auf dem ganzen

---

1) Os. 13, 14. — 2) Ebend. 6, 3.

Erdkreise angeordnet hatte, da hauchte er sie an mit dem heiligen Geiste¹) und gab ihnen die Macht, Wunder zu wirken, auf daß sie zum Heile der Menschen sowohl durch Thaten als auch durch Worte wirken könnten, und dann erst kehrte er am vierzigsten Tage, aufgenommen in eine Wolke, zum Vater zurück. Das hatte der Prophet Daniel schon längst geoffenbart mit den Worten:²) „Ich schaute in einem Gesichte der Nacht, und siehe, in den Wolken des Himmels als Menschensohn kommend, kam er bis zu dem Altbetagten (Ewigen), und Die bei ihm waren, stellten ihn (den Menschensohn) vor. Und es wurde Diesem gegeben Reich und Ehre und Herrschaft, und alle Völker, Stämme und Zungen werden ihm dienen, und seine Macht, die niemals schwinden wird, ist ewig, und sein Reich wird niemals untergehen." Ebenso sprach David im hundertneunten Psalme: „Es spricht der Herr zu meinem Herrn: Setze dich zu meiner Rechten, bis deine Feinde ich zum Schemel deiner Füße mache."

48. Wie die Juden verworfen und die Heiden an Kindes Statt angenommen werden.

Da er nun zur Rechten des Vaters sitzt, um seine Feinde, welche ihn gekreuzigt haben, zu demüthigen, wann er gekommen sein wird, die ganze Welt zu richten, so ist es einleuchtend, daß den Juden keine Hoffnung bleibt, wofern sie sich nicht zur Buße bekehren und, gereinigt von dem Blute, womit sie sich befleckt haben, angefangen haben, auf Den zu hoffen, den sie verläugnet haben. Deßhalb spricht Esdras also: „Dieses Osterlamm³) ist unser Retter, unsere

---

1) Hier redet Laktantius ausdrücklich vom heiligen Geiste; siehe auch IV, 12.
2) Dan. 7, 13.
3) Diese Stelle findet sich jetzt nicht mehr in der heiligen Schrift; sie findet sich bei Just. c. Tryphon. 72. S. 644 mit dem Bemerken, daß die Juden sie ausgemerzt hätten. Der Aus-

Zuflucht. Bedenket es, und laſſet es in euer Herz eindringen, da wir ihn in Ernieberung am Kreuze haben, um hernach auf ihn zu hoffen." Die Schriften beſtätigen demnach, daß die Juden von der Erbſchaft entfernt worden ſind, weil ſie Chriſtum verworfen haben, und daß wir, aus den Heiden, an Kindesſtatt ſind angenommen worden. Jeremias ſagt alſo:[1] „Ich habe mein Haus verlaſſen, ich habe meine Erbſchaft vertheilt in die Hände ſeiner Feinde; die mir gewordene Erbſchaft war wie der Löwe in dem Walde; ſie ſchrie wider mich, deßhalb habe ich ſie verabſcheut." Deßgleichen ſpricht Malachias:[2] „Ich habe kein Wohlgefallen mehr an euch, ſpricht der Herr, und werde kein Opfer annehmen von euren Händen; denn vom Aufgange der Sonne bis zu ihrem Niedergange wird mein Name herrlich ſein unter den Völkern." Iſaias äuſſert ſich noch in folgender Weiſe: „Ich komme, zu verſammeln alle Völker und Zungen, und ſie werden kommen, um meine Herrlichkeit zu ſchauen." Derſelbe ſagt an einer anderen Stelle:[3] „Ich, der Herr, dein Gott, habe dich gerufen zur Gerechtigkeit, um deine Hand zu faſſen und dich zu behüten; ich habe dich zum Bunde für mein Volk, zum Lichte für die Heiden, daß du öffneſt die Augen der Blinden und die Ge-

---

druck: „Das Oſterlamm iſt unſer Erlöſer" bezeugt des Laktantius Anſicht von der Bedeutung des Opfertodes Chriſti; vgl. noch IV, 18: Er mußte ſterben für das Heil Vieler. Das „Viele" iſt hier zu verſtehen, wie Jeſus am letzten Abendmahle ſagt, daß ſein Blut für „Viele" vergoſſen werde. IV, 20 heißt es: „Morte pro nobis ſuscepta nos haeredes fecit regni aeterni." Ich habe nach Eduarbus, der ſich auf Codex Taurin. beruft, in ligno „am Kreuze" geleſen. Lenglet führt zwei Manuſkripte mit gleicher Lesart aus Paris an; die mir in fünfter Auflage vorliegende Ueberſetzung der Inſtitutionen von René Fame (Lyon 1563) hat auch: en la Croix. Trojus erklärt bei Galläus, daß dieſe Stelle ein frommer Betrug des Juſtinus und Laktantius ſei; Dieß widerlegt Eduarbus diſſertatio XL, 2, 10.

1) Jerem. 12, 7. — 2) Malach. 1, 10. — 3) Iſ. 42, 6.

fangenen führeſt aus der Haft und aus dem Gefängniſſe, die im Finſtern ſitzen."

49. Gottes Weſenheit iſt nur eine.

Wenn alſo die Juden, wie die heiligen Schriften zuverläſſig lehren, von Gott verworfen worden, die Heiden aber, wie wir ſehen, ſtatt ihrer von Gott angenommen worden und aus den Finſterniſſen dieſes irdiſchen Lebens und aus den Schlingen der böſen Geiſter befreit worden, ſo iſt dem Menſchen keine andere Hoffnung gegeben als nur die, der wahren Religion und der wahren Weisheit, welche in Chriſtus iſt, zu folgen, und wer ihn nicht kennt, bleibt der Wahrheit und Gott immer fremd. Und es mögen ſich bezüglich des höchſten Gottes weder Juden noch Philoſophen trügeriſche Hoffnungen machen. Wer den Sohn nicht anerkennt, kann auch den Vater nicht anerkennen. Das iſt Weisheit und das die religiöſe Verehrung des höchſten Gottes. Durch Jenen wollte Gott erkannt und verehrt ſein. Deßhalb ſandte er vorher Propheten, daß ſie ſeine Ankunft vorher verkündigten, damit, wenn alle Verheißungen an ihm erfüllt wären, die Menſchen alsdann an ihn als Sohn Gottes und Gott glauben möchten. Das iſt jedoch nicht ſo aufzufaſſen, als wenn ſie zwei Götter wären; denn der Vater und der Sohn ſind eins. Da nun der Vater den Sohn liebt und ihm Alles zuertheilt und der Sohn dem Vater treu anhängt und nichts Anderes will, als was der Vater will, ſo kann ein ſo überaus inniges Verhältniß ja gar nicht gelöſt werden, ſo daß man ſagen kann, es ſind Zwei, in denen aber nur eine Weſenheit, ein Wille und eine Wahrheit iſt. Deßhalb iſt auch der Sohn im Vater und der Vater im Sohn. Ein und dieſelbe Ehre iſt Jedem von Beiden als einzigem Gott zu bezeigen, und in ſo weit iſt ſie in zwei Verehrungen zu trennen, daß die Theilung ſelbſt wird durch ein unzertrennliches Band verbunden werden.

Keinen Gott wird Der haben, der entweder den Vater vom Sohne oder den Sohn vom Vater trennt.

50. Warum Gott den menschlichen Leib annahm und den Tod erlitt.

Es bleibt nun noch übrig, Denen zu antworten, die es für unpassend und unvernünftig halten, daß Gott einen sterblichen Leib annahm, daß er sich den Menschen unterwarf, Beschimpfungen ertrug, sogar noch Qualen und den Tod erlitt. Ich werde nun mittheilen, was ich davon denke, und das überaus Erhabene in möglichst wenigen Worten zusammenfassen. Wer Etwas lehrt, muß meiner Meinung nach selbst thun, was er lehrt, damit er die Menschen zur Annahme (seiner Lehre) bewege. Wenn er es nicht thun will, wird er keine Glaubwürdigkeit (für seine Lehren) bieten. Es sind also Beispiele nothwendig, damit Das, was vorgeschrieben, eine feste Stütze habe, und daß, wenn ein Widerspenstiger auftreten sollte und spräche, es sei unmöglich auszuführen, der Lehrer Jenen durch die vorgehaltene Ausführung überführen könne. Eine Unterweisung kann also nicht vollkommen sein, wenn sie nur durch Worte gelehrt wird, sondern dann ist sie erst vollkommen, wenn sie durch Werke erfüllt wird. Als daher Christus als Lehrer der Tugend zu den Menschen geschickt wurde, so mußte er sowohl lehren als auch thun, damit seine Lehre ganz vollkommen wäre. Aber wenn er keinen menschlichen Leib[1] angenommen hätte, so konnte er nicht thun, was er lehrte,

---

1) Laktantius hat hier das zu gebende Beispiel für die Nothwendigkeit der Menschwerdung etwas zu stark betont; daß dieses aber doch sehr wichtig, geht daraus hervor, daß der Heiland dreißig Jahre nur durch Beispiele wirkte; daß die Menschwerdung auch wegen der Sühne von Laktantius als nothwendig erkannt wurde, darüber siehe Kap. 48 in der Note.

das heißt, nicht zürnen, nicht Reichthum begehren, nicht von
Leidenschaft entflammt werden, Schmerz nicht fürchten, den
Tod verachten. Dieses sind ganz gewiß Tugenden, aber sie
können ohne Leib nicht ausgeführt werden. Deßhalb hat
er also einen Leib angenommen, damit, wenn er lehrte, daß
die Gelüste des Fleisches überwunden werden müßten, er
Dieß zuerst selbst thäte, damit Keiner als Entschuldigung
die Schwäche des Fleisches vorschützen könnte.

51. Christi Tod am Kreuze.

Ich will jetzt über das Geheimniß des Kreuzes sprechen, damit Keiner etwa sage: Wenn Jener den Tod auf
sich nehmen mußte, so hätte er wenigstens doch keinen so ehr-
losen und schändlichen (annehmen sollen), sondern einen,
der in etwa ehrbar war. Ich weiß nun ganz gewiß, daß
Viele, indem sie vor dem Namen des Kreuzes zurückschau-
dern, sich auch der Wahrheit entziehen, obgleich sich in demselben
eine ganz gewaltige Weisheit[1]) findet. Denn da er zu dem
Zwecke gesandt worden, daß er Allen, die auch noch so sehr
erniedrigt wären, den Weg zum Heile bahnen sollte, so hat
er sich selbst erniedrigt, um Diese zu retten. Deßhalb nahm
er die Todesart auf sich, welche den gewöhnlich Verachteten
zuerkannt wird, damit Allen die Möglichkeit geboten würde,
ihm nachzufolgen. Da er zudem noch vom Tode auferstehen sollte, so durfte ihm kein Theil des Körpers abgenommen noch ein Glied[2]) zerbrochen werden, was Jenen
widerfährt, die enthauptet werden. Daher war das Kreuz
vorzugsweise geeignet, den Leib mit ganzen Gliedmaßen für
die Auferstehung zu erhalten. Hiezu kam noch der Umstand,
daß er, als das Leiden und der Tod einmal übernommen war,

---

1) Vergleiche I. Kor. 1, 23. 24.
2) Laktantius hat hier der heidnischen Auffassung etwas Rech-
nung getragen; den wahren Grund dafür, daß Christus kein Glied
gebrochen wurde, siehe Joh. 20; Exod. 12; Num. 9.

erhöht werden mußte. So sehr hat Jenen das Kreuz thatsächlich und sinnbildlich erhöht, daß Allen seine Herrlichkeit und seine Macht mit dem Leiden selbst kund geworden. Weil er nämlich am Kreuzesholze seine Hände ausstreckte, so hat er seine Arme nach Osten und Westen ausgebreitet, damit alle Nationen[1]) von beiden Weltgegenden an seinen Busen zur Ruhe kämen. Wie viel aber dieß Zeichen vermag und was es für Macht hat, liegt auf der Hand, da jede Schaar böser Geister durch dieses Zeichen ausgetrieben und in die Flucht geschlagen wird. Und wie er selbst vor seinem Leiden die bösen Geister durch das Wort seines Befehles schreckte, so werden jetzt durch den Namen und das Zeichen[2]) desselben Leidens die unreinen Geister, wenn sie sich in die Körper der Menschen eingeschlichen haben, vertrieben, indem sie gefoltert sich als böse Geister erklären und sich vor Gott, der sie züchtigt, zurückziehen. Was mögen sich demnach die Griechen von ihren religiösen Verehrungen und ihrer Weisheit für Hoffnungen machen, da sie sehen, daß ihre Götter, die sie als böse Geister nicht verläugnen, durch das Kreuz von den Menschen überwunden werden?

52. Die Hoffnung des menschlichen Heiles beruht auf der Kenntniß des wahren Gottes; die Heiden hassen die Christen.

Die Menschen haben also eine Hoffnung des Lebens, einen Hafen des Heiles, eine Zufluchtsstätte der Freiheit, wofern sie nach Entfernung der ihnen anklebenden Irrthümer die Augen ihres Verstandes öffnen und ihren Gott erkennen, in dem allein der Sitz der Wahrheit ist, das Ir-

---

1) Siehe Joh. 12, 32: „Von der Erde [an's Kreuz] erhöht werde ich Alles an mich ziehen;" vgl. Joh. 8, 28.
2) Ueber die Kraft des heiligen Kreuzes siehe Gretser, de cruce lib. 4, 23; Eduardus dissert. 31, 4. 7.

tische, das aus Erde Gebildete, gering schätzen, die Philosophie, welche bei Gott Thorheit ist, für Nichts achten und durch die wahre Weisheit, das ist durch die Annahme der Religion, Erben der Unsterblichkeit werden. Aber freilich streitet man nicht so sehr gegen die Wahrheit als vielmehr gegen sein eigenes Heil, und wenn man dergleichen hört, verabscheut man es wie einen unverzeihlichen Frevel. Sogar will man es nicht einmal anhören, in dem Wahne, daß die Ohren alsdann durch eine unehrbare Rede entweiht würden. Wenn man dergleichen gehört hat, dann schmäht man nicht bloß, sondern man verfolgt mit aller nur erdenklichen Verleumdung. Und wenn solche Menschen die Macht erlangt haben, dann verfolgen sie die Verehrer des wahren Gottes — wie öffentliche Feinde, ja sogar noch mehr als Feinde, die, wenn sie im Kriege überwunden worden, entweder den Tod oder die Knechtschaft als Strafe erhalten. Aber sonst werden sie durchaus nicht gequält, wenn sie die Waffen niedergelegt haben, obgleich sie jegliche (Mißhandlung) zu ertragen verdient hatten, die sie (den Anderen) zufügen wollten: auf diese Weise herrscht Milde[1]) zwischen den Schwertern. Unerhört ist also die Grausamkeit, da den Unschuldigen nicht einmal das Loos von überwundenen Feinden zu Theil wurde. Was ist nun der Grund einer solchen Raserei? Freilich brauchen sie Gewalt, weil sie auf einen vernünftigen Grund hin nicht vorgeben können; sie verurtheilen sie als sehr schuldig ohne Prozeßverhandlung, weil sie nicht wollen, daß ihre Unschuld thatsächlich festgestellt werde. Sie halten es aber nicht für genügend, wenn Die eines schnellen und einfachen Todes sterben sollen, welche sie unsinnig hassen, sondern mit ausgesuchten Qualen peinigen sie dieselben, um ihren Haß zu sättigen, und Das verursacht nicht irgend eine Schuld, sondern die Wahrheit, die deßhalb Denen,

---

1) Lactantius sagt V, 9, 3: Est locus inter arma clementiae; er hat den Gedanken aus Vergil VI, 853:
„Parcere subjectis et debellare superbos".

die schlecht leben, gehässig ist, weil es sie ärgert, daß es
Einige gibt, denen ihre Thaten nicht gefallen können.
Diese nun suchen sie auf jede Weise aus dem Wege zu
schaffen, damit ihr Sündigen ungehindert ohne Zeugen geschehen könne.

**53. Die Ursachen des Hasses gegen die Chri-
sten werden erwogen und widerlegt.**

Aber sie erklären, Dieß zu thun, um ihre Götter zu
schützen! Zunächst, wenn sie Götter sind und irgend Kraft
oder Macht besitzen, so bedürfen sie ja nicht der Vertheidigung und des Schutzes von den Menschen, im Gegentheil
beschützen sie sich ganz gewiß selbst. Aber wie kann der
Mensch von ihnen Hilfe hoffen, wenn sie nicht einmal ihre
eigenen Unbilden rächen können? Eitle Thorheit ist es
demnach, Rächer der Götter sein zu wollen; hieraus wird
ja nur ein größeres Mißtrauen offenbar. Wer nämlich die
Beschützung eines Gottes, den er verehrt, auf sich nimmt,
bekennt dadurch, daß Jener gar keine Macht habe; wenn
er ihn aber deßhalb verehrt, weil er ihn für mächtig hält,
darf er Den nicht vertheidigen wollen, von dem er selbst vertheidigt werden muß. Wir handeln deßhalb ganz recht.
Da diese Beschützer der falschen Götter nämlich Rebellen
gegen den wahren Gott sind, verfolgen sie seinen Namen
in uns, und wir kämpfen nicht mit einem Worte dagegen,
sondern sanftmüthig, schweigend und geduldig ertragen wir
Alles, was auch nur Grausamkeit gegen uns ersinnen kann.
Wir haben nämlich Vertrauen auf Gott, von dem wir die Züchtigung als bald folgend erwarten. Und dieses Vertrauen ist
kein eiteles. Wir haben ja an allen Denjenigen, die diese
Frevelthat gewagt haben, ein elendes Lebensende theils kennen gelernt, theils sehen[1] wir es noch. Und kein Einziger

---

1) Wenn wir die Lesart videmus festhalten, haben wir hier
einen Beweis, daß das Buch in der Verfolgung des Licinius nach

hat den Frevel gegen Gott ohne Züchtigung verübt. Wer aber den wahren Gott durch Belehrung nicht kennen lernen wollte, hat es durch seine Strafe gelernt. Ich möchte wissen, was sie für eine vernünftige Überlegung haben, wenn sie Menschen gegen ihren Willen zum Opfer zwingen, oder wenn sie Das leisten, was s i e thun! Wenn sie es den Göttern erweisen, so ist es keine Verehrung noch ein angenehmes Opfer, weil es wider Willen dargebracht wird, weil es durch Unbilden erzwungen wird, und weil es durch Schmerz entlockt wird. Wenn es aber gerade für Die geschieht, welche man zwingt, so ist es ganz gewiß keine Wohlthat, da man sogar eher sterben will, als sie annehmen. Wenn Das gut ist, wozu du mich einladest, weßhalb bestürmest du mich durch Leiden, warum nicht vielmehr durch Worte als durch Schläge, warum nicht vielmehr durch einen Vernunftbeweis als durch Qualen des Körpers? Daher ist es offenbar, daß es etwas Schlechtes sei, wozu du den Menschen nicht mit seinem Willen anziehst, sondern ihn trotz seines Widerstrebens hinreissest. Was ist es für eine Thorheit, für Jemanden gegen dessen Willen Sorge zu tragen? Oder kannst du wohl, wenn Jemand durch drückende Leiden zum Tode seine Zuflucht zu nehmen versucht und du ihm entweder das Schwert[1])

---

320 verfaßt ist. Seite 100 haben wir mit Bezug auf VI, 17: „Spectantur adhuc poenae" gezeigt, daß die sieben Bücher in der diokletianischen Verfolgung 310—313 abgefaßt sind. Lenglet bestreitet zwar in der Vorrede S. 5, daß der Ausdruck spectantur — poenae die Fortdauer der Verfolgung beweise; er will poenae — spectantur von Merkmalen f r ü h e r e r Strafen verstanden wissen; allein dann hätte Laktantius poenarum insignia geschrieben wie V, 13. Das jam pridem der Vorrede weist uns auf Licinius' Verfolgung hin, und das videmus bestätigt diese Andeutung.

1) Laktantius hat sich hier zu einer irrigen Behauptung hinreissen lassen; es ist Pflicht für den Christen, einem Lebensmüden die Waffe zu entreissen, und somit ist es auch eine Wohlthat; siehe auch Seneca de benef. IX, 15.

entreissest oder den Strick abnimmst oder von einem jähen
Sturze zurückziehst oder das Gift ausgießest, dich alsdann
als Retter eines solchen Menschen rühmen, obgleich Jener,
den du gerettet zu haben glaubst, dir gar keinen Dank ausspricht, sogar glaubt, daß du schlecht mit ihm gehandelt ha-
best, weil du ihn von dem gewünschten Tode abhieltest und
du ihn nicht zum Lebensende, das heißt zum Ausruhen von
den Leiden gelangen ließest? Eine Wohlthat muß nämlich
nicht nach der Beschaffenheit der Handlung, sondern nach
der Gesinnung des Empfängers abgewogen werden. Warum
hältst du Das für eine Wohlthat, was mir eine Übelthat
ist? Du willst, daß ich deine Götter verehre, und ich glaube,
daß mir Das den Tod bringt. Wenn es etwas Gutes ist,
beneide ich dich nicht. Genieße allein dein Gut! Es ist
gar kein Grund vorhanden, daß du meinem Irrthume ab-
helfen willst, den ich nach überlegter Wahl angenommen
habe. Wenn es aber etwas Böses ist, weßhalb reissest du
mich hin zur Theilnahme daran? Genieße dein Loos![1]) Ich
will lieber im Guten sterben als im Schlechten leben.

54. Über die Freiheit der Religion bezüglich der Verehrung Gottes.

Das kann zwar mit Recht gesagt werden. Aber wer
wird es hören, wenn es noch irgend eine Freiheit in den
menschlichen Angelegenheiten gäbe, wann leidenschaftliche und
ihrer selbst nicht mächtige Menschen glauben, daß ihre Herrschaft verringert werde? Und doch ist es die Religion vorzugsweise, in welcher die Freiheit ihren Sitz genommen hat.
Sie ist vor anderen Dingen etwas Freiwilliges, und es kann
Keinem Zwang angethan werden, das zu verehren, was er
nicht will. Es kann Das vielleicht Einer heucheln, aber
Willenszustimmung ist nicht möglich. Wenn Einige endlich
aus Furcht vor Qualen oder durch Peinen überwunden zu

---

1) Vergil Aeneis XII, 932.

abscheulichen Opfern eingewilligt haben, so thun sie doch niemals freiwillig, was sie aus Zwang gethan haben, sondern sobald es wieder in ihrer Macht steht, wenden sie sich von Neuem nach erlangter Freiheit zum wahren Gott, versöhnen ihn durch Bitten und Thränen und thun Buße, nicht für ein frei gewolltes (Opfer), da sie keinen freien Willen hatten, sondern für jenes, das im erlittenen Zwange gebracht wurde. Da sie nun Genugthuung leisten, wird ihnen die Verzeihung nicht abgeschlagen. Was richtet Der also aus, der den Körper entweiht, wenn er den Willen nicht beugen kann? Indeß jubeln aber die Menschen mit erbärmlicher Denkkraft unverschämt und mit unglaublicher Freudigkeit, wenn sie einen tapferen Menschen dahin gebracht haben, ihren Göttern zu opfern, und sie freuen sich, als wenn sie einen Feind unter das Joch gebracht hätten. Wenn aber irgend Einer weder durch Drohungen noch durch Folter erschreckt lieber den Glauben seinem Leben vorziehen will, so erschöpft die Grausamkeit gegen einen Solchen ihren Scharfsinn; was sich nicht sagen oder denken läßt, setzt sie in's Werk, und weil sie wissen, daß der Tod für Gott ehrenvoll sei, und daß derselbe unser Sieg sei, wenn wir triumphirend über die Henkersknechte das Leben für den Glauben und die Religion hingeben, so strengen sie sich auch selbst an, daß sie siegen. Sie thun ihnen (deßhalb) den Tod nicht an, sondern sie ersinnen neue und unerhörte Qualen, damit die Schwäche der tiefst inneren Empfindung den Schmerzen nachgebe, und wenn sie nicht nachgibt, halten sie inne und verwenden sorgsame Pflege an den Wunden, damit die wiederholten Foltern den noch frischen Narben mehr Schmerz zufügen; und Die, welche gegen Unschuldige solche Quälereien üben, halten sich freilich für fromm, gerecht und gottesfürchtig (an solchen Opfern der Götter erfreuen sie sich nämlich), Jene aber nennen sie Gottlose und Hoffnungslose. Was ist es nun für eine Bosheit, daß Der, welcher unschuldig gequält wird, gottlos und hoffnungslos genannt wird, der Henker aber für gerecht und fromm erklärt wird?

55. Die Heiden schwärzen die Gerechtigkeit, welche Gott dient, durch die Beschuldigung der Gottlosigkeit an.

Aber sie sagen; daß Die mit Recht gestraft würden, welche die öffentlichen, von den Vorfahren überlieferten Religionen verabscheuen. Was? Wenn jene Vorfahren bei der Annahme eiteler Gottesverehrungen thöricht waren, wie wir Das bereits früher nachgewiesen haben, soll uns eine Schranke gesetzt werden, das Wahre und Bessere zu erstreben? Warum rauben wir uns die Freiheit und dienen unselbstständig fremden Irrthümern? Es soll gestattet sein, zur besseren Erkenntniß zu kommen und die Wahrheit aufzufinden. Wenn es jedoch beliebt, die Thorheit der Vorfahren in Schutz zu nehmen, warum bleiben aber die Aegypter ungestraft, welche vierfüßige Thiere und sonstige Thiere jeder Art als Götter verehren? Warum werden über die Götter selbst theatralische Vorstellungen gemacht und Der, welcher sie sehr witzig verspottet hat, geehrt? Warum hört man auf die Philosophen, welche entweder sagen, daß es keine Götter gebe, oder wenn es solche gebe, daß sie für Nichts sorgen und die menschlichen Angelegenheiten nicht berücksichtigen, oder die behaupten, daß es durchaus gar keine Vorsehung gebe, welche die Welt regiert? Als Gottlose werden ganz allein von Allen Die erklärt, welche dem wahren Gotte[1] und der Wahrheit anhangen. Und da diese zugleich Gerechtigkeit und Weisheit ist, so machen Jene sie schlecht durch eine Anschuldigung von Gottlosigkeit und Thorheit, und sie erfassen nicht die Ursache ihrer Täuschung, weil sie das

---

1) Dieser herrliche Satz des Laktantius hat sich zu allen Zeiten bewahrheitet und ist ein großer Trost für den katholischen Christen, da er mit seiner Kirche stets allein geschmäht und verfolgt wird. Diese einzige Thatsache schon ist ein Beweis für die Echtheit unseres Glaubens, da sie Jesu Wort bestätigt: „Haben sie mich verfolgt, so werden sie euch auch verfolgen."

Schlechte gut und das Gute schlecht nennen. Die meisten Philosophen, aber vorzüglich Plato und Aristoteles, haben allerdings viel über die Gerechtigkeit[1]) gesprochen, indem sie diese Tugend in ihren Erörterungen mit dem höchsten Lobe rühmten, weil sie einem Jeden das Seinige zukommen lasse, weil sie die Billigkeit in Allem wahre. Und obgleich die übrigen Tugenden still im Inneren eingeschlossen seien, (sagen sie,) daß es die Gerechtigkeit allein sei, welche weder bloß für sich sorge noch auch verborgen sei, sondern ganz nach außen hervortrete und geneigt sei, Gutes zu thun, damit sie möglichst Vielen nütze, gerade als wenn bei den Richtern allein und bei Denen, die irgend ein Amt haben, und nicht bei Allen die Gerechtigkeit sein müßte. Und doch gibt es keinen Menschen, und wenn er auch ganz niedrig oder ein Bettler wäre, dem die Gerechtigkeit nicht zu Theil werden könnte. Aber weil sie nicht wußten, woher sie stammte, und was für eine Wirksamkeit sie hatte, so haben sie jene höchste Tugend, welche das gemeinsame Gut Aller ist, nur Wenigen zuertheilt und erklärt, daß sie nicht eigene Vortheile erwarte, sondern bloß für den Nutzen Anderer besorgt sei. Und nicht mit Unrecht ist Karneades aufgetreten, der mit vorzüglichem Geiste und Scharfblicke begabt die Auseinandersetzung Jener widerlegte und die Gerechtigkeit, welche kein festes Fundament hatte, umstürzte, nicht weil er meinte, daß die Gerechtigkeit zu verachten sei, sondern um zu zeigen, daß jene Vertheidiger derselben gar keine bestimmte Sicherheit über die Gerechtigkeit vorbrächten.

56. Die Gerechtigkeit ist die wahre Gottesverehrung.

Wenn nämlich die Gerechtigkeit in der wahren Gottes-

---

1) Vergleiche Plato de republ. IV, 10. S. 433 A. Darnach ist die Gerechtigkeit „τὸ τὰ αὑτοῦ πράττειν“; ihr Wesen liegt darin, daß Jeder das Seinige thue und Jedem das Seinige zukomme. Plato nennt sie auch ἰσότης κοινωνική; siehe Aristoteles in Ethic. ad Nicom. lib. V.

verehrung besteht, (was ist denn so angemessen zu einer billigen Handlungsweise, so pflichtmäßig für Ehre, so nothwendig zum Heile, als Gott zu erkennen als Vater (Schöpfer), ihn zu verehren als Herrn und seinem Gesetze und seinen Vorschriften zu gehorchen?) so kannten ja die Philosophen die Gerechtigkeit nicht, weil sie weder Gott selbst erkannten, noch sein Gesetz und seine Vorschriften beobachteten; und deßhalb konnten sie von Karneades widerlegt werden, dessen Rede also lautet: es gebe kein von der Natur ausgehendes Recht, deßhalb nähmen alle lebenden Wesen unter Leitung der Natur ihre Vortheile wahr, und deßhalb müsse die Gerechtigkeit, wenn sie für fremde Vortheile sorge, die ihrigen aber vernachläßige, als Thorheit erklärt werden. Wenn deßhalb alle Völker, die eine Herrschaft besäßen, und selbst die Römer, die den ganzen Erdkreis in Besitz genommen hätten, der Gerechtigkeit folgen wollten und Jedem das Seinige, was sie mit Waffengewalt in Besitz genommen, zurückerstatteten, so müßten sie zu ihren Hütten in Dürftigkeit zurückkehren. Wenn sie Das thäten, so müßten sie zwar für gerecht, aber auch für Thoren gehalten werden, weil sie sich bemühten, um Anderen zu nützen, sich selbst zu schaden. Ferner (sagte er), wenn Einer einen Menschen fände, der aus Irrthum entweder Gold für Messing oder Silber für Blei verkaufte und ein dringender Grund ihn nöthigte, dasselbe zu kaufen, wird er sich unkundig zeigen und es um geringen Preis kaufen, oder wird er es vielmehr entdecken? Wenn er es ihm entdecken wird, wird er freilich für gerecht gehalten, weil er ihn nicht getäuscht hat, aber auch für einen Thoren, weil er einem Anderen Vortheil verschafft hat, sich den Schaden. Aber der Schaden ist noch erträglich. Wenn aber sein Leben in Gefahr kommen wird, so daß er entweder (einen Anderen) tödten oder selbst sterben muß, was wird er alsdann thun? Es kann sich nämlich ereignen, daß er nach erlittenem Schiffbruch einen Schwachen findet, der sich auf einem Brette befindet, oder auch, daß er nach Besiegung des Heeres als Flüchtling einen Anderen findet, der als Verwundeter auf einem Pferde sitzt;

wird er wohl Jenen vom Brette oder Diesen vom Pferde stürzen, damit er selbst entkommen könne? Wenn er wird gerecht sein wollen, so wird er es nicht thun, aber auch als Thor erklärt werden, indem er das Leben eines Anderen schont, das seinige hingibt. Wenn er es thut, wird er zwar klug scheinen, weil er für sich sorgt, aber auch schlecht, weil er Schaden zufügen wird.¹)

57. Weisheit und Thorheit.

Das Vorgetragene ist allerdings scharfsinnig, aber sehr leicht kann man darauf antworten. Die Verwechselung der Begriffe bewirkt nämlich, daß es so zu sein scheint. Denn sowohl hat die Gerechtigkeit den Schein von Thorheit, ohne jedoch Thorheit zu sein, als auch hat die Bosheit einen Schein der Weisheit, ohne jedoch Weisheit zu sein. Wie aber jene Bosheit, die in der Sorge für eigenen Vortheil klug und scharfsinnig ist, keine Weisheit, sondern listige Verschlagenheit ist, so muß auch die Gerechtigkeit nicht Thorheit, sondern Unschuld genannt werden. Weil der Gerechte nothwendig weise sein muß, muß der Thörichte ungerecht sein. Denn weder die Vernunft noch die Natur selbst läßt zu, daß Der, welcher gerecht ist, nicht weise sei, da ja der Gerechte durchaus Nichts thut, als was recht und gut ist,

---

1) Diese ganze Erörterung des Carneades findet sich bei Cicero de republica II, 19 ff. Diese unsinnige Sophisterei, die im Talmud von den Juden noch vertreten ist (Rohling, Talmud-Jude, und Bonifaziusbroschüren 11, 1875), ist im Christenthume, wo Jesu Lehre gilt: „Was du nicht willst, daß dir geschehe, thue auch keinem Anderen," verurtheilt. Carneades aus Kyrene, geb. 210, gest. 129, ist Begründer der neueren (dritten) Akademie; er lehrte lange in Athen. Er kam nach Rom 155 als Gesandter, um den Athenern die wegen Zerstörung von Oropus auferlegte Geldbuße von fünfhundert Talenten abzuwenden; siehe Gellius VI, 14; Cicero de oratore III, 18. 19. 21. 36; Cicero Tuscul. 3, 54; 4, 5; 5, 83—87; Hülsemann ad Acad. II, S. 460; Bähr röm. Liter. III, § 353; Zeller, Philosophie der Griechen III, 4

das Böse und das Verkehrte immer flieht. Kein Anderer kann das Gute und das Böse, das Verkehrte und das Richtige unterscheiden als der Weise. Der Thörichte aber handelt böse, weil er nicht weiß, was gut und böse ist. Deßhalb sündigt er, weil er das Verkehrte und Rechte nicht unterscheiden kann. Deßhalb kann der Thörichte keine Gerechtigkeit, der Ungerechte keine Weisheit besitzen. Deßhalb ist Der nicht thöricht, der weder den Schiffbrüchigen vom Brette, noch auch den Verwundeten vom Pferde herabstürzen wird, weil er sich enthält, einem Anderen zu schaden, was Sünde ist; der Weise aber muß die Sünde fliehen. Daß er aber als Thor beim ersten Anblicke erscheint, bewirkt der Umstand, daß man annimmt, daß die Seele mit dem Körper untergehe. Deßhalb bezieht man jeden Vortheil auf dieses Leben. Freilich wenn nach dem Tode Alles aus ist, dann handelt Der allerdings thöricht, welcher das Leben eines Anderen mit dem Verluste des seinigen verschont, oder wer mehr sorgt für den Gewinn eines Anderen als für den seinigen. Wenn der Tod die Seele vernichtet, dann muß man sich bemühen, länger und bequemer zu leben. Wenn aber nach dem Tode ein ewiges und glückliches Leben bleibt, so wird der Gerechte und Weise sicher dieses irdische Leben mit allen Gütern der Erde verachten; er weiß ja, welchen Lohn er von Gott empfangen wird. Deßhalb laßt uns Unschuld und Gerechtigkeit festhalten, laßt uns den Schein der Thorheit auf uns nehmen, damit wir die wahre Weisheit festhalten können. Und wenn es den Menschen unsinnige Thorheit scheint, daß sie sich quälen lassen, und lieber zu sterben als den Göttern zu opfern und unverletzt fortzugehen, wir wollen uns dennoch bemühen, durch alle Kraft und Ausdauer Gott die Treue zu bewahren. Kein Tod soll uns schrecken, kein Schmerz uns beugen, auf daß die Kraft und Standhaftigkeit des Geistes unerschütterlich erhalten bleibe. Sie mögen uns Thoren schelten, wofern sie selbst die größten Thoren und blind, stumpfsinnig und den Thieren gleich sind, die nicht erkennen, daß es ein todbringendes (Verbrechen) sei, unter Hintansetzung des lebendigen Gottes sich vor dem

Irdischen niederzuwerfen und es anzubeten, die auch nicht wissen, daß Jene eine ewige Strafe erwartet, welche empfindungslose Gebilde verehrt haben, daß Diejenigen aber, welche weder Qualen noch den Tod für die Verehrung und für die Ehre des wahren Gottes zurückgewiesen haben, das ewige Leben erlangen werden. Das ist der erhabenste Glaube, das ist die wahre Weisheit und die vollkommene Gerechtigkeit. Das kümmert uns nicht, was thörichte und verächtliche Menschen denken. Wir müssen auf Gottes Ausspruch achten, damit wir später Die richten, welche über uns Urtheile gefällt haben.

58. Über die wahre Gottesverehrung; das wahre Opfer.

Ich habe nun den Begriff der Gerechtigkeit auseinander gesetzt. Jetzt bin ich daran, zu zeigen, welches das wahre Gottesopfer sei, welches die richtigste Weise sei, Gott zu verehren, damit Keiner glaube, Gott verlange entweder Schlachtopfer oder Wohlgerüche oder kostbare Geschenke, den ja weder Hunger noch Durst noch Kälte noch das Verlangen nach irdischen Dingen erfaßt; daher bedarf er alles Dessen nicht, was man in den Tempeln den Götzenbildern bringt. Wie aber das Körperliche körperlicher Opfer bedarf, so kommen auch dem Unkörperlichen nothwendig unkörperliche Opfer zu. Jener Dinge aber, die Gott dem Menschen zum Gebrauche überwiesen, bedarf er selbst nicht, da ja die ganze Erde in seiner Macht ist; er bedarf keines Tempels, denn ja die Welt als Wohnsitz gehört; auch gibt es kein Bildniß von ihm, da er weder mit den Augen noch mit dem Geiste erfaßt werden kann; ebenso wenig braucht er irdische Lichter, der die Sonne mit den übrigen Sternen zum Gebrauche des Menschen als Lichtkörper zu schaffen vermochte. Was Anderes verlangt also Gott von den Menschen als eine reine und heilige Verehrung des Geistes? Denn Das, was mit der Hand oder ausserhalb des Menschen zu Stande kömmt, ist unpassend, hinfällig und unangenehm. Das wahre Opfer aber wird aus dem Herzen gebracht, nicht was mit der Hand aus irgend einem Behälter zum Opfer gebracht wird, sondern was der Geist opfert. Das ist das angenehme Opfer, welches die Seele aus sich opfert. Was nützen Opferthiere, Weihrauch, Kleider, Silber, Gold, ja sogar kostbare Steine, wenn der Opfernde kein reines Herz hat? Somit ist es einzig die Gerechtigkeit, die Gott verlangt. Darin besteht das Opfer und die Verehrung, die Gott zukommt. Jetzt erübrigt mir nur noch zu erörtern und zu zeigen, welche Werke die Gerechtigkeit erfordere.

59. Die zwei Wege des Lebens und die ersten Verirrungen der Menschheit.

Die Philosophen sowohl als auch die Dichter wußten schon, daß es zwei Lebenswege[1] gebe, aber beide haben dieselben auf verschiedene Weise vorgetragen. Die Philosophen bestimmten den einen als den Weg des Fleisses, den anderen als den der Trägheit; aber Das machten sie nicht vollständig richtig, weil sie diese bloß auf die Vortheile dieses Lebens bezogen. Besser haben die Dichter[2] den einen den der Gerechten, den anderen den der Gottlosen genannt. Aber darin irren sie, daß sie dieselben nicht für dieses Leben, sondern für die Verstorbenen aufstellen. Wir aber nennen ganz gewiß mit vollem Rechte den einen den Weg des Lebens, den anderen den des Todes, erklären jedoch auch, daß diese Wege sich hier vorfinden. Jener, der mehr nach rechts geht, auf dem die Gerechten wandern, führt nicht in

---

[1] Siehe hierüber Xenophons Memoiren II. c. I, 21 und Cicero de off. I, 32.
[2] Siehe Vergil VI, 540, von Laktantius VI, 4 angeführt, und Servius zu V. 785.

das Elysium, sondern in den Himmel; denn sie werden
ewig leben (in Herrlichkeit). Der mehr nach links gehende
Weg führt zur Hölle; denn die Ungerechten werden den
ewigen Qualen überwiesen. Also müssen wir den Weg der
Gerechtigkeit, der zum Leben führt, festhalten. Die erste
Pflicht der Gerechtigkeit aber ist, Gott zu erkennen als den
Schöpfer, ihn als Herrn zu fürchten und ihn wie einen
Vater zu lieben. Jener, der uns das Dasein gab und uns
durch den Lebensgeist belebte, der uns nährt und erhält, er
hat ja nicht bloß als Vater, sondern auch als Herr das
Recht, uns zu züchtigen, und ist unser Leben und unser Tod
in seiner Macht. Deßhalb schuldet ihm der Mensch eine
boppelte Ehrenbezeigung, nämlich Liebe und Furcht. Die
zweite Pflicht der Gerechtigkeit ist, den Mitmenschen als
seinen Bruder anzuerkennen. Denn wenn uns derselbe Gott
erschaffen und er Alle insgesammt zur Gerechtigkeit und
zum ewigen Leben unter gleicher Bedingung in's Dasein
gerufen hat, so sind wir ja sicherlich durch ein brüderliches
Band verbunden; wer selbiges nicht anerkennt, ist ungerecht.
Aber der Ursprung dieser Verkehrtheit, wodurch die Verbindung der Menschen unter einander, wodurch das Band
inniger Beziehung gelöst worden, kommt davon her, daß
man den wahren Gott nicht kennt. Wer die Gnadenquelle
nicht kennt, kann in keiner Weise gut sein. Deßhalb ist
seit jener Zeit, wo die Menschen viele Götter aufzustellen
und zu verehren anfingen, nach dem Berichte der Dichter
die Gerechtigkeit verscheucht worden und jede Verbindung
wie auch das menschliche Gesellschaftsrecht zerrissen worden.
Alsdann trug Jeder für sich Sorge, man schätzte das Recht
nach der Kraft, schadete sich gegenseitig, man ging vor mit
Betrug und umgarnte mit List, seine Vortheile förderte
man durch den Nachtheil der Anderen, man schonte weder
Verwandte, noch Kinder, noch die Eltern, und mischte zum
Morde der Menschen Giftbecher, bewaffnet belagerte man
die Wege und machte die Meere unsicher; Willkür aber,
zu welcher die Wuth geführt hatte, herrschte schrankenlos,
mit einem Worte, Nichts hielt man noch für heilig, das

die abscheuliche Leidenschaft nicht verletzt hätte. Als dergleichen geschah, da machten sich die Menschen zum gemeinsamen Nutzen Gesetze, damit sie sich so vor Unbilden schützten. Aber die Furcht vor den Gesetzen unterdrückte die Verbrechen nicht, sondern beseitigte nur die Willkür. Die Gesetze konnten freilich die Vergehen bestrafen, aber das Gewissen konnten sie nicht mit Furcht erfüllen. Deßhalb fing man jetzt an, heimlich zu thun, was früher öffentlich geschah, sogar wurde der Sinn der Gesetze umgangen, da gerade die Handhaber der Gesetze, durch reichliche Geschenke bestochen, richterliche Urtheilssprüche zu verkaufen pflegten, sei es zur Befreiung der Bösen oder zum Verderben der Guten. Hiezu kamen noch Zwistigkeiten und Kriege und gegenseitige Beraubungen, und so kam nach Unterbrückung der Gesetze die Möglichkeit, willkürlich zu wüthen, in Geltung.

60. Die Pflichten der Gerechtigkeit.

Als die menschlichen Verhältnisse in solchem Zustande sich befanden, hatte Gott mit uns Erbarmen, er offenbarte sich uns und gab uns zu verstehen, daß wir an ihm die Religion, den Glauben, die Keuschheit und die Barmherzigkeit erlernen sollten, damit wir so nach Ablegung des Irrthums vom früheren Leben zugleich mit Gott uns selbst, die wir durch Gottlosigkeit uneins geworden, kennen lernen möchten und das göttliche Gesetz, welches der Herr uns selbst übergeben, und das die Erde mit dem Himmel verbindet, annehmen möchten, auf daß durch dieses Gesetz alle Irrthümer, die uns umstrickt hielten, mit allem eitelen und gottlosen Aberglauben beseitigt würden. Was wir nun dem Menschen schulden, schreibt eben dasselbe Gesetz vor, und es lehrt, daß man Gott erweise, was immer man einem Mitmenschen erwiesen habe.[1] Aber die Wurzel der Gerechtigkeit und

---

1) Matth. 25, 40: „Was ihr dem geringsten meiner Brüder gethan habt, Das habt ihr mir gethan;" siehe auch Matth. 10, 40; Joh. 13, 20.

das ganze Fundament der Billigkeit besteht darin, daß du keinem Anderen anthust, was du selbst nicht ertragen willst; die Gesinnung eines Anderen sollst du nach deiner eigenen abmessen. Wenn es bitter ist, Unbilden zu ertragen, und der ungerecht erscheint, welcher sie zufügt, so übertrage auf die Person des Anderen Das, was du bei dir wahrnimmst, und auf die deinige, was du von dem Anderen urtheilst; alsdann wirst du einsehen, daß du sowohl ungerecht handelst, wenn du einem Anderen schadest, als auch der Andere, wenn er dir schadet. Wenn wir das nun im Geiste erwägen, werden wir die Unschuld, worin die Gerechtigkeit gleichsam in der ersten Stufe enthalten ist, festhalten. Das Erste nämlich ist, keinen Schaden zuzufügen, alsdann folgt das Zuwenden von Vortheilen. Wie man aber bei wüsten Äckern vor dem Säen die Disteln ausreißt und alle Stämme mit den Wurzeln herauszieht und so das Feld rein stellen muß, so müssen auch aus unseren Seelen zuerst die Fehler entfernt und alsdann erst die Tugenden eingepflanzt werden, damit aus ihnen durch den Samen des Wortes Gottes Früchte der Unsterblichkeit emporwachsen.

61. Von den Affekten.

Es gibt drei Affekte oder, um mich so auszudrücken, drei Furien,[1] die in den Seelen der Menschen sehr große Verwirrungen erregen und bisweilen zu solcher Pflichtverletzung hintreiben,[2] daß sie keine Rücksicht, sei es für guten

---

1) Laktantius sagt VI, 19, daß die Dichter sie Furien nennen; sie heissen: Tisiphone, Rächerin des Mordes; Alekto, die nie Rastende; Megära, die Feindliche; siehe die Quellen: Jakobi Mythol. S. 320; Cic. de natura deorum 3, 18.
2) Das Wort cogunt heißt nicht zwingen [zur Sünde], wie Wörter a. a. O. Seite 466 es übersetzt, sondern wie Bunemann zu dieser Stelle sagt, maxima vi urgere, gewaltig drängen; so Bergil Aen. III, 56: Quid non cogis auri fames? Cyprian epist. 11, 15; Laktantius epit. 50; Grotius zu Lukas 14, 23:

Namen ober eigene Gefahr, zulaſſen. Der Zorn begehrt Rache, die Habgier verlangt nach Schätzen, die ſinnliche Luſt erſtrebt Genüſſe. Dieſen Laſtern muß man vor Allem widerſtehen und ſie mit der Wurzel ausrotten, damit die Tugenden an ihre Stelle gepflanzt werden können. Die Stoiker glauben nun, daß dieſe Affekte ausgerottet, die Peripatetiker, daß ſie gemildert werden müßten. Beide treffen aber das Richtige nicht, da dieſelben ja nicht ganz beſeitigt werden können, weil ſie, von Natur eingepflanzt, eine beſtimmte und gewichtige Beſtimmung haben, noch auch ſich vermindern laſſen, da ja, wenn ſie ſchlecht ſind, man ſie auch in beſchränkter und mittelmäßiger Weiſe nicht haben darf; wenn ſie aber gut ſind, muß man ſie vollſtändig benützen. Wir erklären demnach, daß ſie weder beſeitigt noch auch vermindert werden ſollen. Denn weil Gott ſie dem Menſchen mit Berechnung eingepflanzt hat, können ſie an ſich nicht ſchlecht ſein; deßhalb ſind ſie aber von Natur aus gewiß gut, weil ſie zum Schutze des menſchlichen Lebens ertheilt worden; wenn man ſie aber ſchlecht anwendet, werden ſie ſchlecht, und wie die Tapferkeit, wenn man für das Vaterland kämpft, etwas Gutes iſt, etwas Schlechtes aber, wenn man gegen das Vaterland kämpft, ſo werden auch die Affekte, wenn man ſie in gutem Gebrauche hält, Tugenden ſein, Laſter aber bei ſchlechtem Gebrauche genannt werden. Der Zorntrieb iſt ſomit zur Zügelung der Fehlenden, das heißt zur Handhabung der Zucht bei den Untergebenen verliehen worden, damit die Furcht die Willkür hemme und die Verwegenheit unterdrücke. Die aber ſeine

---

„Compelle intrare, ut domus impleatur". Aber Bunemann ſagt von Iſäus, daß er ſehr unverſchämt lüge, wenn er ſage, daß Luther und Melanchthon lehrten, daß der Menſch zur Sünde gezwungen werde: peccata esse inevitabilia, quae ab adfectibus proficiscuntur. Eduardus bemerkt ihm, daß er ſelbſt lüge, da ja Luther und Melanchthon Dieſes nicht bloß in ihren Schriften lehrten, ſondern ſogar noch die Confessio Augustana und Saxonica Dieſes aufſtellten.

Grenzen¹) nicht kennen, zürnen gegen Gleichgestellte, ja sogar gegen Höherstehende. Daher kommt es, daß man zu unmenschlichen Thaten hingerissen wird, daher die Entschliessungen zu Mord und Krieg. Der Erwerbstrieb auch ist dem Menschen gegeben, daß er verlange und suche, was für das Leben nothwendig ist; die aber dessen Grenzen nicht kennen, haben ein unersättliches Streben, Schätze aufzuhäufen; daher hat man Vergiftungen, Betrügereien, falsche Testamente; deßhalb sind Überlistungen jeglicher Art zum Vorschein gekommen. Der Affekt des Lusttriebes aber ist zur Erzeugung der Kinder eingepflanzt und angeboren; wer aber dessen Grenzen im Geiste nicht festhält, gebraucht denselben zur Lust allein. Daher hat man unerlaubte Liebschaften, Ehebrüche, gewaltsame Schändungen und all die Verdorbenheiten in den Sitten. Die genannten Affekte müssen also in ihren Grenzen gehalten und in die rechte Richtung gelenkt werden; in dieser werden sie uns, wenn sie auch noch so heftig sein sollten, doch nicht mit Schuld belasten können.

62. Wie man die Genüsse der Sinne einschränken soll.

Wenn wir eine Beleidigung erdulden, müssen wir den Zorn beherrschen, damit sowohl das Übel, so aus dem Streit zu erwarten ist, unterdrückt werde, als auch daß wir die zwei sehr wichtigen Tugenden, die Unschuld und Geduld, bewahren. Die Habsucht muß bezwungen werden, wenn man eben auskommen kann. Denn was ist es für eine unsinnige Leidenschaft sich abzumühen, Das aufzuhäufen, was durch Diebstahl oder Ächtung oder sicher durch den Tod auf Andere übergehen muß? Die sinnliche Lust zeige sich

---

1) Laktantius drückt Das VI, 16 so aus: Der Wagen des Lebens, der von den Affekten als flüchtigen Pferden gezogen wird, kommt zum Ziele, wenn er sich auf dem rechten Wege hält.

nicht auſſer dem geſetzlichen Ehebette; ſie ſoll ſich aber der Kindererzeugung dienſtbar erweiſen. Das allzugroße Verlangen nach Ergötzlichkeit hat ebenſo Gefahr wie auch Schande im Gefolge und zieht den ewigen Tod nach ſich, was am meiſten zu verhüten iſt; denn Nichts iſt Gott ſo verhaßt als ein unkeuſches Herz und eine unreine Seele. Es möge aber Keiner glauben, daß man ſich bloß des Genuſſes, der aus der unerlaubten geſchlechtlichen Vereinigung empfunden wird, enthalten müſſe, ſondern zudem noch der Genüſſe der übrigen Sinne, weil auch ſie noch mit Fehlern verknüpft ſind,¹) und darum iſt es auch die Pflicht der Tugend, ſie zu verachten. Der Genuß der Augen wird bei ſchönen Gegenſtänden empfunden, die Ohren haben Genuß von lieblich tönenden Stimmen, die Naſe vom angenehmen Geruche und der Geſchmack von ſüßen Speiſen, und allem Dieſem muß die Tugend ſtarken Widerſtand leiſten, damit die Seele, gereizt durch dieſe Lockſpeiſen, nicht vom Himmliſchen zum Irdiſchen, vom Ewigen zum Zeitlichen, vom unſterblichen Leben zur ewigen Strafe niedergedrückt werde. Bei den Genüſſen des Geſchmack- und Geruchſinnes kann man leicht zur Wolluſt hingeriſſen werden; denn wer dieſen ergeben iſt, wird entweder ohne Vermögen ſein, oder wenn er ſolches haben ſollte, wird er es durchthun und hernach ein verabſcheuungswürdiges Leben führen. Um von dem Anhören der Geſänge zu ſchweigen, die das innerſte Gefühl oft ſo auſſer Faſſung bringen, daß ſie die Seele in Wahnſinn verſetzen, ſo werden auch Diejenigen, welche künſtlich verfaßte Reden und rhthmiſche Gedichte oder verſchmitzte Unterredungen hören, leicht zu gottloſer Lebensweiſe hingeriſſen. Daher kommt es auch, daß man den himmliſchen [von Gott geoffenbarten] Schriften, weil ſie äuſſerlich weniger zierlich er-

---

1) Die Vorſicht, welche hier empfohlen wird in Bezug auf den Sinn des Sehens, Hörens, des Geruches und Geſchmackes, bezieht ſich auf Gegenſtände, die ungehörige Weichlichkeit und Verſchwendung mit ſich bringen; ſiehe Eduardus zu VI, 21.

scheinen, nicht leicht Glauben schenkt; deßhalb, weil sie entweder selbst beredt sind oder weil sie Beredtes lieber lesen wollen, suchen sie nicht das Wahre, sondern das Angenehme; ja sogar scheint Jenen Das die sicherste Wahrheit zu bieten, was ihren Ohren schmeichelt. Indem sie sich so durch liebliche Rede fangen lassen, weisen sie die Wahrheit zurück. Die Ergötzlichkeit aber, welche mit dem Gesichtsinne in Beziehung steht, ist vielfacher Art; denn die Empfindung beim Anblicke kostbarer Gegenstände erweckt Habsucht, die ein Weiser und Gerechter nicht haben darf; was aber beim Anblick schöner Weibspersonen empfunden wird, reißt zu einer anderen Lust hin, worüber wir bereits oben gesprochen haben.

63. Die Schauspiele verberben im höchsten Grade die Sitten.

Es bleibt uns noch übrig, von den Schauspielen zu reden, welche die Weisen sorgsam vermeiden sollen, weil sie sowohl sehr viel zum Verderben der Seelen beitragen, als auch besonders, weil sie zur Verehrung der Götzen erfunden sein sollen. Die Spende von Opfergaben ist eine Feier für Saturnus,[1] das Bühnenspiel für den Bacchus,[2] die Cirkusspiele aber sollen dem Neptun[3] geweiht sein, so daß, wer an den Schauspielen Theil nimmt, sofort unter Mißachtung der Verehrung des wahren Gottes zu unheiligen Religionsübungen übergegangen zu sein scheint. Ich will indessen lieber von der Sache selbst als von ihrem Ursprung sprechen. Was ist so schauerlich und häßlich als die Ermor-

---

1) Siehe über Saturnus Makrobius de primis Romanorum sacris I, 7.
2) Hierüber spricht Donatus ad Terentii Andriae prol. init.
3) Vergleiche Servius zu Vergil Aen. VIII, 636 und Livius I, 9.

bung eines Menschen? Deßhalb ist unser Leben durch die strengsten Gesetze geschützt, deßhalb sind Kriege verabscheuenswerth; jedoch hat eine alte Gewohnheit ausfindig gemacht, wie man Menschenmord ohne Krieg und Gesetz ausführen könne, und Das geschieht sogar zum Vergnügen, was das Verbrechen sich angemaßt hat. Wenn nun Jener, der einem Menschenmorde beiwohnt [ohne ihn zu hindern], des Verbrechens sich schuldig weiß und Der, welcher zuschaut, derselben Unthat schuldig ist wie Der, welcher sie nicht verhindert, dann wird ja auch bei den Ermordungen der Gladiatoren der Zuschauer nicht weniger als der Mörder mit Blut befleckt, und kann Der nicht unschuldig am vergossenen Blute sein, der seine Zustimmung zu dem Blutvergießen gab oder nur dem äussern Scheine nach nicht getödtet hatte, der dem Mörder seine Zuneigung kund that und eine Belohnung für ihn forderte.

Ist die Bühne etwa unschuldiger? Auf derselben werden gewaltsame Schändungen und Liebeshändel als Lustspiel, blutschänderische Verwandtenmorde als Trauerspiel vorgetragen. Die schamlosen Geberden der Schauspieler, womit sie ehrlose Weibsbilder nachahmen, lehren sogar die sinnlichen Lüste, die sie tanzend zur Darstellung bringen. Und nicht weniger ist der Gebärdenspieler eine Anleitung zu sittlichem Ruin; bei ihm geschieht in bildlicher Andeutung, was schändlich ist, damit die wirklichen Thaten ohne Scham ausgeführt werden. Wenn die Jugend, deren gefährliches Alter noch Zügel und Leitung nöthig hat, dergleichen ansieht, wird sie durch die bildliche Darstellung zu Sünden und Lastern angeleitet. Den Circus aber hält man weit weniger bedenklich; aber der Wahn ist zu groß, da ja die Zuschauer von solcher Leidenschaft hingerissen werden, daß sie nicht bloß in Wortwechsel, sondern in Streit und Kampf und sogar oft in Wettkampf gegen einander auftreten. Deßhalb soll man alle Schauspiele[1]) meiden, damit

---

1) Wenn Laktantius hier wie Tertullian, Cyprian, Pruden-

man eine ruhige Seelenstimmung bewahren könne. Allen schädlichen Vergnügungen soll man entsagen, damit man nicht durch gefährliche Weichlichkeit in die Schlingen des Todes stürze.

64. Die Affekte müssen richtig geleitet werden.

Die Tugend allein soll uns erfreuen; ihr Lohn ist unsterblich, wenn sie die Lust überwunden hat. Wenn aber die Affekte überwunden und die Lüste unterjocht sind, dann ist es Dem, der Gott und der Wahrheit folgt, leicht, das Übrige zu unterdrücken; wer von Gott Segen zu erlangen hofft, wird wohl niemals fluchen.[1] Er wird nicht falsch schwören,[2] um Gott nicht zu verspotten, sondern er wird gar nicht schwören,[3] damit er nicht einmal, sei es aus Noth oder Gewohnheit, dem Meineide anheimfalle. Er wird keine listigen und heuchlerischen Reden führen,[4] auch wird er nicht leugnen, was er gelobt hat, er wird nicht versprechen, was er nicht halten kann; er wird Keinen beneiden, der mit sich

---

tius, Chrysostomus, Salvian Schauspiele und Gladiatorenspiele verbietet, so ist sein verdammendes Urtheil, dem auch Bossuet beistimmt, im Geiste des Christenthums begründet. Das Theater wurde zu einem Tempel der Venus. Die Bühne forderte sogar Menschenopfer: wer den Herkules auf Oeta darstellte, mußte sich selbst verbrennen; mit kaltem Blute wurde bei den Gladiatoren Menschenmord verübt. Treffend heißt es August. confess. VI, 8: Spectavit, clamavit, exarsit; siehe noch Salvian lib. VI, von Bischof Greith (Irische Kirche S. 9) meisterhaft übersetzt. Ueber gräuliche Götteropfer vergleiche man Livius B. 39. K. 8—15.

1) Luk. 6, 27; Jak. 3, 9. 10; Röm. 12, 14.
2) Deut. 5, 20; I. Tim. 1, 10.
3) Nicht verwegen und leichtfertig, wohl aber bei wichtigen Gründen; siehe Hebr. 6, 16; Act. 2, 13; Apokal. 10, 6; II. Kor. 1, 23.
4) Psalm 5, 11.

und dem Seinigen zufrieden ist; auch wird er Keinen verkleinern oder Dem übel gesinnt sein, dem Gottes Wohlthaten etwa günstiger zu Theil werden. Er wird nicht stehlen, ja durchaus nichts Fremdes begehren,[1]) er wird sein Geld [dem Armen] auf Zins[2]) austhun (das heißt ja aus fremdem Unglück Vortheil ziehen), und doch wird er Keinem (Geld) versagen, wenn die Noth ihn zwingt zum Leihen. Er wird auch weder gegen seinen Sohn noch seinen Knecht sich hart zeigen; er möge bedenken, daß er auch einen Vater zum Herren habe; so soll er also mit ihnen verfahren, wie er wünschen möchte, daß mit ihm selbst verfahren werde.

Reichliche Geschenke wird er von minder Bemittelten nicht annehmen; denn es ist nicht recht, daß das Vermögen der Reichen durch Nachtheile der Armen vermehrt werde. Ein altes Gebot verbietet zu tödten; Dieß darf aber nicht so aufgefaßt werden, als wenn es bloß den eigentlichen Menschenmord verböte; der ist sogar durch die Staatsgesetze verboten. Wenn dieses Gebot gehörig berücksichtigt wird, ist es nicht einmal gestattet, durch ein Wort Einen in Todesgefahr zu bringen, ebensowenig ein Kind zu tödten oder auszusetzen, noch auch sich selbst den Tod anzuthun. Deßgleichen haben wir ein Gebot, keinen Ehebruch zu begehen; aber dadurch wird nicht bloß verboten, eine fremde Ehe zu schänden, was sogar durch das gemeinsame Völkerrecht verurtheilt wird, sondern auch eingeschärft, sich von Personen fernzuhalten, die sich preisgeben.[3]) Über den (weltlichen) Gesetzen ist Gottes Gesetz,[4]) welches sogar Das, was (nach die-

---

1) Exod. 20.
2) Siehe Psalm 14, 5: Qui pecuniam non dedit ad usuram; dazu bemerkt Thalhofer: dem Armen, dem es wehe thut; vgl. Exod. 22, 25; Levit. 25. 35; Ezechiel 18; siehe noch: Défense des sentiments de Lactance sur le sujet de l'usure (Paris 1677); Eduardus dissert. 27. 4, 15; Funk, Zins und Wucher (Tübingen 1868).
3) I. Kor. 6, 18.
4) Man muß Gott mehr gehorchen als den Menschen.

sem) gestattet ist, verbietet, daß es die Gerechtigkeit vollende. Nach demselben (göttlichen) Gesetze ist es Pflicht, kein falsches Zeugniß zu geben; dieses hat nun aber auch eine weitere Ausdehnung. Wenn nämlich das falsche Zeugniß durch Lüge Dem schadet, gegen den es abgelegt wird, so darf man ja niemals lügen, weil die Lüge auf alle Fälle entweder in Irrthum führt oder schadet. Der ist also kein gerechter Mann, welcher, auch ohne Schaden anzurichten, nur in müßiger Rede die Unwahrheit sagt. Dem Gerechten ist es auch nicht gestattet, zu schmeicheln; denn die Schmeichelei ist gefährlich und trügerisch; überall muß er dagegen der Wahrheit treu bleiben, und obgleich diese zunächst unangenehm ist, so wird sie dennoch, wenn ihre Wirkung und ihr Vortheil zu Tage getreten ist, keinen Haß (wie der Dichter[1]) sagt), sondern Wohlwollen bewirken.

65. Über die Pflichten der Barmherzigkeit.

Ich habe über den Inhalt der Verbote gesprochen; jetzt will ich noch kurz auseinandersetzen, was die Gebote enthalten. Die Unschuld steht in nächster Beziehung zur Barmherzigkeit.[2]) Jene nämlich fügt nichts Böses zu, diese wirket Gutes. Jene legt den Grund zur Gerechtigkeit, diese vollendet sie. Denn da die Natur der Menschen schwächer ist als die der übrigen lebenden Wesen, die Gott gebildet hat sowohl mit starken Waffen, um Gewalt anzuthun, als auch mit reichlichen Hilfsmitteln, dieselbe abzuwehren, so hat er uns den Trieb zur Barmherzigkeit verliehen, damit wir jeglichen Schutz unseres Lebens in gegenseitige Hilfeleistung setzen. Wenn wir nämlich von e i n e m Gotte erschaffen sind und

---

1) Terent. Andr. I, 1.
2) Laktantius behandelt hier die zweite Hauptpflicht des Menschen, die Nächstenliebe; sie erscheint negativ als innocentia und positiv als beneficentia; die erstere verbietet, den Nächsten zu verletzen; letztere soll ihm Alles leisten, was man selbst sich geleistet sehen möchte, wenn man in Bedrängniß ist.

von einem Menschen abstammen, so sind wir ja durch das
Vorrecht der Blutsverwandtschaft mit einander verbunden,
und deßhalb müssen wir jeden Menschen lieben. Deßhalb
darf man nicht bloß kein Unrecht zufügen, sondern nicht einmal das zugefügte rächen, damit die vollkommene Unschuld
in uns vorhanden sei, und deßhalb befiehlt uns Gott, sogar für unsere Feinde immer zu beten.[1]) Deßhalb sollen wir
leben als ein Geschöpf, das Sinn und Theilnahme für das
Gemeinwohl hat, damit wir uns durch gegenseitig zu leistende und anzunehmende Dienste schützen. Unsere Gebrechlichkeit ist nämlich vielen Schlägen und Schäden ausgesetzt.
Du kannst die Hoffnung hegen, daß dir zustoßen könne, was
einem Anderen zugestoßen ist. Dann erst wirst du zur Hilfeleistung angeregt werden, wenn du dir die Gemüthsstimmung Dessen, der im Unglück Hilfe erfleht, wirst zu eigen
gemacht haben. Wenn irgend Einer der Nahrung bedarf,[2])
wollen wir ihm mittheilen; wenn Einer ohne Kleidung
kömmt, wollen wir ihn bekleiden; wenn Jemand von einem
Mächtigeren Unbilden erleidet, wollen wir ihn befreien.
Den Fremden und den Obdachlosen sei unser Haus geöffnet; die Waisen sollen wir vertheidigen und die Wittwen
schützen. Vom Feinde die Gefangenen loszukaufen, die Kranken wie auch die Armen zu besuchen und zu pflegen ist ein
großes Werk der Barmherzigkeit. Wenn Unbemittelte oder
Reisende gestorben sind, sollen wir sie nicht unbeerdigt liegen lassen. Das sind die Werke und die Pflichten der
Barmherzigkeit. Wenn Einer dieselben ausführt, so wird
er Gott ein wahres und angenehmes Opfer bringen. Das
ist ein überaus angenehmes Opfer bei Gott, der nicht versöhnt wird durch Blut der Thiere, sondern durch die fromme
Gesinnung des Menschen, dem Gott, weil er gerecht ist, mit
seiner bestimmten Verheißung zur Seite steht. Er erbarmt
sich Dessen, den er barmherzig angetroffen; unerbittlich aber
ist er Demjenigen, welchen er ohne Mitleid sieht,[3]) wenn ihn

---

1) Matth. 5. — 2) Matth. 25. — 3) Jak. 2, 13.

Andere bitten. Demnach müssen wir, um Alles, was Gott gefällt, thun zu können, das Geld verachten und es zu den himmlischen Schätzen übertragen, wo kein Dieb es ausgraben, noch der Rost es verzehren,[1]) noch ein Tyrann es entreißen kann, sondern wo es uns unter Gottes Schutz als ewiger Schatz erhalten bleibt.

66. Über die Treue und Standhaftigkeit in der Religion.

Die Treue [fides] ist auch ein wichtiger Theil der Gerechtigkeit, die wir vorzüglich, da wir von derselben den Namen (fideles) führen, bewahren müssen; ganz besonders aber in der Religion, weil Gott mächtiger als der Mensch ist und vor ihm war. Und wenn es nun schon ruhmvoll ist, für Freunde, für Eltern, für Kinder, das heißt überhaupt für den Menschen, den Tod auf sich zu nehmen, und wenn, wer Solches thut, ein lange dauerndes Andenken und Lob erlangt, um wie viel mehr ist es dann (ruhmvoll), für Gott, der für den irdischen Tod das ewige Leben gewähren kann, (das Leben hinzugeben)! Wenn wir deßhalb in eine solche Lage kommen sollten, daß wir von Gott abzufallen und zu den Religionsgebräuchen der Heiden überzugehen gezwungen würden, alsdann soll uns keine Furcht und kein Schrecken zum Wanken bringen, den uns überlieferten Glauben zu bewahren. Gott möge uns dann vor Augen und im Herzen sein, damit wir durch seine innerliche Hilfe den Schmerz des Herzens und die dem Körper zugefügten Qualen[2]) überstehen. Alsdann sollen wir nichts Anderes beherzigen als den Lohn des ewigen Lebens. Auf diese Weise werden wir

---

1) Matth. 6, 20.
2) Damit man nicht glaube, die von christlichen Schriftstellern mitgetheilten Qualen der ersten Christen seien übertrieben, lese man nur, was der Heide Tacitus als Augenzeuge schreibt: Annalen B. 15.

Alles, was der Wahnsinn tyrannischer Macht gegen uns in's Werk setzen wird, ertragen, wenn auch unsere Glieder sollten auseinandergerissen oder verbrannt werden. Schließlich sollen wir uns bestreben, sogar den Tod nicht widerwillig oder furchtsam, sondern gern und unerschrocken auf uns zu nehmen, da wir wissen, welche Herrlichkeit wir bei Gott erhalten werden, wenn wir nach dem Siege über die Welt zur Verheißung gelangen, und mit welchen Gütern und mit welcher Seligkeit wir die kurz dauernden Übel der Strafen und die Nachtheile dieses Lebens aufwägen.

Wenn aber auch die Gelegenheit zu solchem Ruhme [des Martertodes] fehlen sollte, so kann die Treue auch im Frieden noch ihren Lohn finden. Man muß sie also bei allen Pflichten des Lebens, auch in der Ehe[1]) festhalten. Es genügt aber nicht, wenn man sich bloß vom fremden Ehebette oder vom Buhlhause fernhält. Wer eine Gattin hat, suche sonst nichts Anderes; er soll mit ihr allein zufrieden sein und das Ehebett keusch und unverletzt als heiliges Geheimniß bewahren. Ein Ehebrecher vor Gott ist freilich auch der Unzüchtige, welcher mit Abwerfung des Ehejoches, sei es mit einer freien Person oder Sklavin in unberechtigter Wollust Ausschweifung treibt. Wie aber die Frau[2]) ihre Schranken bezüglich der Keuschheit hat, daß sie nach keinem anderen Manne begehren darf, so soll sich auch der Mann durch dasselbe Gesetz gebunden wissen, weil Gott den Mann und die Gattin zu einer einzigen Körpervereinigung zusammenfügte. Deßhalb hat er geboten, die Gattin nicht zu entlassen, wofern sie nicht des Verbrechens des Ehebruches[3])

---

1) Laktantius spricht hier nicht von der Ehelosigkeit; lib. VI, 21 sagt er: Die Ehe ist nicht geboten, sondern erlaubt, und ein eheloses, keusches Leben deßhalb ein himmlisches Leben und gleichsam der Gipfel und die Vollendung aller Tugenden. Wer sich zu dieser Höhe emporschwingen kann, wird über die Erde triumphiren u. s. w.
2) I. Kor. 7.
3) Matth. 19 u. Eduardus dissert. 35.

überführt wäre, auf daß das Band der ehelichen Vereinigung niemals aufgelöst würde, wofern Treulosigkeit es nicht zerrissen hätte. Jenes wird auch ja zusammengefügt, um die Schamhaftigkeit vollständig zu sichern, damit die Sünde nicht bloß in der That, sondern auch in Gedanken fern bleibe. Es ist ja bekannt, daß die Seele durch jede eitele Begierde befleckt werde, ebenso, daß der Gerechte nicht anders handeln und wollen dürfe. Deßhalb müssen wir unser Gewissen, welches Gott, der nicht getäuscht werden kann, klar erkennt, reinigen. Es soll unser Herz, daß es ein Tempel Gottes sein könne, von jeder Makel befreit werden; dasselbe schmücket ja nicht des Goldes noch des Elfenbeines Glanz, sondern die Zierde der Treue und der Keuschheit.

67. Von der Buße, von der Unsterblichkeit der Seele, von der Vorsehung.

Aber freilich ist Das alles dem Menschen schwer, und seine gebrechliche Beschaffenheit läßt Keinen ganz makellos. Somit bleibt uns als letztes Rettungsmittel Das noch übrig, daß wir zur Buße unsere Zuflucht nehmen, die unter den Tugenden gar nicht den letzten Platz einnimmt, weil sie die persönliche Besserung bewirkt, so daß, wenn wir etwa durch ein Werk oder ein Wort gesündigt haben, wir sofort zu besserer Einsicht kommen, unseren Fehler bekennen und Gott um Verzeihung bitten, die er uns nach seiner Barmherzigkeit nicht versagen wird, wofern wir nicht im Irrthume verharren. Die Buße gewährt uns eine große Hilfe und großen Trost. Sie macht die Wunden wieder heil und beseitigt die Sünden. Sie ist die Hoffnung und der Hafen des Heiles. Wer sie beseitigt, schneidet sich den Weg zum Leben ab, weil Niemand so gerecht sein kann, daß ihm niemals Buße nothwendig wäre. Wir aber müssen, wenn auch gerade ohne Sünde,[1] uns vor Gott verbemüthigen und öfters wegen der

---

[1] Lactantius stützt sich hier auf des heil. Johannes Wort:

(früheren) Fehler Abbitte thun und im Leiden Gott danken. Diese Unterwürfigkeit müssen wir immer dem Herrn erzeigen. Die Demuth ist ja bei Gott werth und lieb, da er einen Sünder, der sich verdemüthigt, eher aufnimmt als einen stolzen Gerechten; um wie viel mehr wird er einen Gerechten, der sich verdemüthigt, zu sich nehmen und ihn im Himmelreiche für seine Demütigung erhöhen! Das sind die Schlachtopfer, das ist das wahre Sühnopfer, das ein Verehrer Gottes bringen muß. Das ist die wahre Verehrung, wenn der Mensch die Liebe seines Herzens auf Gottes Altar niederlegt. An einem solchen Verehrer hat die Majestät Freude; einen solchen nimmt sie wie ein Kind auf und ertheilt ihm die Gabe des ewigen herrlichen Lebens. Hierüber muß ich jetzt noch sprechen, und ich muß die Meinung Jener, die glauben, daß die Seele mit dem Körper untergehe, widerlegen.

Diese haben ja, weil sie Gott nicht kannten, auch nicht die geheimnißvolle Bestimmung der Welt erfassen können. Und so konnten sie nicht einmal die Natur des Menschen und der Seele begreifen. Wie sollten sie auch Das, was später folgt, klar erkennen können, die von der Hauptsache Nichts wußten! Da sie irgend eine Vorsehung nicht annahmen, so haben sie auch Gott, welcher der Ursprung und das Haupt aller Dinge ist, geläugnet. Die Folge davon war, daß sie behaupteten, das Seiende sei immer gewesen, es sei von selbst entstanden, oder es habe sich durch Zusammenfügungen von kleinen Urstoffen gebildet. Man kann aber nicht sagen, daß es immer gewesen sei, sowohl weil es ist und sichtbar ist, das Sein selbst aber ohne irgend einen Anfang unmöglich ist. Von sich selbst kann aber Nichts entstehen, weil es kein Entstehen gibt ohne einen Anderen,

---

„Wer sagt, er sei ohne Sünde, ist ein Lügner," und des heil. Paulus: „Ich bin mir zwar Nichts bewußt, aber deßhalb bin ich noch nicht gerechtfertigt." Deßhalb sagt Ednardus 6, 25: „Nulla" videlicet in memoria sacrificantis, qui de occultis et expiatis esse non debet sine metu.

der es bewirkt. Wie konnten aber im Anfange Urstoffe vorhanden sein, da ja sowohl die Urstoffe aus den Dingen als auch umgekehrt die Dinge aus den Urstoffen entstehen? Somit gibt es keinen Urstoff, der nicht seinen Anfang hat. Auf diese Weise ist es geschehen, daß, da sie glaubten, die Welt sei ohne Vorsehung gemacht, sie zur Ansicht gelangt sind, daß nicht einmal der Mensch in Folge vernünftiger Überlegung geschaffen worden. Wenn nun aber gar kein vernünftiger Plan bei der Bildung des Menschen vorhanden gewesen wäre, alsdann könnte die Seele auch nicht unsterblich sein. Andere dagegen aber meinten, daß sowohl ein Gott sei und von ihm die Welt erschaffen, als auch daß sie der Menschen wegen erschaffen und die Seelen unsterblich seien. Aber obgleich sie nun die Wahrheit erkannten, haben sie doch von diesem göttlichen weisen Werke weder die Ursachen noch Endzwecke noch den Ausgang erkannt, auf daß sie die geheimnißvolle Wahrheit ganz erfassen und sie gewissermaßen bis zum letzten Punkte festhalten könnten. Aber was Jene nicht ausführen konnten, weil sie die Wahrheit in ihrer ganzen Reihenfolge nicht festhielten, müssen wir erreichen, die wir sie durch Gottes Verkündigung erkannt haben.

68. Von der Welt, dem Menschen und der Vorsehung Gottes.

Wir wollen also betrachten, welches der Endzweck gewesen ist, ein so großes und aufferordentliches Werk zu schaffen. Gott hat die Welt, wie Plato[1]) meint, erschaffen; aber er gibt nicht an, warum er sie geschaffen habe. Weil er gut und neidlos ist, sagt er, hat er auch geschaffen, was gut ist. Aber wir sehen ja, daß es unter den geschaffenen Dingen

---

1) Wie ungeschickt Plato im Timäus über Gott als Schöpfer spricht, siehe Becker, System Plato's S. 71 u. f.

gute und schlechte gibt. Es kann also irgend ein Böswilliger wie jener Atheist Theodor[1]) auftreten und dem Plato erwidern: Ja freilich, weil er aber bös ist, hat er auch Solches geschaffen. Wie soll er Den widerlegen? Wenn Gott das Gute geschaffen hat, woher ist denn so viel Böses entstanden, das meistens sogar dem Guten überlegen ist? Im Stoffe, sagte er, ist es enthalten. Also schuf Gott das Gute und das Böse oder Nichts. Wenn er aber bloß das Gute geschaffen hat, alsdann ist das Böse, welches nicht geschaffen worden, eher gewesen als das Gute, das einen Anfang hat. Nun aber wird Das, was einmal angefangen, ein Ende haben, und Das wird fortdauern, was immer gewesen. Somit ist das Böse vorzüglicher. Wenn es aber unmöglich vorzüglicher sein kann, so kann es auch nicht einmal eher sein. Also ist entweder Beides immer gewesen und Gott unthätig, oder Beides ist aus einer Quelle hergekommen. Es ist freilich angemessener, daß Gott vielmehr Alles gemacht hat als Nichts. Somit ist nach Plato's[2]) Meinung derselbe Gott sowohl gut, weil er Gutes, als auch bös, weil er Böses geschaffen. Wenn Das nun aber unmöglich ist, so ist es klar, daß die Welt nicht deßhalb von Gott geschaffen ist, weil sie gut ist; denn sie schließt ja Alles, Gutes und Böses, in sich, und es gibt gar Nichts,[3]) das seinetwegen gemacht wird, sondern (Alles) eines Anderen wegen. Das Haus wird ja nicht darum gebaut, um Haus zu sein, sondern um einen Bewohner aufzunehmen und zu schützen. Ebenso wird ein Schiff nicht dazu gebaut, daß es bloß als Schiff erscheine, sondern daß die Menschen auf demselben schiffen können. Deßgleichen werden Gefäße gebildet, nicht um allein Gefäße zu sein, sondern um Das, was zum Ge-

---

1) Ueber ihn siehe de ira 9, 7 u. Cicero de natura deorum I, 23.
2) Siehe Becker a. a. O. S. 107.
3) Laktantius spricht hier von dem finis secundarius der Geschöpfe; als erster gilt Gottes Verherrlichung: coeli enarrant gloriam dei; Das zeigt auch Laktantius im folgenden Kapitel.

brauche nothwendig ist, aufzunehmen. So auch mußte Gott die Welt zu irgend einem Gebrauche erschaffen. Die Stoiker sagen mit Recht, daß sie der Menschen wegen geschaffen worden. Die Menschen haben den Genuß von all den Gütern, welche die Welt in sich schließt. Weßhalb aber die Menschen selbst erschaffen worden, oder welche Vortheile jene schaffende Vorsehung von ihnen habe, Das erörtern sie nicht. Daß die Seelen unsterblich seien, behauptet auch Plato;[1] aber weßhalb oder in welcher Weise oder zu welcher Zeit oder von wem sie die Unsterblichkeit erhalten, oder was überhaupt der Inhalt einer so erhabenen geheimnißvollen Wahrheit sei, Das begriff er nicht; auch nicht, warum Die, welche unsterblich sein werden, zuerst sterblich geboren werden, dann aber, wenn die irdische Lebenszeit durchlaufen und die Hülle der gebrechlichen Leiber abgelegt ist, in jene ewige Glückseligkeit versetzt werden. Schließlich hat er weder ein Gottesgericht noch einen Unterschied zwischen den Gerechten und Ungerechten auseinandergesetzt; dagegen meinte er, daß die Seelen, welche sich mit Verbrechen befleckt hätten, in so weit verurtheilt würden, daß sie in Thiergestalten wieder auflebten und so die Strafen ihrer Sünden büßten, bis sie wieder in Menschengestalt hervorkämen. Das ereigne sich fort und fort, und es gebe des Wanderns von Einem zum Andern gar kein Ende. Er bringt mir da, ich möchte sagen einen traumähnlichen Scherz vor, bei dem weder ein vernünftiger Grund noch das Walten Gottes noch ein vernünftiger Plan vorhanden zu sein scheint.

69. Die Welt ist des Menschen wegen und der Mensch Gottes wegen erschaffen worden.

Ich will jetzt mittheilen, was jener Endzweck sei, den nicht einmal Jene, welche die Wahrheit gelehrt haben, unter

---

[1] Siehe Plato's Phädo 70 u. f.; Gorgias und de legibus; vgl. Becker a. a. O. S. 128 u. f.

Zusammenstellung aller Ursachen und Vernunftgründe in richtiger Reihenfolge darstellen konnten. Die Welt ist von Gott geschaffen worden, damit die Menschen in das Dasein träten; die Menschen aber werden geboren, damit sie Gott als Schöpfer, in dem die Weisheit ihren Sitz hat, erkännten; sie erkennen ihn aber, damit sie ihn verehren, weil in ihm die Gerechtigkeit ihren Sitz hat; sie verehren ihn aber, daß sie den Lohn der Unsterblichkeit erhalten; sie erhalten die Unsterblichkeit, daß sie Gott in alle Ewigkeit dienen. Siehst du nun, wie das Erste mit dem Mittleren und das Mittlere mit dem Letzten in enger Verbindung steht? Wir wollen das Einzelne betrachten und sehen, ob dabei auch ein vernünftiger Grund vorhanden ist. Gott hat die Welt des Menschen wegen erschaffen. Wer Dieses nicht sieht, unterscheidet sich nicht viel vom unvernünftigen Thiere. Wer anders als der Mensch schaut zum Himmel, zur Sonne und zu den Gestirnen auf? Wer anders als der Mensch bewundert alle Werke Gottes? Wer bebaut die Erde? Wer gewinnt Frucht von ihr? Wer beschifft das Meer? Wer hat die Fische, die Vögel und die vierfüßigen Thiere unter seiner Herrschaft? Nur der Mensch allein. Also hat Gott Alles des Menschen wegen erschaffen, weil Alles sich zum Gebrauche des Menschen fügt. Dieses haben die Philosophen also insgesammt erkannt; was aber jetzt folgt, erkannten sie nicht, daß (Gott) nämlich seinetwegen den Menschen geschaffen habe. Es war nämlich eine gerechte und nothwendige Folge, daß, da er des Menschen wegen ein solches Werk schuf, da er ihm so viel Ehre und Macht einräumte, daß er die Herrschaft über die Welt hat, der Mensch auch Gott erkännte als den Urheber so großer Wohlthaten, der sogar die Welt seinetwegen schuf, und daß er ihm die schuldige Verehrung und Ehre erzeigte. In diesem Stücke ist Plato in Irrthum gerathen und hat die zuerst erfaßte Wahrheit wieder verloren, indem er von der Verehrung jenes Gottes, den er als Gründer und Schöpfer der Welt bekannte, Nichts gesagt hat; auch begriff er nicht, daß der Mensch Gott gegenüber durch die Bande der (ihm schuldigen) Liebe gebunden sei (daher hat ja gerade die Religion¹) ihren Namen), und daß dieser Umstand es einzig sei, weßhalb die Seelen unsterblich sein müssen; er erkannte jedoch auch, daß die Seelen ewig sein würden, aber er war nicht stufenmäßig zu dieser Kenntniß gelangt; er ist vielmehr so ohne Weiteres auf diese Wahrheit gekommen, ohne irgend welche Beweismittel zu benutzen, gewissermaßen wie durch einen jähen Sturz, und so ist er auch nicht weiter fortgeschritten, weil er die Wahrheit durch Zufall und nicht durch Vernunftbeweis gefunden hat. Der Mensch muß also Gott verehren, auf daß er durch die religiöse Verehrung, welche eben Gerechtigkeit ist, von ihm die selige Unsterblichkeit erlange, und es gibt keinen anderen Lohn für eine fromme Seele, die ja, sofern sie unsichtbar ist, vom unsichtbaren Gotte nicht anders als mit einem unsichtbaren Lohne beglückt werden kann.

70. Beweise für die Unsterblichkeit der Seele.

Daß die Seelen unsterblich seien, kann aus sehr vielen Beweisgründen entnommen werden. Plato²) sagt, daß, weil die Seele sich selbst immer in Bewegung erhält, ohne daß sie dazu einen Anfang habe, sie so auch kein Ende finden werde; die Seele des Menschen aber stets durch sich selbst in Bewegung gesetzt werde und sie unsterblich sei, weil sie sich in den Gedanken bewege, zum Auffinden geschickt, im Wahrnehmen gewandt sei und fähig, zu lernen, weil sie auch

---

1) Vgl. Inst. 4, 28. Cicero de natura deorum II, 28, 71 leitet religio von relegere ab. Schönemann erklärt I, 2. 3 des genannten Wertes religio als Anerkennung der Verpflichtung, wodurch man sich gebunden fühlt, welchem Begriff die Ableitung von religare nach Laktanz besser zu entsprechen scheint als die des Cicero; siehe noch Gellius 4, 9; Aug. c. D. 10, 4 und Heinrich, Dogmatik Bd. I S. 18.

2) Siehe Plato im Phädrus S. 245, de republica VI, c. 25 u. 26.

das Vergangene festhalte, das Gegenwärtige erfasse, das Zukünftige voraussehe und die Kenntniß vieler Dinge und Künste in sich aufnehme, und sie somit gar keine Zusammensetzung in sich habe von der beschwerenden und bemakelten Erde. Ausserdem kann die ewige Dauer der Seele aus der Tugend und der Lust erkannt werden. Belustigung ist allen lebenden Wesen gemeinsam, die Tugend kömmt allein dem Menschen zu; jene hat Fehler im Gefolge, diese ist sittlich gut; jene wäre übereinstimmend mit der Natur, diese dagegen, wofern die Seele nicht unsterblich ist. Die Tugend fürchtet für den Glauben und für die Gerechtigkeit weder Armuth noch Verbannung, sie schreckt weder zurück vor dem Kerker, noch scheut sie den Schmerz, noch weist sie den Tod zurück. Weil nun Dieses der Natur widersteht, so ist die Tugend entweder Thorheit, weil sie den Annehmlichkeiten im Wege steht und dem Leben schadet; wofern sie im anderen Falle aber keine Thorheit ist, dann ist die Seele unsterblich und verachtet sie deßhalb die gegenwärtigen Güter, weil es andere gibt, die vorzüglicher sind, die sie nach der Auflösung ihres Körpers erlangen soll. Der wichtigste Beweisgrund für die Unsterblichkeit ist noch der, daß der Mensch allein Gott erkennt. Bei den stummen Thieren gibt es gar keine Ahnung von Religion,[1] weil sie irdisch sind und an die Erde gefesselt. Deßhalb schaut der Mensch in seiner aufrechten Stellung zum Himmel, daß er Gott suche. Der muß auch wohl unsterblich sein, der sich nach der Unsterblichkeit sehnt. Auch kann der nicht vergänglich sein, der Gottes Ebenbild[2] ist und den Geist von ihm hat. Schließlich besitzt der Mensch allein das himmlische, feurige Element.[3] Wenn nämlich das

---

1) Dieses zeigt Dieringer (Laienkatechismus S. 1—26) in klarster Darlegung. — 2) Siehe de opificio c. 18, 3 und lib. VII, 5.

3) Pfaffius (in der Einleitung) und Dovisius a. h. l. tadeln des Laktantius Beweisführung, aber sie bedenken nicht, daß sie den Heiden gilt, die Gott für Feuer hielten oder wähnten, daß er im Feuer wohne; vgl. Eduards dissert. 25, 8 u. zu lib. VII, 9 u. Stöckl a. a. O. S. 252 ff.

Licht durch das Feuer und das Leben durch das Licht entsteht, so ist klar, daß der, welcher im Besitze des feurigen [himmlischen] Elementes bleibt, unsterblich sei, weil dieses mit jenem in der nächsten Verbindung steht, da ja ohne selbes weder Licht noch Leben bestehen kann. Aber wozu entnehmen wir die Unsterblichkeit der Seelen aus Beweisgründen, da wir göttliche Zeugnisse dafür haben? Die heiligen Schriften und die Aussprüche der Propheten lehren sie ja; wenn Das aber Einem ungenügend scheinen sollte, so lese er die Gedichte der Sibyllen[1]) und erwäge noch dazu die Antworten des Apollo von Milet, damit er einsehe, daß Demokrit, Epikur und Dicäarchus[2]) sich wahnwitzig geäußert haben, indem sie ganz allein von allen Sterblichen Das, was augenscheinlich ist, läugneten. Nachdem wir nun die Unsterblichkeit klar bewiesen haben, bleibt uns noch zu zeigen übrig, von wem, welchen, in welcher Weise und zu welcher Zeit sie ertheilt werde. Wenn die von Gott bestimmten und angeordneten Zeiten ihr Ende erreichen werden, alsdann muß der Untergang und das Ende der Dinge eintreten, damit die Welt von Gott erneuert werde. Diese Zeit aber naht heran, insofern man schließen darf aus der Zahl der Jahre und den Zeichen, welche von den Propheten vorhergesagt sind. Aber da es unzählige Aussprüche über das Ende der Welt und über den Abschluß der Zeiten gibt, so wollen wir die überlieferten einfach mittheilen, da wir ja kein Ende fänden, die schriftlichen Zeugnisse anzuführen. Wenn Jemand dieselben wünscht oder uns weniger Glauben schenkt, so möge er sich an das Heiligthum der himmlischen Wissenschaften selbst wenden, und wenn er durch die Wahrhaftigkeit desselben besser belehrt ist, wird er er-

---

1) Ueber die Sibyllen und Apollo von Milet siehe lib. VII, 13, 5.
2) Ueber diese drei Elenden siehe lib. VII, 13, 7. Cicero nennt sie (Tuscul. I, 23, wo auch dieses ganze Kapitel behandelt ist) den Pöbel von Philosophen.

kennen, daß die Philosophen geirrt haben, die entweder glaubten, daß diese Welt ewig sei, oder aber, daß sie schon seit unzähligen Tausenden von Jahren erschaffen gewesen. Es sind ja noch keine sechstausend Jahre verflossen; wenn die aber vorüber sein werden, dann wird erst jegliches Übel beseitigt werden, damit die Gerechtigkeit allein herrsche. Das will ich nun kurz auseinandersetzen, wie es sich ereignen wird.

71. Die letzten Zeiten.

Die Propheten und Seher verkündigen darüber Folgendes: Wenn das letzte Ende der Welt zu nahen anfängt, dann wird die Bosheit mächtig sein, alle Arten von Laster und Betrug werden zur Tagesordnung gehören, Gerechtigkeit wird schwinden; Treue, Friede, Barmherzigkeit, Scham, Wahrheit wird nicht mehr zu finden sein, verwegene Gewalt wird die Herrschaft haben, Niemand wird Etwas besitzen, wofern er es nicht mit der Hand erobert und vertheidigt. Wenn noch einige Gute sein werden, so werden sie eine Beute des Spottes sein. Niemand wird den Eltern die kindliche Liebe erzeigen, Keiner sich des Kindes oder des Greises erbarmen. Habsucht und Wollust wird Alles verderben. Mord und Blutbad wird eintreten. Es werden nicht nur Kriege gegen äussere und benachbarte Feinde, sondern auch Bürgerkriege geführt werden. Staaten werden sich unter einander bekriegen, jedes Geschlecht und Alter wird die Waffen handhaben. Weder die Würde des Reiches noch die Zucht der Soldaten wird beachtet werden, sondern Raub und Verwüstung wird wie bei Strassenräubern herrschen. Das Reich wird man vergrößern, alsdann werden zehn Männer den Erdkreis einnehmen, vertheilen und zur Beute machen; alsdann wird ein Anderer auftreten, der weit mächtiger und schlechter ist, und wenn er drei aus der Zahl (der Herrscher) vernichtet hat, wird er Asien in Besitz nehmen, und wenn er die Übrigen in seine Gewalt gebracht und sich zur Verfügung gestellt hat, wird er den ganzen Erdkreis quälen. Neue Gesetze wird er einführen, die alten abschaffen; er wird einen Staat für sich einrichten, den Namen und Sitz des Reiches wird er verändern. Alsdann wird eine entsetzliche und fluchwürdige Zeit sein, in der Niemand leben mag. Schließlich wird sich die Sache so gestalten, daß man die Lebenden bejammert, die Todten beglückwünscht. Staaten und Städte werden untergehen, bald durch Schwert und Feuer, bald durch häufiges Erdbeben und Überschwemmungen, bald durch Pest und Hunger. Die Erde wird Nichts hervorbringen, entweder durch allzugroße Kälte oder wegen der Hitze. Alles Wasser wird theils in Blut verwandelt werden, theils wird es durch Bitterkeit verdorben sein, so daß gar Nichts zur Speise zu gebrauchen noch auch zum Trinken anwendbar ist. Zu diesen Übeln werden noch Zeichen[1] am Himmel kommen, damit die Menschen alle Ursache haben, sich zu fürchten; häufig werden Kometen erscheinen. Die Sonne wird ganz verdunkelt werden, der Mond wird mit Blut[2] gefärbt sein, und das verlorene Licht wird nicht wieder ersetzt werden. Alle Sterne werden herunterfallen, und die Berechnung der Zeiten wird aufhören, da Winter und Sommer durcheinandergehen. Dann wird das Jahr, der Monat und Tag abgekürzt sein. Daß Dieß das Ende und der Untergang der Welt sei, hat Trismegistus[3] verkündet. Wenn Das nun geschehen wird, so soll man wissen, daß die Zeit da ist, wo Gott kommen wird, die Welt umzuwandeln. Aber inmitten dieser Übel wird ein gottloser Herrscher aufstehen, der nicht bloß ein Feind des Menschengeschlechtes, sondern auch von Gott sein wird. Der wird die Überbleibsel jenes ersten Tyrannen vernichten, mißhandeln, quälen und zu Grunde richten. Alsdann wird

---

1) Die hier von Laktantius angeführten Erscheinungen werden dem Untergange der Welt und dem allgemeinen Weltgerichte vorangehen; siehe Matth. 24; Mark. 13; Luk. 21.
2) Joel 2, 31.
3) Trismeg. in Asclep. c. 9.

man beständig Thränen vergießen, trauern und fortwährend seufzen und vergeblich zu Gott bitten. Vor Furcht wird man keine Ruhe haben noch auch Schlaf, um zur Ruhe zu kommen. Der Tag wird das Elend und die Nacht die Furcht stetig vermehren. So wird der Erdkreis fast zur Einöde werden, wenigstens wird es dahin kommen, daß die Menschen selten sind. Dann wird der Gottlose die gerechten und gottergebenen Menschen verfolgen und befehlen, daß er wie Gott verehrt werde. Er wird nämlich sagen, daß er Christus sei, er wird aber dessen Gegner[1] sein. Damit er Glauben finden könne, wird er die Macht, Wunder zu wirken, erhalten, so daß Feuer vom Himmel fällt und die Sonne stille steht, daß ein von ihm aufgestelltes Bild redet. Durch diese Wunderzeichen wird er Viele verlocken,[2] daß sie ihn anbeten und sein Zeichen auf die Hand und Stirne nehmen. Wer ihn aber nicht anbeten und sein Zeichen annehmen will, wird unter ausgesuchten Qualen sterben. So wird er ungefähr zwei Theile (der Welt) zu Grunde richten, der dritte wird in die wüsten Einöden fliehen. Jener aber wird in unsinnigem und unversöhnlichem Zorne wüthend ein Heer anführen und den Berg besetzen, auf welchem die Gerechten geflohen sind. Wenn diese sich aber umringt sehen, werden sie mit lauter Stimme Gottes Hilfe anflehen, alsdann wird Gott sie erhören und ihnen einen Retter senden.

72. Christus kommt vom Himmel; das tausendjährige Reich.

Dann wird sich in todesstiller Nacht der Himmel öffnen und Christus mit großer Macht heruntersteigen;[3] eine

---

1) Ueber die Zeit und Person des „Antichrist" ist eine sehr lesenswerthe Broschüre: „Der Antichrist" bei Kösel in Kempten 1874 erschienen; Preis 35 ₰.
2) Siehe hierüber noch Apok. 11 u. 13; II. Thess. 2.
3) Siehe Matth. 25; Js. 66.

Lichtwolke und eine zahllose Menge der Engel wird ihm vorangehen, und die ungeheure Zahl der Gottlosen wird vernichtet werden, Ströme Blutes werden fließen, der Anführer selbst wird fliehen, wenn er aber sein Heer wird erneuert haben, wird er eine vierte Schlacht liefern; in dieser wird er mit den übrigen Tyrannen gefangen und dem Scheiterhaufen überliefert. Aber auch das Haupt der bösen Geister, der Urheber und Handhaber der Übel, wird, mit glühenden Ketten gefesselt, der Gefangenschaft überliefert,[1]) damit die Welt den Frieden erhalte und die so viele Jahrhunderte bedrängte Erde ruhe. Und wenn so der Friede geschaffen und alle Übel unterdrückt sind, alsdann wird jener gerechte König und Sieger ein Gericht auf der Erde über Lebende und Todte halten; nun wird er den lebenden Gerechten alle Völker in Dienstbarkeit übergeben, die todten wird er aber zum ewigen Leben auferwecken, und er wird selbst mit ihnen auf der Erde herrschen; alsdann wird er auch das heilige tausendjährige Reich[2]) der Gerechten gründen. In dieser Zeit werden die Sterne heller, der Glanz der Sonne wird vermehrt werden, und der Mond wird keine Abnahme (des Lichtes) erfahren. Alsdann wird Gott am Morgen und

---

1) Vergleiche Apol. 20.
2) Die im Judenthume herrschende Idee eines irdischen Reiches, worin die Gerechten tausend Jahre lang in allen irdischen und überirdischen Freuden mit dem Messias leben würden, hatte sich auf christlichen Boden verpflanzt. Anhaltspunkte dazu boten mystische Ausdrücke des alten Testamentes und namentlich der Apokalypse; dazu kamen noch für ächt gehaltene Apokryphen und die von Laktantius so hoch geschätzten Sibyllen. Dieselbe Anschauung wie Luktantius hatten Papias, Bischof von Hierapolis in Phrygien, Justin der Martyrer, der heilige Irenäus und sein gelehrter Schüler Hippolyt, Methodius, Bischof von Tyrus, Nepos, Bischof von Arsinois in Aegypten, Viktorin, Bischof von Petavium in Ungarn. Dagegen kämpften der Presbyter Cajus, Origenes, Dionysius von Alexandrien, Basilius und Gregor von Nazianz, Augustin und Hieronymus.

Abend segenbringenden Regen fallen lassen,[1]) und die Erde wird jegliche Frucht ohne menschliche Bemühung hervorbringen. Honig wird von den Felsen triefen, Quellen von Milch und Wein werden hervorquellen; die Thiere legen ihre Wildheit ab und werden zahm, der Wolf wird bei der Heerde herumlaufen, ohne Schaden anzurichten; das Kalb wird mit dem Löwen weiden,[2]) die Taube wird mit dem Habicht zusammen sein; die Schlange wird ohne Gift sein, und kein Thier wird vom Blut leben. Gott wird nämlich Allen reichliche und unschädliche Nahrung schaffen. Nach Ablauf der tausend Jahre aber wird der oberste der Teufel wieder losgelassen, die Völker werden die Gerechten bekriegen, und es wird eine unzählige Menge heranrücken, um das Reich der Heiligen zu erobern; dann wird das letzte Gericht Gottes gegen die Völker stattfinden; er wird nämlich die Erde in den Fundamenten erschüttern[3]) und die Städte zerstören und über die Gottlosen Feuer mit Schwefel und Hagel regnen lassen; sie werden verbrennen und sich gegenseitig niedermachen. Die Gerechten werden sich aber auf kurze Zeit in der Erde verbergen, bis die Vernichtung der Völker vollzogen; nach dem dritten Tage werden sie heraus kommen und die Felder mit Leichen bedeckt erblicken. Dann werden Erdbeben stattfinden, die Berge werden auseinanderfallen, die Thäler werden sich zu einer ungeheuren Tiefe senken, und dahin werden die Körper der Todten gebracht, und ihr Name wird Polyandrion[4]) (Begräbnißplatz Vieler) sein. Darnach wird Gott die Welt erneuern und die Gerechten in Engel umgestalten, auf daß sie mit dem Kleide der seligen Unsterblichkeit geschmückt ihm dienen in Ewigkeit; das wird Gottes Reich ohne Ende sein. Dann werden auch die Gottlo-

---

1) Jf. 30. — 2) Jf. 11 u. 65.
3) Ezechiel 39; Apok. 19 u. 21.
4) Ueber dieses Wort siehe Epiphanius, Haereses I, 30, 8; Ebuardus dissert. 28, 4. 6.

fen auferstehen, nicht aber zum Leben, sondern zur Strafe. Denn Gott wird auch sie, wenn die zweite Auferstebung stattgefunden, erwecken, damit sie zu ewigen Peinen verurtheilt, den ewigen Flammen übergeben, die für ihre Verbrechen verdienten Züchtigungen erleiden.

73. Die Hoffnung des Heiles beruht auf der religiösen Gottesverehrung.

Da Dieses alles also wahr und gewiß ist und in übereinstimmenden Aussprüchen von allen Propheten vorhergesagt worden, da Jenes sowohl Trimegistus als auch Hystaspes und die Sibyllen[1]) verkündiget haben, so darf man nicht mehr daran zweifeln, daß alle Hoffnung des Heiles und des Lebens allein in Gottes Religion beruht. Wenn deßhalb der Mensch Christum, den Gott zu unserer Rettung sandte und wiederum senden wird, nicht wird angenommen haben, und wenn er den höchsten Gott durch Christus nicht wird kennen gelernt haben, wenn er seine Gebote und sein Gesetz nicht wird beobachtet haben, so wird er den Strafen, von denen wir gesprochen, anheim fallen. Demnach müssen wir das Hinfällige gering schätzen, damit wir erlangen, was festen Bestand hat; das Irdische verachten, damit wir mit dem Besitz des Himmlischen ausgezeichnet werden; dem Zeitlichen entsagen, daß wir zum Ewigen gelangen. Ein Jeder soll sich zur Gerechtigkeit bilden und in einem neuen Leben zur Enthaltsamkeit sich umgestalten; Jeder bereite sich zum Kampfe und rüste sich zur Tugend, damit, wenn etwa ein Gegner ihm den Krieg erklären sollte, er durch keine Gewalt noch Schrecken noch Qualen von Dem, was recht und gut ist, losgerissen werde. Keiner werfe sich vor empfindungslosen Gebilden nieder, sondern man lerne den einen wahren Gott in der rechten Weise kennen und

---

1) Ihre Sprüche hat Laktantius lib. VII, 18 mitgetheilt. Ueber Hystaspes vergleiche Ebuardus dissert. 40, 2. 6.

lege die bösen Lüste ab, durch deren Reize die erhabene Seele zur Erde niedergedrückt wird. Man soll die Unschuld festhalten und möglichst Vielen nützen und sich unvergängliche Schätze durch gute Werke sammeln, damit man von Gott, der unser Richter ist, für die Verdienste der Tugend sowohl die Krone der Treue als auch den Lohn der seligen Unsterblichkeit erlangen könne.

Inhaltsangabe

der einzelnen Kapitel des Auszuges aus den religiösen Unterweisungen mit Hinweis auf die ausführlichere Behandlung in den sieben Büchern der Institutionen.

———

1. Von der göttlichen Vorsehung. — Siehe in den Institutionen Buch 1. Kap. 2.
2. Es ist nur ein Gott. — B. 1. K. 3, 45 § 1—14.
3. Die Zeugnisse der Dichter über die Einheit Gottes. — B. 1. K. 8, 45 § 1—14.
4. Die Philosophen bezeugen die Einheit Gottes. — K. 5 § 15 ff. K. 6 § 1—5. K. 6 § 6 b. z. Schlusse.
5. Die weissagenden Sibyllen verkünden einen Gott. — Kap. 7.
6. Der ewige und unsterbliche Gott ist ohne geschlechtliche Nachkommenschaft. — Kap. 8.
7. Des Herkules Thaten und Tod. — Kap. 9.
8. Die heidnischen Götter Äskulap, Apollo, Mars, Kastor und Pollux, Merkurius und Bacchus. — Kap. 10 § 1—9.
9. Die schändlichen Leidenschaften der heidnischen Götter. — Kap. 10 § 1—9.

10. Jupiter in seiner Sinnlichkeit.	Kap. 10 b. z. Schluffe, 11 § 1—21.
11. Einige Sinnbilder, durch welche die Dichter Jupiters Schändlichkeiten bemäntelten.	Kap. 11. 22—44.
12. Die Dichter erfinden nicht alles auf die Götter Bezügliche.	Kap. 11. 22—44.
13. Die Thaten des Jupiter nach dem Geschichtschreiber Eubemerus.	Kap. 11. 44—49.
14. Des Uranus und Saturnus Werke nach den Berichten der Geschichtschreiber.	Kap. 11. 50 bis zu Kap. 19.
19. Durch thörichtes Wohlwollen der Menschen und Irrthum ist ihnen die Gottheit beigelegt worden.	Kap. 11. 50 bis zu Kap. 19.
20. Über die besonderen Götter der Römer.	Kap. 20. 1—33.
21. Noch andere Gottheiten der Römer.	Kap. 20. 34 bis zum Schluffe.
22. Die von Faunus und Numa eingeführten religiösen Gebräuche.	Kap. 22. 1—14.
23. Ueber die Opfer, welche die Barbaren den Götzen darbrachten.	Kap. 21.
24. Ueber den Ursprung der religiösen Opfer.	Kap. 22. 15 bis zum Schluffe u. Kap. 23.
25. Ueber das goldene Zeitalter, Prometheus, die von ihm gefertigten Figuren.	Buch 2. Kap. 1, 3 u. 4.
26. Ueber die Verehrung der Elemente und Gestirne.	Kap. 5 u. 6.
27. Ueber die Erschaffung des Menschen, deffen Sünde und Strafe, die Engel.	Kap. 7, 8—14 § 5.
28. Ueber die bösen Geister und ihre schlechten Werke.	Kap. 14 § 6—15. 16.
29. Ueber Gottes Zulaffung des Bösen, daß Gutes daraus folge.	Kap. 17 § 1—5.

30. Ueber die falsche Weisheit.	B. 2. K. 17 § 6—19 u. B. 3. Kap. 1 u. 2.
31. Ueber Wissen und Muthmaßen.	Kap. 3 u. 4 § 1 u. 2.
32. Ueber die verschiedenen Philosophenschulen und deren Widersprüche.	Kap. 4 § 3 bis Kap. 6.
33. Untersuchung über das höchste Gut des Menschen.	Kap. 7 u. 8.
34. Die Menschen sind zur Gerechtigkeit geboren.	Kap. 9—16.
35. Die Unsterblichkeit ist das höchste Gut.	Kap. 9—16.
36. Die Philosophen Epikur und Pythagoras.	Kap. 17—19.
37. Ueber den Sokrates und seine Widersprüche.	Kap. 20.
38. Wie Plato's Gelehrsamkeit der Wahrheit näher kam.	Kap. 21, 22, 23 § 1 bis 10.
39. Ueber einige Philosophen und die Gegenfüßler.	Kap. 23 § 2 bis Kap. 28 § 10.
40. Ueber die Verirrung der Philosophen.	Kap. 28 § 2 bis Kap. 30.
41. Ueber die wahre Weisheit und Religion.	Buch 4. Kap. 1, 2, 3 u. 4.
42. Die religiöse Weisheit; der Name Jesu Christi ist allein dem Vater bekannt.	Kap. 5, 6 u. 7.
43. Ueber den Namen Jesu Christi und seine zweifache Geburt.	Kap. 8—10.
44. Die zweifache Geburt Christi wird aus den Propheten nachgewiesen.	Kap. 12, 13 u. 14.
45. Die Macht und Werke Christi werden aus den hl. Schriften bewiesen.	Kap. 15—18 § 1—12.
46. Die Propheten haben Christi Leiden und Tod vorhergesagt.	Kap. 18 § 13—19; § 1—5.
47. Die Auferstehung Jesu Christi,	Kap. 19 § 6—21; § 1.

Lactantius' ausgew. Schriften. 15

die Sendung der Apostel und die Himmelfahrt des Erlösers.	
48. Die Verwerfung der Juden, die Aufnahme der Heiden.	Kap. 21 § 2 bis zum Schlusse.
49. Es gibt nur **einen** Gott.	Kap. 21 § 2 bis zum Schlusse.
50. Weßhalb Gott einen menschlichen Leib angenommen und den Tod erlitten hat.	Kap. 22, 25.
51. Christi Tod am Kreuze.	Kap. 26. 27.
52. Das Heil der Menschen beruht auf der Erkenntniß des wahren Gottes. Haß der Heiden gegen die Christen.	Kap. 28 u. Buch 5, Kap. 1.
53. Die Ursachen des Hasses gegen die Christen werden erwogen und widerlegt.	Buch 5. Kap. 19 § 20; Kap. 20 § 2—10.
54. Die Freiheit der Religion zur Anbetung Gottes.	[1])
55. Die Heiden schmähen die Gerechten, die Gott dienen, durch die Anschuldigung der Irreligiosität.	Kap. 20 § 11 bis Schluß.
56. Die Gerechtigkeit ist die wahre Gottesverehrung.	Kap. 16.
57. Ueber die Weisheit und Thorheit.	Kap. 17 u. 18.
58. Ueber die wahre Gottesverehrung und das ihm zukommende Opfer.	Buch 6. Kap. 25.
59. Die zwei Wege des Lebens und die ersten Verirrungen der Menschheit.	Kap. 3, 4, 9 u. 10.

---

1) Von diesem Kapitel wie auch von dem größten Theile des Kapitels 29 findet sich in den sieben Büchern gar Nichts; dadurch wird es klar bestätigt, was in der Einleitung gesagt wurde, daß nämlich im Auszuge manches Neue und vom Hauptwerke Abweichende vorkomme.

60. Die Pflichten der Gerechtigkeit.	B. 6. K. 3 bis Schluß.
61. Von den Affekten.	B. 6. K. 14, 15, 16 u. 19.
62. Wie man die Genüsse der Sinne einschränken soll.	B. 6. K. 18. K. 12 bis Schluß. K. 23. K. 20 ff. K. 21.
63. Die Schauspiele verderben im höchsten Grade die Sitten.	Buch 6. Kap. 20 § 9. Kap. 18. Kap. 20 § 26 ff.
64. Die Affekte müssen richtig geleitet werden.	Buch 6. Kap. 18.
65. Ueber die Pflichten der Barmherzigkeit.	Buch 6. Kap. 10.
66. Ueber die Treue und Standhaftigkeit in der Religion.	Kap. 23.
67. Von der Buße, von der Unsterblichkeit der Seele, von der Vorsehung.	Kap. 24 u. B. 7. Kap. 2 u. 3.
68. Von der Welt, den Menschen und der Vorsehung Gottes.	Buch 6. Kap. 4.
69. Die Welt ist des Menschen wegen und der Mensch Gottes wegen erschaffen.	Buch 7. Kap. 5, 6 u. 8.
70. Beweise für die Unsterblichkeit der Seele.	Buch 7. Kap. 12, 13, 14, 20 u. 21.
71. Die letzten Zeiten.	B. 7. Kap. 15, 16, 17.
72. Christus kommt vom Himmel; das tausendjährige Reich.	Buch 7. Kap. 20.
73. Die Hoffnung des Heiles beruht auf der religiösen Gottesverehrung.	Buch 7. Letztes Kap.

Des
Firmianus Laktantius
Buch
vom
Zorne Gottes,

aus dem Urtexte übersetzt

von

Remigius Storf,
Pfarrer der Diözese Augsburg.

Einleitung.

Einen nicht unbedeutenden Rang unter den Schriften des Laktantius behauptet das Buch de ira Dei. Veranlassung zu diesem Werke bot die Behauptung der Philosophen, daß Gott ganz affektlos sei oder wenigstens den Affekt des Zornes nicht habe. Zur Widerlegung dieses Irrthumes und zum Erweise der göttlichen Strafgerechtigkeit verfaßte Laktantius unsere Schrift, die nach dem Urtheile des Hieronymus (in epist. ad Ephes. c. IV.) mit ebensoviel Gelehrsamkeit als rednerischer Kunst geschrieben ist. Was die Zeit der Abfassung betrifft, so fällt sie in die letzten Lebensjahre des Laktantius, der zwischen 325 und 330 starb; denn es werden in ihr die „Institutionen"[1] erwähnt, sowie auch die geraume Zeit nach den Institutionen verfaßte „Epitome" noch vor unserer Schrift verfaßt sein dürfte. Es wäre ganz gegen des Laktantius Gewohnheit, in der Epitome die Schrift de ira Dei nicht zu citiren, obgleich an mehreren Stellen wie Kap. 29 und 51 Gelegenheit hiezu gegeben war. Auch der Umstand, daß Laktantius Kap. 2 unseres Werkes nur mehr die Absicht kund gibt, ein Buch gegen die Häresieen zu schreiben, dagegen

---

[1] Ueber die Zeit ihrer Abfassung vgl. S. 10 u. S. 100.

das in den Institutionen IV, 50 und VII, 1 geäusserte Vorhaben, auch die Juden und die Philosophen in besonderen Büchern zu widerlegen, nicht mehr ausspricht, scheint dafür zu sprechen, daß sein weit vorgerücktes Alter so weit greifenden Plänen keinen Raum mehr gestattete.

Die Übersetzung habe ich wegen dienstlicher Verhinderung des Herrn Jansen übernommen; es liegt ihr der Text der berühmten Ausgabe von Le Brun — Lenglet Dufresnoy (Paris 1748) zu Grunde, welchen auch die Oberthür'sche (1784) und die Zweibrückener Ausgabe (1786) enthalten; auch die Textausgabe von Fridolin Fritzsche (Leipzig 1842) wurde verglichen.

R. Storf.

Inhalt.

Die Vorstellung der Philosophen, daß Gott nicht zürne, ist falsch, wie denn überhaupt die Philosophie die höhere Wahrheit nicht zu erkennen vermag. Es gibt nämlich drei Stufen zur Wahrheit: Verwerfung der Götzen, Erkenntniß des **einen** Gottes und Erkenntniß Jesu Christi. Während die Anbeter der Elemente und die Häretiker die erste und dritte Stufe verlassen, fallen die Philosophen von der zweiten Stufe herab, indem sie von Gott falsche Vorstellungen sich bilden, insbesondere meinen, daß Gott nicht die Affekte des Zornes oder der Gnade habe. In dieser Beziehung kann man vier Behauptungen aufstellen. Die erste, daß Gott nur Zorn habe, wurde nie gemacht und widerspricht der Idee Gottes sowie der gesunden Vernunft, die einen zweiten gütigen Gott verlangen würde. Die zweite Annahme, daß Gott weder Zorn noch Gnade habe, stammt von Epikur; in diesem Falle wäre es konsequent, Gott zu läugnen, da ein ganz affektloser und unthätiger Gott weder selig sein noch überhaupt leben könnte. Die dritte Behauptung, daß Gott nur Gnade, aber keinen Zorn habe, wurde von den Stoikern aufgestellt, weil sich der Zorn für Gott nicht zieme und namenloses Unheil aus demselben hervorginge. Aber wo kein Haß ist, da ist auch keine Liebe, und es wäre ungerecht, die Guten und die Bösen nach demselben Gefühle zu behandeln. Daher bleibt nur die vierte Annahme, daß Gott Zorn und Gnade habe, übrig, und sie will Laktantius beweisen (1—6).

Der erste Theil seiner Beweisführung stützt sich auf die Thatsache des religiösen Bewußtseins. Es hat der Mensch unbestreitbare Vorzüge vor den Thieren, aber diese nehmen an der Gabe der Sprache, des Gefühles, der berechnenden Vorsicht gewissermaßen Antheil, während der Mensch ausschließlich eine R e l i g i o n hat. Die Religion aber wäre nicht aufrecht zu erhalten, wenn sich Gott nur gnädig erwiese und nie den Frevler strafte. Die Religion ist aber nicht etwa erfunden worden, um schlechte Menschen im Zaume zu halten, sondern ihren wesentlichen Inhalt, den Glauben an Gott und seine Vorsehung, haben die ältesten und größten Philosophen ausgesprochen. Erst Epikurus läugnete die Vorsehung und einige Spätere auch Gott selbst. Aber ihr Versuch, durch die Atomenlehre oder durch die bloße Kraft der Natur die Räthsel der Dinge zu lösen, ist mißlungen. Sie können nicht einmal die sichtbare, wohlgeordnete Welt und ihre Geschöpfe, noch viel weniger aber das Wesen des Geistes erklären. Dazu spricht sich die Autorität der großen Philosophen wie für die Bildung der Welt durch Gott, so für die Einheit Gottes aus, weil es mehrere höchste Wesen nicht geben kann. Würden diese religiösen Grundsätze aufgegeben, so sänke der Mensch zum Thiere herunter; Religion kann aber, wie gesagt, nur neben der Gottesfurcht bestehen (7—12).

Im zweiten Theile sucht Laktantius sein Beweisthema durch den Hinweis auf die Stellung des Menschen und seine Gottesebenbildlichkeit zu erhärten. Alles ist zum Besten des Menschen erschaffen worden; selbst die Übel kann er durch die ihm verliehene Weisheit großentheils vermeiden. Der Mensch selbst aber ist erschaffen worden, um Gott zu dienen und Gerechtigkeit zu üben. Das ist für den Menschen keine leichte Aufgabe, weil der Leib im Gegensatze zur Seele steht und seine Thätigkeit durch verkehrte Affekte gehemmt ist. Da Gott das reinere Urbild ist, so hat er bloß die guten Affekte: Gnade, Zorn und Mitleid. Gegen schutzflehende und verdiente Menschen ist Gott gnädig, gegen schlechte aber erzürnt. Der Mensch ist in seinem Leben nie ganz ruhig; selbst im Schlafe ist sein Geist thätig. Daher ist auch Gott, der dem Gesetze des Todes nicht unterworfen ist, immer thätig und wie ein guter Mensch erzürnt gegen das Böse. So wenig aber gegen Gesetze und Richter ein Vorwurf erhoben werden kann, weil sie die Sünder bestrafen, so wenig kann Gottes Strafgerechtigkeit beschuldiget werden. Duldung des Unrechtes wäre unvernünftig, vernünftig aber ist es, beim Anblicke einer schlechten Handlung zu zürnen und dieselbe zu bestrafen. Der Zorn Gottes kann nicht mißbraucht werden; denn Gott kennt das entzweite Wesen des Menschen und bestraft daher nur die unbußfertigen Sünder, während er sich der reuigen erbarmt. Die unbußfertigen Sünder erreicht sein Gericht ganz gewiß, und sein Erbarmen kommt anderen Sündern entgegen, weil sonst Niemand auf Erden leben und kein Böser sich bekehren könnte. Die Einrede, daß Gott seinem Ebenbilde, dem Menschen, den Zorn verboten habe, ist ganz unberechtigt, weil Gott nur den Mißbrauch des Zornes und die Unversöhnlichkeit verboten hat, sein Zorn aber immer gerecht und trotz seiner Ewigkeit zum Verzeihen geneigt ist (18—21).

Schließlich führt er nach dem Vorgange Cicero's göttliche Zeugnisse für seine Behauptung an. Sie sind den sibyllinischen Büchern entnommen, die er für ächt gehalten hat. Er fordert endlich dazu auf, Gott zu dienen, um dadurch bleibendes Glück zu finden (22 u. 23).

Vom Zorne Gottes.

1. Einige behaupten, daß Gott nicht zürne; gegen diesen Irrthum sichert das Licht der göttlichen Offenbarung, das allein wahres Wissen bietet. Denn die Menschen besitzen nach der Versicherung des Sokrates keine wahre Wissenschaft.

Ich habe oft bemerkt, Donatus, daß sehr Viele die Meinung einiger Philosophen theilen, Gott zürne nicht, weil die göttliche Natur nur gütig sei und es sich für die vorzüglichste und beste Macht nicht zieme, Jemandem zu schaden, oder weil sich Gott überhaupt um Nichts bekümmere, so daß wir weder von seinem Wohlwollen etwas Gutes erwarten dürfen noch von seinem Übelwollen etwas Schlimmes zu befürchten haben. Bei der Größe dieses Irrthumes, der den ganzen Bestand des menschlichen Lebens umstürzen kann, obliegt uns die Pflicht, denselben zu widerlegen, damit nicht durch das Ansehen von Männern, die sich selbst für weise halten, auch du getäuscht werdest. Wir sind aber nicht so anmaßend, uns den Ruhm beizumessen, die Wahrheit durch unser Genie begriffen zu haben, sondern wir folgen der Lehre Gottes, der allein das Verborgene wissen und offenbaren kann. Da die Philosophen diese Lehre nicht kennen, glauben sie das Wesen der Dinge auf dem Wege der Schlußfolgerung erfassen zu können. Das ist aber eine unmögliche Sache, weil der Geist des Menschen, von der finsteren Wohnung des Leibes umschlossen, von der Anschauung der Wahrheit weit entfernt ist und zwischen der menschlichen und göttlichen Natur der wesentliche Unterschied besteht, daß dem Menschen die Unwissenheit und Gott das Wissen eigenthümlich sind.

Um die über die Denkkraft des Menschen gelagerte Finsterniß zu vertreiben, brauchen wir irgend ein Licht, weil wir in der Hülle unseres sterblichen Fleisches nicht die Sehergabe besitzen. Das Licht des menschlichen Geistes ist Gott. Wer ihn erkennt und in sein Herz aufnimmt, wird mit dem Lichte seines Herzens die geheimnißvolle Wahrheit erkennen; wenn aber Gott und die himmlische Lehre ferne sind, dann ist Alles voll Irrthum. Obgleich daher Sokrates der gelehrteste aller Philosophen war, so behauptete er doch zur Beschämung der Unwissenheit Derjenigen, die Etwas zu wissen glaubten, daß er nur allein das Eine wisse, daß er Nichts wisse. Denn er sah ein, daß die Philosophie nichts Gewisses und Wahres in sich schließe; daher verheimlichte er nicht, wie Einige meinen, absichtlich seine Wissenschaft, um Andere zu widerlegen, sondern er erkannte theilweise die wahre Sachlage. Nach der Erzählung des Plato bezeugte er auch vor Gericht, daß es keine menschliche Weisheit gebe; so weit ging seine Verachtung, sein Spott und seine Geringschätzung gegen eine Wissenschaft, deren sich die damaligen Philosophen rühmten, daß er die Erkenntniß seiner Unwissenheit für die höchste Weisheit erklärte.[1] Wenn es also, wie Sokrates nach der Überlieferung des Plato lehrte, keine menschliche Weisheit gibt, so muß es eine göttliche geben, und die Kenntniß der Wahrheit kann demnach nur Gott allein zustehen. Man muß also Gott, den einzigen Inhaber der Wahrheit, kennen lernen. Jener Vater der Welt und Schöpfer der Dinge kann nicht mit den Augen des Leibes

---

1) Plato (Apologie des Sokrates Kap. 7, 8 u. 9) berichtet ausführlich, wie Sokrates den Orakelspruch, der ihn für den Weisesten erklärt hatte, erprobte. Sokrates läugnet keineswegs jede höhere Erkenntniß des Menschen, wie Laktantius annimmt.

gesehen, sondern nur mühsam mit dem Geiste wahrgenommen werden. Von Denjenigen, welche weder die wahre Weisheit zu besitzen noch die Begründung des großen und himmlischen Geheimnisses zu begreifen vermochten, pflegt seine Religion auf vielerlei Arten angefochten zu werden.

2. Die erste Stufe der Wahrheit besteht in der Verwerfung der falschen Götzen, die zweite in der Erkenntniß des einen wahren Gottes und die dritte in der Anerkennung Jesu Christi. Die erste Stufe der Wahrheit verlassen die Gestirndiener, die zweite die Philosophen mit ihren verkehrten Anschauungen von der Natur Gottes und die dritte die Häretiker. Laktantius will die zweite Klasse besprechen, je nachdem Gott jeder Affekt oder nur der Zorn abgesprochen und beziehungsweise Zorn und Gnade ihm zugeschrieben werden.

Da viele Stufen zur Wohnung der Wahrheit hinauf führen, so ist es nicht Jedem leicht, die höchste Stufe zu erreichen. Es blendet das Licht durch den Glanz der Wahrheit, und daher fallen Diejenigen, welche nicht festen Schritt halten können, in die Tiefe zurück. Die erste Stufe besteht in der Erkenntniß der falschen Religionen und in der Verwerfung des gottlosen Dienstes von Menschenhänden gemachter Götter. Die zweite Stufe beruht auf der Erkenntniß des Geistes, daß es nur einen höchsten Gott gebe, durch dessen Macht und Vorsehung die Welt anfänglich erschaffen wurde und dann regiert wird. Die dritte Stufe besteht in der Erkenntniß seines Dieners und Boten, den er auf die Erde gesandt hat, durch dessen Belehrung wir, befreit von den Banden des Irrthums und zur Verehrung des wahren Gottes herangebildet, die Gerechtigkeit lernen sollten. Von all diesen Stufen kann man, wie gesagt, jählings ausgleiten und leicht herabfallen, wenn nicht die Füße in unerschütterlicher Festigkeit wurzeln.

Von der ersten Stufe sehen wir Diejenigen herabstürzen, die das Falsche einsehen, ohne die Wahrheit zu finden; sie verachten die irdischen und zerbrechlichen Götzenbilder, aber sie wenden sich nicht der Verehrung des ihnen unbekannten Gottes zu, sondern bewundern die Elemente der Welt und verehren den Himmel, die Erde, das Meer, die Sonne, den Mond und die übrigen Gestirne.[1]) Aber ihre Unkenntniß haben wir schon im zweiten Buche der göttlichen Unterweisungen nachgewiesen.[2]) Wir behaupten sodann, daß Diejenigen von der zweiten Stufe herabfallen, welche trotz ihrer Überzeugung von dem Dasein eines höchsten Gottes sich dennoch von den Philosophen verführen und von ihren falschen Beweisen einnehmen lassen und daher von jener einzigen Majestät der Wahrheit widersprechende Vorstellungen hegen. Sie sprechen Gott jede Gestalt ab[3]) oder behaupten, daß er von keinem Affekte bewegt werde, weil jeder Affekt Schwäche verrathe, von der Gott durchaus frei sei. Von der dritten Stufe werden Jene herabgeworfen, die zwar den Gesandten Gottes, den Erbauer des göttlichen und unsterblichen Tempels kennen, aber ihn nicht anerkennen oder ihn nicht nach den Anforderungen des Glaubens auffassen. Diese haben wir theilweise schon im vierten Buche des oben erwähnten Werkes wider-

---

1) Die Astralreligion ist die älteste Form des Heidenthums besonders in Arabien, Babylonien und Assyrien. In Rom war sie unter der Gestalt der Astrologie in den letzten Zeiten der Republik und unter den Kaisern sehr verbreitet. Auch der Autor des lib. III. de symbolo ad catechumenos eifert gegen die Anbeter der Elemente.

2) Das zweite Buch der institutiones divinae behandelt den Ursprung des Irrthums, das heißt des Götzendienstes, der von Cham ausgehend allgemeine Verbreitung fand.

3) Alle Philosophen, die pantheistisch dachten, mußten ihm ein bestimmtes Fürsichsein absprechen. Etwas Anderes als eine bestimmte, für sich seiende Realität wollen aber weder Tertullian noch Laktantius ausdrücken, wenn sie ihm einen Körper oder eine Gestalt beilegen.

legt und werden sie später eingehender widerlegen, wenn wir einmal allen Selten antworten, die bei der Erörterung der Wahrheit dieselbe verloren haben.¹)

Jetzt aber sprechen wir gegen Diejenigen, welche von der zweiten Stufe der Wahrheit herabgefallen sind und daher vom höchsten Gotte Verkehrtes denken. Denn Einige sagen, Gott erweise Niemandem Huld und zürne gegen Niemand, sondern genieße in Sicherheit und Ruhe die Güter seiner Unsterblichkeit. Andere aber sprechen Gott den Affekt des Zornes ab, aber sie schreiben ihm Gnade zu: ein durch die höchste Tugend ausgezeichnetes Wesen dürfe nicht übelthätig, sondern müsse wohlthätig sein.²) Bezüglich des Zornes sind also alle Philosophen einer Meinung, aber über die Gnade denken sie verschieden. Zorn und Gnade sind verschiedene und widersprechende Dinge; damit nun unsere Rede im Einklange mit dem gegebenen Stoffe ordnungsgemäß fortschreite, müssen wir eine Eintheilung aufstellen und dieselbe einhalten. Man muß Gott entweder den Zorn zuschreiben und die Gnade absprechen oder ihm beide zugleich absprechen, oder man muß ihm den Zorn absprechen und die Gnade beilegen oder ihm beide zumal beilegen. Auſſer diesen Stücken kann die Natur der Sache Nichts weiter umfassen, so daß wir in einem dieser Punkte die gesuchte Wahrheit finden. Wir wollen sie einzeln be-

---

1) Im vierten Buche seiner Institutionen spricht Laktantius ausführlich von der ewigen und von der zeitlichen Geburt des Logos, aber viel mehr im Hinblicke auf die Heiden und Juden als auf die Häretiker. Seine Absicht, gegen die Häresieen ein Buch zu schreiben, scheint er nicht realisirt zu haben.

2) Die Epikuräer sprechen Gott alle Affekte ab, die Stoiker schreiben ihm nur Gnade zu.

trachten, damit uns eine vernünftige und wohlgeordnete Untersuchung zum Verstecke der Wahrheit führe.

3. Im menschlichen Leben gibt es Übel und Güter; würde Gott nur Übel verhängen, so müßte es einen ausser ihm stehenden Wohlthäter der Menschen geben. Eine solche Behauptung widerspricht der Idee Gottes und ist auch nie ausgesprochen worden.

Die erste Behauptung, daß Gott nur zürne, aber nicht durch Gnade bewegt werde, hat noch Niemand aufgestellt. Denn es widerspricht der Idee Gottes, daß er nur eine schädliche und hindernde Macht besitze, ohne das Vermögen zu haben, zu nützen und Gutes zu thun. Das Heil der Menschen ist ganz unbegründet und hoffnungslos, wenn Gott nur der Urheber der Übel ist. In diesem Falle wäre ja jene verehrungswürdige Majestät nicht mit der Macht des Richters, der auch befreien und retten kann, bekleidet, sondern zum Dienste eines Folterknechtes und Henkers herabgewürdiget. Da wir aber sehen, daß es im menschlichen Leben nicht bloß Übel, sondern auch Güter gebe, so muß es für den Fall, daß Gott nur der Urheber der Übel ist, einen Zweiten geben, der Gott entgegen wirkt und uns die Güter verleiht. Wenn es einen Solchen gibt, wie sollen wir ihn benennen, oder warum ist unser Übelthäter uns bekannter als unser Wohlthäter? Wenn es aber ausser Gott nichts Solches geben kann, so ist es abgeschmackt und nichtig, zu glauben, daß die unvergleichlich höchste und beste Macht Gottes zwar schaden, aber nicht nützen könne. Daher wagte Niemand diese unsinnige und ganz unglaubliche Behauptung aufzustellen. Weil also Jedermann in diesem Punkte mit uns einverstanden ist, wollen wir darüber hinweggehen und anderswo die Wahrheit suchen.

4. Epikur läugnet jeden Affekt und jede Thätigkeit Gottes; daher wurde er von Einigen des Atheismus beschuldigt. Er scheint jedoch durch seine falsche Prämisse, daß Gott nicht zürne, zu verkehrten Konsequenzen geführt worden zu sein. Seine Ansicht wird nur von wenigen und lasterhaften Menschen getheilt.

Aus der Schule Epikurs[1]) stammt der nachfolgende Satz, daß nämlich in Gott weder Zorn noch Gnade sein könne. Da nach Epikurs Meinung Gott die regelmäßigen Folgen des Zorn-Affektes, nämlich Übles zu thun und zu schaden, ferne sind, so entzog er ihm auch die Wohlthätigkeit; denn er erkannte die Folgerichtigkeit des Satzes, daß Gott auch Gnade habe, wenn er den Affekt des Zornes hat. Um also Gott keinen Fehler zuzuschreiben, beraubte er ihn auch eines Vorzuges. Deßhalb ist Gott nach seiner Behauptung selig und unverderbt, weil er sich um Nichts kümmert und weder selbst ein Geschäft hat noch einem Anderen eines auflegt. — Gott existirt nun gar nicht, wenn er weder die Eigenthümlichkeit eines lebenden Wesens, nämlich die Bewegung hat, noch die für Gott wesentliche Eigenschaft besitzt, etwas dem Menschen Unmögliches zu thun, wenn er überhaupt keinen Willen, keine Wirksamkeit und endlich

---

1) Epikurus, in Attika 342 geboren und in Athen 271 gestorben, hat die Lehre des Aristippus und der Cyreneischen Schule ausgebildet. In der vollen Ruhe und Freiheit von Furcht und Schmerz sucht er die Glückseligkeit; dazu ist nothwendig, auch von der Furcht vor den Göttern frei zu sein. Da aber die Götter nur höher gedachte Menschen sind, so müssen auch sie affektlos sein und in seliger Ruhe in den leeren Zwischenräumen zwischen den unendlichen Welten sich aufhalten.

keine Gottes würdige Thätigkeit hat. Es kann aber Gott keine größere und würdigere Thätigkeit zugeschrieben werden als die Regierung der Welt und hauptsächlich des Menschengeschlechtes, dem alles Irdische unterworfen ist.

Welche Seligkeit kann Gott haben, wenn er immer ruhig und unbeweglich schlummert, wenn er gegenüber den Bitten taub und gegenüber seiner Verehrung blind ist? Was kann Gottes so würdig und ihm so eigenthümlich sein als die Vorsehung? Wenn er sich aber um Nichts kümmert und Nichts vorsieht, so hat er die ganze Gottheit verloren. Wer also Gott seine ganze Kraft und sein ganzes Wesen nimmt, der sagt nichts Anderes, als daß es überhaupt keinen Gott gebe. Daher berichtet Markus Tullius[1]) einen Ausspruch des Posidonius, daß Epikur nicht an das Dasein der Götter geglaubt, sondern seine Äußerungen über die Götter zur Vermeidung der Mißgunst gemacht habe: deßhalb lasse er dem Wortlaute nach die Götter bestehen, aber in der That verbanne er sie, da er ihnen keine Bewegung und keine Verrichtung zuschrieb. Wenn dem so ist, was kann es Trügerisches geben als ihn? Das sollte aber doch einem weisen und ernsten Manne ferne liegen! Wenn aber Epikur anders dachte, als er redete, so kann man ihn nur trügerisch, doppelzüngig, schlecht und deßhalb thöricht nennen. Aber Epikurus war nicht so verschlagen, daß er diese Äußerungen in der Absicht, zu täuschen, machte, sondern er irrte aus Unkenntniß der Wahrheit, da er ja diese Behauptungen zum ewigen Gedächtnisse auch schriftlich niederlegte. Denn Anfangs ließ er sich von dem Scheine der Wahrheit eines einzigen Satzes verführen und gerieth dann

---

1) De nat. deor. I, 44. Posidonius war ein ziemlich freidenkender Stoiker, der den Cicero auf Rhodus in der Philosophie unterrichtete. Seine Ansicht vom atheistischen Charakter der Epikuräischen Philosophie theilten die Arkadier und Kretenser, die Epikurs Schüler als Verächter der Götter aus ihren Staaten verbannten.

nothwendig auf die sich ergebenden Folgerungen.[1]) Sein erster Satz lautete dahin, daß der Zorn auf Gott nicht zutreffe. Da ihm Dieß unanfechtbar wahr zu sein schien, so konnte er die Konsequenzen nicht ablehnen, weil ihn nach Entfernung eines Affektes die Nothwendigkeit selbst zwang, auch die übrigen Gott abzusprechen. Wer also nicht zürnt, der läßt sich auch nicht durch Gnade, das Gegentheil des Zornes, bewegen; und daher ist keine Gnade in ihm, wenn er keinen Zorn hat, und ebensowenig Furcht oder Freude, Trauer oder Mitleid. Denn es gibt für alle Affekte nur einen Grund und nur eine Bewegkraft; diese aber kann Gott nicht berühren. Wenn es also in Gott keinen Affekt gibt, weil alles Afficirbare schwach ist, so kümmert er sich weder um eine Sache, noch sieht er für dieselbe vor.

Soweit erstreckte sich die Erörterung des weisen Mannes, die weiteren Folgerungen verschwieg er. Es sind das die Folgerungen, daß er, wenn er weder Sorge noch Vorsehung hat, auch kein Denken und kein Fühlen habe, und daß er dem gemäß gar nicht existire. Während er daher Schritt für Schritt niederstieg, blieb er auf der letzten Stufe stehen, weil er schon den Abgrund erblickte. Aber was soll es nützen, zu schweigen und die Gefahr zu verheimlichen? Die Nothwendigkeit zwang ihn selbst, gegen seinen Willen zu fallen. Denn er sagte Etwas, was er nicht sagen wollte, weil er seine Beweisführung so ordnete, daß er nothwendig zu einer Behauptung kam, die er vermeiden wollte. Dahin also kommt Derjenige, welcher den Zorn entfernt und ihn Gott abspricht. Schließlich glaubt Das Niemand oder

---

1) Das Hauptmotiv der Götterlehre Epikurs lag in der Befreiung von der Furcht der Götter; übrigens sind für sein atomistisches Weltsystem die Götter rein überflüssig, jedoch scheint er ihr Dasein wirklich geglaubt zu haben.

nur wenige lasterhafte und böse Menschen, die für ihre Sünden nicht bestraft zu werden hoffen. Da man also findet, der Satz, in Gott sei weder Zorn noch Gnade, sei falsch, so wollen wir zu dem dritten von uns aufgestellten Punkte übergehen.

5. **Die Stoiker behaupten, daß eine so entstellende Seelenbewegung wie der Zorn Gott fern sein müsse; sonst würde Gott bei seiner unendlichen Macht unermeßlichen Schaden verursachen; ein so vorzügliches Wesen könne nur gütig sein. Es sind jedoch Liebe und Haß nothwendig verbunden, und es wäre ungerecht, Gute und Böse auf gleiche Weise zu behandeln.**

Die Stoiker und einige Andere sollen von der Gottheit viel besser gedacht haben; denn sie sagen, daß Gott Gnade, aber nicht Zorn innewohne. Es ist eine sehr gewinnende und populäre Rede, daß Gott von dieser Schwäche des Geistes frei sei, daß er, der nicht beleidigt werden kann, sich von Niemand für beleidigt halte, daß jene ruhige und heilige Majestät nicht aufgeregt und verwirrt werde und sich wahnsinnig geberbe; Das sei nur der irdischen Gebrechlichkeit eigen. Denn sie nennen den Zorn eine Bewegung und Störung des Geistes, die Gott fremd sei. Der Zorn sei etwas Ungeziemendes; denn wenn er den Geist Jemand's ergreife, so errege er wie ein heftiger Sturm so gewaltige Wogen, daß er die ganze Geistesstimmung verändere, daß die Augen erglühen, der Mund zittere, die Zunge stottere, die Zähne knirschen und das Gesicht bald der Andrang des Blutes röthe und bald weißliche Bläße entstelle.[1] Wenn

---

[1] Laktantius scheint die Lehre der Stoiker hauptsächlich nach den Schriften Seneka's dargestellt zu haben; vgl. über dessen Lehrsätze Döllinger, Heidenthum und Judenthum S. 574 u. 575.

also einem weisen und ernsten Manne der Zorn nicht zieme, wie viel weniger schicke sich für Gott eine so häßliche Veränderung! Und wenn ein mit Herrschergewalt ausgerüsteter Mensch aus Zorn in weiten Kreisen Schaden stifte, Blut vergieße, Städte zerstöre, Völker vernichte und ganze Provinzen verwüste, wie viel mehr müßte Gott, der über das ganze Menschengeschlecht und selbst über das Weltgebäude Gewalt habe, Alles zu Grunde gerichtet haben, wenn er zornig würde!

Daher müsse Gott ein so großes und verderbliches Übel ferne sein. Wenn er aber von der häßlichen und schädlichen Leidenschaft des Zornes und der Aufregung frei sei und Niemandem schade, so bleibe nur übrig, daß er milde, ruhig, gnädig und wohlthätig sei und erhaltend wirke. So erst könne er der gemeinsame Vater Aller und der Beste und Größte genannt werden, wie es sein göttliches und himmlisches Wesen verlange. Denn wenn es unter den Menschen für lobwürdig gilt, lieber zu nützen als zu schaden, zu beleben als zu tödten und zu retten als zu verderben; wenn die Harmlosigkeit nicht mit Unrecht unter die Tugenden gerechnet und, wer Solches thut, geliebt, bevorzugt, geehrt, durch alle Segenssprüche und Gelübde gefeiert und wegen seiner Verdienste und Wohlthaten für gottähnlich gehalten wird: so ziemt es sich, daß Gott selbst, der durch göttliche und vollkommene Tugenden hervorragt und von jeder irdischen Makel frei ist, nur durch göttliche und himmlische Wohlthaten sich um das ganze Menschengeschlecht verdient mache. Das ist schön und volksthümlich gesprochen und verlockt Viele, daran zu glauben; gleichwohl kommt dieser Glaube der Wahrheit näher, aber er gleitet nach einer Seite aus, weil sie die Natur der Sache zu wenig erwägen. Denn wenn Gott den Gottlosen und Ungerechten nicht zürnt, so liebt er gewiß auch die Gottesfürchtigen und Gerechten nicht. Daher ist der Irrthum Derjenigen, die Zorn und Gnade mit einander hinweg nehmen, folgerichtiger. Denn bei entgegengesetzten Dingen muß die Bewegung entweder nach beiden Seiten oder nach keiner erfolgen. Wer also die Guten liebt, der haßt auch die Bösen, und wer die Bösen nicht haßt, der liebt auch die Guten nicht; denn die Liebe zu den Guten kommt vom Hasse gegen die Bösen, und der Haß gegen die Bösen geht aus der Liebe zu den Guten hervor. Niemand liebt sein Leben, ohne den Tod zu hassen, und Niemand strebt nach Licht, wenn er nicht die Finsternisse flieht. Eine solche Verbindung besteht zwischen diesen Dingen, daß das Eine ohne das Andere nicht geschehen kann. Wenn ein Herr unter seiner Familie zwei Sklaven hat, einen guten und einen bösen, so haßt er gewiß nicht beide oder verleiht beiden Wohlthaten und Auszeichnung; denn wenn er Das thut, so ist er ungerecht und thöricht. Er redet daher im Gegentheil den guten freundlich an, zeichnet ihn aus und setzt ihn über sein Hausgesinde und all seine Habe; den bösen aber straft er durch Schmähworte, Schläge, Entblößung, durch Hunger, Durst und Fesseln: dieser soll den Uebrigen zum abschreckenden Beispiele dienen, sich nicht zu verfehlen, und Jener soll sie bestimmen, sich Verdienste zu sammeln, damit die Einen die Furcht im Zaume halte und die Anderen das Ehrgefühl anspornt. Wer also liebt, der haßt auch, und wer haßt, der liebt auch; denn es gibt Menschen, die man lieben, und solche, die man hassen muß. Und wie der Liebende Jenen Gutes erweist, die er liebt, so verhängt der Hassende Schlimmes über Jene, die er haßt; ein Beweis, der wegen seiner Wahrheit nicht umgestoßen werden kann. Die Ansicht Derjenigen, welche Gott die eine Eigenschaft zuschreiben und die andere absprechen, ist also nicht weniger nichtig und falsch als die Annahme Derjenigen, die ihm beide absprechen. Aber die Ersteren irren, wie wir gezeigt haben, in einer Beziehung nicht, weil sie die bessere der beiden Eigenschaften festhalten. Diejenigen aber, welche die folgerichtige Wahrheit unseres Beweises überführt, verfallen dem größten Irrthume, da sie einen ganz falschen Satz aufgestellt haben.

Denn sie hätten nicht schließen sollen: „Weil Gott nicht zürnt, wird er auch nicht von Gnade bewegt," sondern so: „Weil Gott von Gnade bewegt wird, so zürnt er auch." Denn wenn es gewiß und unzweifelhaft gewesen wäre, daß Gott nicht zürne, dann müßte man auch die Gnade bestreiten. Da aber die Eigenschaft des Zornes mehr in Zweifel steht und die der Gnade fast sonnenklar feststeht, so ist es unsinnig, aus dem Ungewissen das Gewisse umstoßen zu wollen, da es entsprechender ist, vom Gewissen aus das Ungewisse festzustellen.

6. **Laktantius kündigt seine Beweisführung für den Satz an, daß Gott sowohl Regungen des Zornes als der Gnade habe.**

Dieß sind die Ansichten der Philosophen über Gott; etwas Anderes hat Niemand mehr ausgesprochen. Da wir aber ihre Aussprüche hierüber falsch befunden haben, so bleibt uns nur die letzte Annahme übrig, in der allein die Wahrheit gefunden werden kann. Diese Behauptung aber, daß es folgerichtig sei, Gott zürne auch, wenn er von Gnade bewegt werde, ist von den Philosophen nie aufgenommen und nie vertheidigt worden. Diese Ansicht haben wir zu behaupten und zu vertreten. Denn darin ruht der Haupt- und Angelpunkt der Religion und der Frömmigkeit. Denn man hat Gott weder irgend eine Ehre zu erweisen, wenn er seinem Verehrer Nichts gewährt, noch braucht man ihn zu fürchten, wenn er dem Nichtverehrer nicht zürnt.[1]

―――――

1) Das sagt Seneka de benefic. 4, 19 ausdrücklich.

7. Kein Philosoph hat je den wesentlichen Unterschied zwischen den Menschen und den Thieren geläugnet; denn schon die körperliche Stellung des Menschen räumt ihm den Vorzug ein. Gleichwohl kann man viele Ähnlichkeiten zwischen den Menschen und den Thieren aufstellen; nur in Einem Punkte, im religiösen Bewußtsein, besteht ein schroffer Gegensatz.

Es pflegt den Philosophen zu begegnen, was einem Wanderer begegnet, der den Weg nicht kennt und seine Unkenntniß nicht gestehen will, daß er nämlich herum irrt, während er die ihm Begegnenden zu fragen sich schämt. Obgleich aber auf diesem Wege die Philosophen oft durch Unkenntniß der Wahrheit von der Vernunft abgewichen und in unentwirrbare Irrthümer gerathen sind, so hat doch kein Philosoph je die Behauptung aufgestellt, daß zwischen dem Menschen und dem Thiere kein Unterschied bestehe, noch hat überhaupt Einer, der auch nur weise scheinen wollte, das ver nünftige Geschöpf den stummen und unvernünftigen gleichgestellt. Das thun nur einige unwissende und thierähnliche Menschen, die sich dem Bauche und dem Vergnügen ausliefern wollen und daher behaupten, daß sie auf dieselbe Weise entstanden seien wie Alles, was athmet; das ist eine gottlose Rede von einem Menschen.[1]) Denn wer ist so unwissend, daß er nicht wüßte, und so unerfahren, daß er

---

[1]) Das Alterthum hat in seinen gelehrteren Vertretern diese Ansicht nicht geradezu behauptet, aber Sätze aufgestellt, die zu solchen Konsequenzen führen, wie z. B. die Läugnung der Unsterblichkeit der Seele. Viele Vertreter der modernen Wissenschaft stellen sich aber ganz auf den Standpunkt der von Laktantius gerügten Verächter der menschlichen Würde.

nicht fühlte, es sei etwas **Göttliches** in dem Menschen? Ich will nicht reden von den Vorzügen des Geistes und des Talentes, worin der Mensch eine offenbare Verwandtschaft mit Gott besitzt. Erklärt nicht schon die Stellung des Leibes und die Gestalt des Gesichtes, daß wir den stummen Thieren nicht gleich sind? Die Natur der Thiere ist auf den Boden und auf das Futter gerichtet und hat mit dem Himmel, den sie nicht betrachtet, nichts Gemeinsames. Der Mensch aber ist durch seine aufrechte Stellung und durch sein in die Höhe gerichtetes Gesicht auf die Betrachtung der Welt angewiesen, richtet seinen Blick auf Gott und erkennt als Vernunft die Vernunft.

Deßhalb gibt es, wie Cicero sagt, auffer dem Menschen kein lebendes Wesen, das eine Kenntniß von Gott hätte.[1]) Denn der Mensch allein ist mit Weisheit ausgerüstet, so daß er allein die Religion kennt; und dieß ist der vorzüglichste oder einzige Unterschied zwischen dem Menschen und den Thieren. Denn die übrigen scheinbaren Eigenthümlichkeiten des Menschen können zwar nicht in derselben, aber doch in ähnlicher Gestalt an den Thieren wahrgenommen werden.[2]) Dem Menschen ist die Sprache eigenthümlich, aber auch die Thiere haben eine gewissermaßen ähnliche Sprache. Denn sie kennen sich gegenseitig an der Stimme; wenn sie zürnen, geben sie einen streitähnlichen Laut von sich, und wenn sie einander von der Ferne erblicken, so

---

1) Vgl. de legg. I, 8: „Ex tot generibus nullum est animal praeter hominem, quod haberet aliquam Dei notitiam."

2) Die folgenden Ausführungen über Sprache, Affekt und Verstand der Thiere erinnert an die Auffassung mancher Naturforscher und Philosophen unserer Zeit, wie Brehm, Froschammer im Athenäum II. Bd. Ich halte die Auffassung Altums in seiner Schrift: „Der Vogel und sein Leben" für die richtige.

drücken sie den pflichtgemäßen Gruß durch ihre Stimme aus. Ihre Laute erscheinen uns, wie die unsrigen vielleicht auch ihnen, unartikulirt zu sein, aber für sie selbst, die sich verstehen, sind es Worte; in jeder Gemüthsstimmung lassen sie gewisse charakteristische Töne verlauten, um durch sie ihre Seelenverfassung anzuzeigen. Auch das Lachen ist dem Menschen eigenthümlich, und doch sehen wir auch an anderen lebenden Wesen gewisse Kennzeichen der Freude, da sie das lebhafte Verlangen nach Spiel äussern, die Ohren streicheln, den aufgesperrten Mund verengen, die Stirne erheitern und muthwillig die Augen rollen. Was ist dem Menschen so eigenthümlich als Verstand und Vorsicht für die Zukunft? Und doch gibt es Thiere, welche an ihren Verstecken verschiedene Öffnungen in größerer Zahl anbringen, damit den Belagerten beim Eintritte einer Gefahr ein Ausgang zur Flucht offen stehe; das würden sie nicht thun, wenn sie nicht Verstand und Überlegung hätten. Andere sorgen für die Zukunft wie

„— Ameisen große Haufen des Speltes
Plündern, gedenkend des Winters, und rastlos unter ihr Dach
thun,"

und Bienen, welche

„Allein kennen die Vaterstadt und bestimmte Penaten
Und sich erinnernd der künftigen Zeit arbeiten im Sommer,
Um den gemachten Erwerb in ihre Mitte zu bringen." [1]

Es würde zu weit führen, wenn ich Dasjenige weiter verfolgen wollte, was von den einzelnen Thierarten der menschlichen Thätigkeit nahe Verwandtes zu geschehen pflegt. Wenn also von all Dem, was gewöhnlich dem Menschen zugeschrieben wird, auch ein ähnliches Bild in den Thieren

---

1) Vgl. Virg. Aen. IV, 402 f.; Georg. IV, 155 ff.

wahrgenommen wird, so kann es offenbar nur die Religion sein, von der in den Thieren weder irgend eine Spur noch die entfernteste Ahnung aufgefunden werden kann. Denn der Religion ist die Gerechtigkeit eigenthümlich, die kein anderes Wesen berührt, da ja der Mensch allein herrscht, die übrigen Wesen aber sich instinktartig verbunden sind. Der Gerechtigkeit wird aber der Dienst Gottes zugeschrieben; wer Gott nicht aufnimmt, der ist der menschlichen Natur entfremdet und führt in der Gestalt eines Menschen ein thierisches Leben. Da wir uns aber von den übrigen lebenden Wesen fast nur dadurch unterscheiden, daß wir allein unter allen die göttliche Kraft und Gewalt fühlen, die übrigen Wesen aber keinen Begriff von Gott haben, so ist es gewiß unmöglich, daß in diesem Punkte das Thier weise oder der Mensch unsinnig sei, da ja dem Menschen wegen seiner Weisheit alle lebenden Wesen und die ganze Natur der Dinge unterworfen sind. Wenn also die Vernunft und der innere Gehalt des Menschen dadurch hervorragt und die übrigen Geschöpfe übertrifft, daß er allein von Gott Kenntniß erlangen kann, so kann offenbar die Religion in keiner Weise aufgelöst werden.

8. **Wenn Gott sich den Menschen nicht gnädig erweisen kann, so ist die Gottesverehrung vergeblich, und wenn sein Zorn nicht den Frevler trifft, dann ist jede Schlechtigkeit ungestraft; hiemit fällt aber die ganze Religion.**

Die Religion wird aber aufgelöst, wenn wir dem Epikur glauben, der sich folgendermaßen ausspricht:[1]

---

[1] Epikur verfaßte sehr viele Schriften, aber sie sind meistens verloren gegangen. Nur die kurzen Verse, in welchen seine Schü-

„Aller Götter Natur, nothwendig wird sie für sich sein,
Muß die unsterbliche Zeit im höchsten Frieden genießen,
Ferne den menschlichen Dingen und weit von ihnen gesondert.
Frei von jeglichem Schmerz und sicher gegen Gefahren
Ruht sie auf eigener Macht und bedarf nicht unserer Hilfe,
Wird nicht freudig berührt von Verdienst noch vom Zorne
betroffen."

Hält er bei diesen Worten noch irgend welche Verehrung Gottes für nothwendig, oder stürzt er die ganze Religion um? Denn wenn Gott Niemand etwas Gutes erweist, wenn er den Gehorsam des Verehrers mit keiner Gnade lohnt, so gibt es nichts Nichtigeres und Thörichteres, als Tempel zu bauen, Opfer darzubringen, Weihegeschenke zu machen und so seine Habe zu verringern, um Nichts zu erlangen. Aber eine ausgezeichnete Natur muß man ehren! Welche Ehre sollte ihr gebühren, wenn sie unbekümmert und undankbar ist? Können wir Demjenigen in irgend einer Weise verpflichtet sein, der mit uns Nichts gemeinsam hat? „Wenn Gott so ist," sagt Cicero, „daß er den Menschen weder in Gnade noch in Liebe zugethan ist, so lebe er wohl! Denn was soll ich sagen, er möge gnädig sein, da er ja Niemand gnädig sein kann?"[1] Wie könnte man sich verächtlicher gegen Gott ausdrücken? „Er lebe wohl" sagte er, das heißt, er gehe und weiche von uns, da er doch Nie-

---

ter die Summe seiner Philosophie auswendig lernten, sind uns größtentheils erhalten. Obige Verse finden sich bei Lukretius de nat. rerum II, 245—50.

[1] De nat. deor. I, 44. Die Erwähnung der Götter scheint unter den Worten: propitius sit gemacht worden zu sein. Cicero spricht häufiger von Gott als von den Göttern, obgleich er bezüglich des Götterdienstes sehr konservativ dachte.

manchem nützen kann. Wenn Gott weder selbst ein Geschäft hat noch eines aufträgt, warum sollten wir uns nicht vergehen, so oft wir vor der Entdeckung durch die Menschen sicher sind und die öffentlichen Gesetze umgehen können? Wo uns immer die günstige Gelegenheit unentdeckt zu bleiben lächelt, da wollen wir für unser Vermögen Sorge tragen, wir wollen ohne oder mit Blutvergießen fremdes Gut an uns reißen, wenn wir ausser den Gesetzen Nichts weiter zu scheuen haben.

Da Epikurus solche Vorstellungen hegt, zerstört er die Religion von Grund aus; ist aber diese vernichtet, so geräth das Leben in unsägliche Verwirrung. Wenn aber die Religion nicht aufgehoben werden darf, um die Weisheit, unser Unterscheidungszeichen von den Thieren, und die Gerechtigkeit, den Hort des gesellschaftlichen Lebens, zu bewahren, so fragt es sich, wie die Religion selbst ohne das Motiv der Furcht erhalten und bewahrt werden könne. Denn was man nicht fürchtet, das verachtet man: ein Gegenstand der Verachtung wird aber gewiß nicht verehrt. Daher kommt es, daß Religion, Majestät und Ehre nur bei Furcht besteht; es gibt aber dort keine Furcht, wo Niemand zürnt.[1]) Mag man also Gott die Gnade oder den Zorn oder beide entziehen, so fällt nothwendig die Religion; ohne diese aber wird des Menschen Leben von Thorheit, Laster und Grausamkeit erfüllt. Das Gewissen ist ein mächtiger Zügel für uns Menschen, wenn wir überzeugt sind, daß wir im Angesichte Gottes leben, und glauben, daß man dort oben nicht bloß unsere Handlungen sehe, sondern daß von Gott auch unsere Gedanken und Reden wahrgenommen werden. Aber

---

1) Nach Döllinger a. a. O. erklärt Seneka Sühnungen, Gebete, Götterdienste für vergeblich und für Tröstungen eines kranken Geistes; quaest. nat. 2, 35.

Dieß zu glauben frommt, wie Einige behaupten, nicht um seines Wahrheitsgehaltes, sondern um seines Nutzens willen, weil die Gesetze das Gewissen nicht bestrafen können, wenn nicht von obenher eine gewisse Furcht bestände, um die Sünden zurückzuhalten. Daher gibt es keine Religion und keine Gottheit, sondern Alles ist von klugen Männern erdichtet worden, um ein besseres und schuldloseres Leben zu befördern! Das ist eine wichtige und unserem Gegenstande fremde Frage; weil sie sich aber naturnothwendig aufgedrängt hat, müssen wir sie wenigstens in Kürze berühren.

9. Die ältesten Philosophen glaubten an Gott und seine Vorsehung, ebenso Sokrates, Plato und ihre Schulen. Epikurus läugnete zuerst die Vorsehung, und Spätere waren offene Gottesläugner.

Während die Ansichten der Philosophen der früheren Zeit bezüglich der Vorsehung übereinstimmten und kein Zweifel bestand, daß die Welt von Gott und der Vernunft ausgebildet worden sei und von der Vernunft geleitet werde, trat zuerst unter Allen zur Zeit des Sokrates Protagoras mit der Behauptung auf, es sei ungewiß, ob es Götter gebe oder nicht.[1]) Diese seine Behauptung wurde für so gott-

---

1) Protagoras sagte: „Ueber die Götter weiß ich Nichts, weder daß sie sind, noch daß sie nicht sind; die Unklarheit des Gegenstandes sowohl als die Kürze des menschlichen Lebens verhindert jede Kenntniß von den Göttern." Protagoras starb auf der Flucht. Schon vor Protagoras war von den Athenern Anaxagoras wegen Gotteslästerung in den Kerker geworfen worden und nach Lampsakus entflohen, wo er 425 starb.

los, unwahr und irreligiös gehalten, daß ihn die Athener aus ihrem Gebiete verbannten und seine dießbezüglichen Bücher öffentlich auf dem Markte verbrannten. Da er jedoch nichts Bestimmtes ausgesprochen hat, ist es unnöthig, seine Ansicht zu erörtern. Nachher haben Sokrates, sein Schüler Plato und Alle, welche aus der Schule Plato's wie Bäche nach verschiedenen Richtungen hin entstanden, die Stoiker und Peripatetiker, dieselbe Ansicht wie die früheren Philosophen entwickelt.[1])

Später aber behauptete Epikurus, daß es zwar einen Gott gebe, weil in der Welt etwas Hervorragendes, Ausgezeichnetes und Seliges nothwendig sei, daß es aber keine Vorsehung gebe; daher sei die Welt nicht durch Vernunft, Kunst oder irgend eine Thätigkeit ausgestaltet worden, sondern aus gewissen kleinen und untheilbaren Samenkörnern sei das ganze Wesen der Dinge zusammengefügt.[2]) Einen größeren Widerspruch kann es kaum geben. Denn wenn es einen Gott gibt, muß er als Gott vorsehen; denn wenn er nicht das Vergangene merkt, das Gegenwärtige weiß und das Zukünftige voraussieht, so kann ihm doch die Gottheit nicht zugeschrieben werden. Da er nun die Vorsehung in Abrede gestellt hat, so hat er damit auch das Dasein Got-

---

1) Aus Sokrates' Schule, der 400 vor Christus starb, gingen die Schulen des Hedonikers Aristippus, des Antisthenes und der Cyniker und der dialektischen Megariker hervor. Die erste führte zum Epikuräismus, die zweite zur Stoa, die dritte zum Scepticismus. Aus der Schule Plato's stammen die Aristoteliker und die Akademiker. Die Akademiker, Peripatetiker und Stoiker erkannten eine göttliche Intelligenz und Vorsehung an, Aristippus und Epikur bezweifelten dieselbe.

2) In der Physik schloß sich Epikur eng an die ältere Atomistik an, die wir später kennen lernen werden.

tes geläugnet. Wenn er aber das Dasein Gottes bekennt, so hat er zugleich die Existenz einer Vorsehung eingeräumt; denn das Eine kann ohne das Andere weder bestehen noch begriffen werden. Aber in den späteren Zeiten, als die Philosophie ihre Blüthezeit schon hinter sich hatte, trat ein gewisser Diagoras aus Melos auf,[1]) der die Existenz Gottes ganz läugnete und wegen dieser Behauptung Atheist genannt wurde; ebenso Theodorus von Cyrene.[2]) Da Beide keine neuen Behauptungen aufstellen konnten, weil Alles schon gesagt und aufgefunden worden war, so wollten sie lieber im vollsten Gegensatze zur Wahrheit Dasjenige läugnen, worin die Früheren insgesammt unzweideutig einverstanden waren. Das sind die Männer, welche die viele Jahrhunderte hindurch von so vielen geistreichen Köpfen behauptete und vertheidigte Vorsehung verläumbeten. Was nun? Sollen wir diese geistlosen Philosöphlein mit Vernunftgründen oder durch die Autorität hervorragender Männer oder vielmehr auf beide Arten widerlegen? Wir müssen uns jedoch beeilen, damit unsere Rede nicht zu weit vom Stoffe abschweife.

---

1) Diagoras von Melos lebte nicht nach der Zeit der Blüthe der Philosophie, sondern war Zeitgenosse des Sokrates. Er war Atomist und folgerichtig Gottesläugner; wegen Profanation der Mysterien verhießen die Athener Jedem, der ihn tödte, ein Talent, und wer ihn lebendig nach Athen ausliefere, zwei Talente.

2) Theodorus von Cyrene lebte am Hofe des Ptolemäus Lagi in Alexandrien um das Jahr 300, wurde von diesem Könige selbst als Gesandter an Lysimachus abgeordnet. Er gehört zur Cyrenäischen Schule des Aristippus. Die Argumentation des Laktantius ist theilweise schon durch die Chronologie hinfällig, abgesehen davon, daß, etwa von Plato und Aristoteles abgesehen, Gott und seine Vorsehung im pantheistischen Sinne einer vernünftigen Naturnothwendigkeit aufgefaßt wurden.

10. Die Atomistik kann aus ihren unsichtbaren und untheilbaren Körpern die Entstehung der sichtbaren, wohlgeordneten Welt und der vernünftigen Geschöpfe nicht erklären. Ebenso wenig kann von diesem Standpunkte aus die geistige Natur und ihre Wirksamkeit sowie eine Vorsehung begriffen werden; zudem steht sie mit der Lehre der größten Philosophen in Widerspruch.

Diejenigen, welche läugnen, daß die Welt durch die göttliche Vorsehung gemacht worden sei, behaupten, sie sei durch die zufällige Vereinigung der Prinzipien zusammen gewachsen oder plötzlich durch die Natur entstanden; die Natur selbst aber trage nach Straton[1]) die Kraft, zu zeugen und zu zerstören, in sich, aber sie habe weder Gefühl noch eine Gestalt, damit wir einsehen möchten, daß Alles gleichsam von freien Stücken, ohne Künstler und ohne Urheber erzeugt worden sei. Beide Sätze sind nichtig und unmöglich. Aber so pflegt es Jenen, welche die Wahrheit nicht kennen, zu begegnen, daß sie lieber alles Mögliche ersinnen als den Anforderungen der Vernunft entsprechen. Bezüglich jener kleinen Samen, durch deren zufälliges Begegnen die ganze Welt sich verbunden haben soll, stelle ich zunächst die Frage, wo sie seien, oder woher sie stammen. Wer hat sie je gesehen, gefühlt oder gehört? Oder hatte Leukippus allein Augen und allein einen Sinn?[2]) Aber dieser Mann war gewiß der allerblindeste und unsinnigste, da er behaup-

---

1) Straton von Lampsakus, der Erzieher des Königs Ptolomäus Philadelphus (284—246), verwarf zwar die Atomenlehre Demokrits, aber er läugnete jede Thätigkeit Gottes und schrieb Alles den Kräften der Natur zu; Döllinger, Heidenthum S. 317 u. 318.

2) Leukippus und sein fast gleichzeitiger Schüler Demokritos Abdera, geb. 460, sind die Begründer der älteren Atomistik, es Wissens von Laktantius im Nachfolgenden richtig ge-

tungen aufstellte, die weder ein Kranker im Delirium faseln noch ein Schläfer erträumen könnte.

Die alten Philosophen behaupteten, daß Alles aus den vier Elementen bestehe.¹) Das wollte er nicht zugeben, um nicht den Anschein zu geben, als trete er in fremde Fußtapfen. Daher wollte er für die Elemente selbst andere Anfangsgründe aufstellen, die weder gesehen noch berührt noch mit einem Theile des Körpers wahrgenommen werden könnten. Sie sind nach seiner Aussage so klein, daß sie mit dem allerschärfsten Eisen nicht zerschnitten oder getheilt werden können; daher legte er ihnen den Namen „Atome" bei. Wenn aber alle ein und dieselbe Natur hätten, so könnten sie nicht, wie er wohl merkte, verschiedene Dinge verursachen und zwar von solcher Mannigfaltigkeit, wie wir sie in der Welt sehen. Daher sagte er, sie seien glatt und rauh und rund und eckig und hackenförmig. Wie viel besser wäre es gewesen, stumm zu sein, als für einen so erbärmlichen und nichtigen Gebrauch die Gabe der Sprache zu besitzen, und fast fürchte ich, wer Solches widerlegen zu müssen glaubt, möchte nicht weniger unsinnig erscheinen! Gleichwohl wollen wir ihm als einem Manne, der Etwas behauptet, antworten. Wenn seine Atome glatt und rund sind, so können sie sich nicht gegenseitig ergreifen, um irgend einen Körper zu bilden; wenn Einer zum Beispiel Hirse in eine feste Verbindung zusammen bringen wollte, so würde schon die Glätte der Körner keine Verbindung der Masse gestatten. Wenn aber seine Atome, um sich zu verbinden,

---

schildert wird. Den Umstand, daß die Atome, weil sie sich nicht senkrecht bewegen, zusammen kommen, scheint er übersehen zu haben.

1) Laktantius weist auf die Naturphilosophen der Griechen hin, von denen Thales dem Wasser, Anaximenes der Luft und Heraklit dem Feuer die Haupttätigkeit in der Weltbildung zuschreibt. Die Herrschaft dieser Philosophie fällt zwischen 600 u. 500 v. Chr.

rauh und eckig und hackenförmig sind, dann sind sie folgerichtig theilbar und trennbar; denn man muß wenigstens die hervorstehenden Ecken und Hacken abschneiden können.

Was aber abgeschnitten und getrennt werden kann, wird gesehen und festgehalten werden können. Diese Körper, sagte er, fliegen im leeren Raume in ruheloser Bewegung umher und werden bald hieher und bald dorthin getragen, wie wir Das an den kleinen Stäubchen wahrnehmen, wenn die Sonne ihre Strahlen und ihr Licht durch ein Fenster sendet. Aus ihnen entstehen Bäume, Kräuter und alle Früchte, aus ihnen werden die Thiere, das Wasser, das Feuer und alle Dinge erzeugt und lösen sich wiederum in dieselben auf. Das läßt sich hören, so lange es sich um kleine Dinge handelt. Aber aus ihnen soll auch die Welt selbst zusammengewachsen sein! Damit hat er das Vollmaß vollendeten Wahnsinnes erreicht; denn eine weiter gehende Behauptung scheint unmöglich zu sein! Aber Jener fand doch noch Etwas beizufügen! Weil Alles unermeßlich ist, sagte er, und Nichts leer bleiben kann, so muß es also unzählige Welten geben. Wie groß muß die Kraft der Atome sein, daß aus so kleinen Körpern sich unermeßliche Massen formen? Aber zuerst frage ich, welches der Grund oder Ursprung jener Samen sei. Wenn Alles von ihnen stammt, woher sollen sie denn selbst kommen? Welche Natur bot einen so reichen Vorrath, um daraus unzählige Welten zu machen? Wir wollen ihn jedoch ungestraft von unzähligen Welten faseln lassen und nur über die Welt sprechen, auf der wir leben, und die wir sehen. Er sagt, daß Alles aus untheilbaren Körperchen entstehe.

Wenn Dem so wäre, so bedürfte kein Wesen je eines Samens seiner Art. Ohne Eier würden die Vögel geboren und ohne Legen die Eier; ebenso entständen die übrigen lebenden Wesen ohne Geschlechtsgemeinschaft, die Bäume, und was aus der Erde erzeugt wird, hätten nicht ihren eigenthümlichen Samen, den wir täglich behandeln und aussäen. Warum entsteht aus dem Getreide die Saat und umgekehrt aus der Saat das Getreide? Wenn endlich das

Zusammentreffen und Aneinanderschließen der Atome Alles hervorbrächte, so würde Alles in der Luft wachsen, da ja die Atome im leeren Raume herumfliegen. Aber warum können ohne Erde, ohne Wurzeln, ohne Feuchtigkeit und ohne Samen weder Kräuter noch Bäume noch Früchte entstehen und wachsen? Daher ist klar, daß aus den Atomen Nichts entstehe, da ja jedes Ding seine eigenthümliche und bestimmte Natur, seinen eigenen Samen und sein ihm vom Anfange an gegebenes Gesetz hat. Dann hat Lukretius[1]) die von ihm aufgestellten Atome vergessen und zur Widerlegung Derjenigen, die behaupten, es entstehe Alles aus Nichts, Beweise gebraucht, die gegen ihn selbst Geltung haben. Denn er drückte sich so aus:

„Denn wenn Alles entsteht aus dem Nichts, so könnte von Allem
Kommen ein jedes Geschlecht und Nichts bedürfte des Samens."

Ebenso sagt er später:

„Nichts wird also dem Nichts entstehen, wie Alle bekennen Müssen; denn jegliches Ding braucht seinen eigenen Samen, Um von demselben erzeugt in den sanften Lüften zu leben."

Wer sollte es glauben, daß dieser Mann ein Gehirn gehabt habe, da er solche Dinge behauptete und nicht sah, daß sie mit seinen eigenen Ansichten im Widerspruche seien? Denn daß Nichts durch die Atome entstehen könne, ist daraus klar, weil der Same eines jeden Dinges ein fest bestimmter ist, wenn wir nicht etwa glauben, daß die Natur des Feuers und des Wassers von den Atomen stamme. Wie kommt es, daß aus einem ganz harten und starren

---

1) L. c. I, 160 sq ; 206 sqq. Lukretius, ein begabter Dichter der Römer, ist der älteste Philosoph unter den Römern. In seinem Gedichte de natura schließt er sich eng an Epikur an, der auch Atomist ist. Er starb erst 45 Jahre alt durch eigene Hand; vergl. Döllinger a. a. O. S. 568.

Stoffe, wenn er im heftigen Schlage getroffen wird, Feuer geschlagen wird? Sind im Eisen oder im Steine Atome verborgen? Wer hat sie eingeschlossen, oder warum leuchten sie nicht freiwillig hervor, oder wie konnten Feuerfunken in einem so kalten Stoffe bleiben?

Ich übergehe Stein und Eisen. Wenn du ein gläsernes rundes Behältniß voll Wasser an die Sonne hältst, so wird von dem vom Wasser zurückstrahlenden Lichte auch bei der ärgsten Kälte Feuer entzündet. Müssen wir also glauben, daß auch im Wasser Feuer sei? Gleichwohl kann das Feuer nicht einmal im Sommer von der Sonne angezündet werden. Wenn du Wachs anhauchst, oder wenn ein wenig Dampf Etwas berührt, Mussivarbeit aus Marmor oder eine Platte, so wächst allmählig das Wasser durch die kleinsten Tropfen. Ebenso entsteht die Ausdünstung der Erde oder des Meeres, der Nebel; dieser breitet sich entweder aus und befeuchtet, was er berührt, oder er sammelt sich und wird vom Winde auf steile Berge hinauf gejagt, verdichtet sich in Wolken und ergießt dann heftigen Regen. Wo sollen also diese Flüssigkeiten entstanden sein? Im Dampfe oder im Nebel oder im Winde? In Demjenigen aber, was weder berührt noch gesehen werden kann, kann Nichts entstehen. Was soll ich von den Thieren sagen, in deren Körpern wir Nichts ohne vernünftigen Grund, ohne Ordnung, ohne Zweckmäßigkeit und Schönheit gebildet sehen? Das gilt so sehr, daß die sorgfältigste und eingehendste Beschreibung aller Theile und Glieder Glück und Zufall ausschließt. Wir wollen indessen annehmen, daß Glieder, Knochen, Nerven und Blut aus Atomen zusammen wachsen können. Durch welche Samen können dann Gefühl, Denken, Gedächtniß, Geist und Talent zusammengefügt werden? „Durch die kleinsten," sagt er.[1]) Es gibt demnach auch größere; aber wie sind sie untheilbar?

---

1) Die Atomistik läßt die Seele durch die feinsten Atome gewerden, läugnet aber konsequent ihre Unsterblichkeit.

Wenn aber das Unsichtbare aus Unsichtbarem entsteht, so stammt das Sichtbare aus Sichtbarem; warum sieht es also Niemand? Mag man aber das Unsichtbare im Menschen betrachten oder das Tastbare, Sinnenfällige, so sieht doch Jedermann, daß beide durch Vernunft bestehen. Wie können also unvernünftig sich verbindende Atome etwas Vernünftiges bewirken? Denn wir sehen, daß es auf der ganzen Welt kein Wesen gebe, das nicht große und wunderbare Vernunft in sich schlöße. Das muß als etwas den Sinn und die Geisteskraft des Menschen Überschreitendes mit vollem Rechte der göttlichen Vorsehung zugeschrieben werden. Der Verstand und die Kunst des Menschen verfertigen eine Bildsäule, der Mensch selbst aber sollte aus zufällig sich treffenden Trümmern entstehen? Und welche Ähnlichkeit findet sich in einer bildlichen Darstellung, da die höchste Meisterkunst nur den Schatten und die äußeren Umrisse des Leibes nachahmen kann? Konnte die menschliche Thätigkeit ihrem Werke irgend eine Bewegung oder Gefühl verleihen? Ich übergehe den Gebrauch der Augen, der Ohren, der Nase und den wunderbaren Nutzen der übrigen Glieder, mögen sie sichtbar hervortreten oder verborgen sein. Welcher Künstler konnte das Herz des Menschen oder seine Stimme oder seine Weisheit selbst bilden? Glaubt also irgend ein vernünftiger Mensch, daß Das durch das Zusammentreffen planlos zusammenhängender Atome habe bewirkt werden können, was der Mensch mit Vernunft und Überlegung nicht bewerkstelligen kann? Du siehst, in welch aberwitzige Behauptungen sie gerathen sind, da sie Gott die Schöpfung und Leitung der Welt nicht einräumen wollen.

Gleichwohl wollen wir ihnen einräumen, daß das Irdische aus Atomen entstehe; gilt Dieß aber auch vom Himmlischen? Sie behaupten, daß die Götter unverweslich, ewig und selig seien, und räumen ihnen allein das Vorrecht ein, daß sie nicht aus dem Zusammenflusse der Atome gebildet zu sein scheinen.[1]) Denn wenn auch die Götter aus ihnen

---

1) Nach Epikur sind selbst die Götter aus Atomen gebildet;

bestünden, so wären sie der Gefahr, zerstreut zu werden, ausgesetzt, wenn einmal die Samen sich auflösen und in den Naturstand zurückkehren. Wenn es nun doch Etwas gibt, was die Atome nicht bewirkt haben, warum sollten wir nicht die übrigen Dinge auf dieselbe Weise würdigen? Ich stelle die Frage, warum sich die Götter nicht eine Wohnung gebaut haben, bevor jene Uranfänge die Welt zeugten? Natürlich, wenn die Atome nicht zusammengetreten wären und den Himmel gemacht hätten, so würden die Götter bis zur Stunde mitten in der Luft hängen. Nach welchem Plane und mit welcher Einsicht haben sich also von der wirren Masse weg die Atome so gesammelt, daß von den einen die Erde unten geformt und von anderen der Himmel darüber ausgespannt wurde? der Himmel, der durch eine solche Mannigfaltigkeit von Gestirnen ausgezeichnet ist, daß nichts Schöneres je erdacht werden könnte? Beim Anblicke so großer und so schöner Werke sollte Jemand denken, solche Wunderwerke seien ohne Plan, ohne Vorsicht, ohne göttliche Einsicht gemacht worden, sondern aus feinen und kleinen Atomen zusammen gewachsen? Ist es nicht einem Wunder ähnlich, daß ein Mensch geboren wurde, der Solches behauptete, oder Einer entstand, der es glaubte, wie Demokritus, sein Schüler, oder Epikurus, in welchen der ganze Wahnsinn aus der Quelle des Leukippus sich ergoß? Aber wie Einige sagen, ist die Welt von der gefühl- und gestaltlosen Natur geschaffen worden. Das ist aber noch viel abgeschmackter. Wenn die Natur die Welt gemacht hat, so muß sie dieselbe nach einem Plane und mit Einsicht gemacht haben; denn Derjenige macht Etwas, der den Willen oder das Wissen hat, Etwas zu machen. Wenn sie aber weder Gefühl noch Gestalt hat, wie kann von ihr Etwas gemacht werden, was Gefühl und Gestalt hat? Es müßte

---

trotzdem haben sie zwar Menschengestalt, aber keine festen Körper und sind unsterblich. Daher scheint die Beweisführung des Laktantius nicht ganz stringent zu sein.

denn Jemand etwa glauben, die so fein durchdachte Bildung der Thiere habe von einem gefühllosen Wesen gemacht und belebt werden können, oder die Schönheit des Himmels, die so vorsorglich auf den Nutzen der Lebenden berechnet ist, sei ohne Schöpfer und ohne Künstler durch irgend einen Zufall plötzlich entstanden.

Wenn es Etwas gibt, sagt Chrysippus,[1] das solche Dinge schafft, die der mit Vernunft begabte Mensch nicht schaffen kann, so muß es gewiß größer, stärker und weiser sein als der Mensch. Der Mensch kann aber Himmlisches nicht schaffen, daher übertrifft das Wesen, das dieses macht oder gemacht hat, den Menschen an Kunstfertigkeit, Überlegung, Klugheit und Macht. Das kann nur Gott sein! Wenn die Natur, die Jene für die Mutter aller Dinge halten, keinen Verstand hat, so kann sie Nichts bewirken und Nichts unternehmen. Denn wo keine Denkkraft ist, da ist weder Bewegung noch Thatkraft. Wenn sie aber Überlegung anwendet, um Etwas anzufangen, Verstand, um es zu ordnen, Kunst, um es in's Werk zu setzen, Kraft, um es zu vollenden, und Macht, um es zu regieren und zusammenzuhalten, warum nennt man sie lieber Natur als Gott? Oder wenn die Vereinigung der Atome oder die geistlose Natur alles Sichtbare gemacht hat, so frage ich, warum sie den Himmel machen konnte, aber nicht eine Stadt oder ein Haus, und warum sie Berge von Marmor gemacht hat, ohne Säulen und Bilder zu machen. Es hätten doch wenigstens die Atome zu einem solchen Werke zusammentreten sollen, da sie keine Stellung unversucht lassen. Von der geistlosen Natur ist es nicht zu verwundern, daß sie solche Schöpfungen vergaß. Was nun? Als Gott das Werk der

---

[1] Chrysippus lebte von 274—207. Er hat die von Zeno um das Jahr 300 begründete stoische Lehre in systematische Ordnung gebracht und gegen siebenhundert Schriften verfaßt. Man sagte von ihm: „Wenn Chrysippus nicht wäre, so würde die Stoa nicht sein."

Welt begann, dem bezüglich der Ordnung nichts Durchdachteres, bezüglich des Nutzens nichts Zweckmäßigeres, hinsichtlich der Schönheit nichts Schmuckvolleres und hinsichtlich des Umfanges nichts Größeres verglichen werden kann, so hat er sicherlich selbst Dasjenige gemacht, was von Menschen nicht hätte gemacht werden können. Darunter befand sich auch der Mensch selbst, dem er einen Theil von seiner Weisheit gab, den er, soweit es sich mit der irdischen Gebrechlichkeit vertrug, mit Vernunft ausrüstete, damit er sich selbst das für seinen Gebrauch Nothwendige mache.

Wenn es aber im Staate dieser Welt, um mich so auszudrücken, keine Vorsehung gibt, die ihn regiert, und keinen Gott, der ihn verwaltet, und wenn es in der ganzen Natur der Dinge keinen vernünftigen Sinn gibt, woher soll dann der so geschickte und verständige Menschengeist entstanden sein? Der Leib des Menschen ist aus Erde (humo) gebildet worden, und daher hat der Mensch seinen Namen (homo) empfangen. Daher kann der weise Geist, der Lenker des Leibes, dem alle Glieder als ihrem Könige und Herrscher gehorchen, der nicht erblickt und erfaßt werden kann, nur von einer weisen Natur her in den Menschen gekommen sein. Wie aber der vernünftige Geist jeden Leib leitet, so Gott die Welt; denn es ist nicht wahrscheinlich, daß Kleines und Niedriges ein Regiment führe und das Größte und Höchste keines besitze. Daher sagt Markus Cicero in seinen Tuskulanen[1]) und in der Consolatio: „Für die Seelen läßt sich ein irdischer Ursprung nicht nachweisen. Denn in den Seelen gibt es nichts Gemischtes oder Zusammengewachsenes, Nichts, was den Stempel irdischen Ursprunges oder irdischer Bildung an sich trüge; nicht einmal etwas Flüssiges oder Luftartiges oder Feuriges läßt sich wahrnehmen. Denn diese Wesen schließen Nichts in sich, was Gedächtniß-, Geistes- und Denkkraft hätte, und was Vergangenes merken, Zukünftiges vorhersehen und Gegenwär-

---

1) Tuscul. I, 27.

tiges umfassen könnte; das sind ausschließlich göttliche Thätigkeiten. Daher ist es immer unfindlich, wie sie anderswoher als von Gott aus in den Menschen kommen könnten." Wenn wir also von drei oder vier eiteln Verleumbern absehen, so steht allgemein fest, daß die Welt durch die göttliche Vorsehung regiert werde, wie sie auch von Gott erschaffen worden ist.[1] Niemand wird die Ansicht des Diagoras und Theodorus oder die nichtige Erfindung des Leukippus und die Leichtfertigkeit des Demokritus und Epikurus dem Ansehen der bekannten sieben Weisen oder des Pythagoras, Sokrates, Plato und der übrigen Philosophen vorziehen; diese haben aber an eine göttliche Vorsehung geglaubt. Dem zufolge ist auch die Behauptung falsch, daß die Religion, um Furcht und Schrecken zu erregen, von den Weisen eingeführt worden sei, damit sich unwissende Menschen von Sünden enthalten möchten.

Wenn das Letztere richtig wäre, so wären wir von den alten Weisen genarrt worden. Haben sie aber, um uns und das ganze Menschengeschlecht zu täuschen, die Religion ersonnen, so waren sie nicht weise, weil ein Weiser nicht lügen kann. Doch mögen sie Weise gewesen sein; aber welch

---

[1] Die antike Philosophie dachte den Stoff ewig und legte Gott nur die Bildung der Welt bei. Aber zwischen dem Gotte des Theismus und des Pantheismus ist ein großer Unterschied. Während Sokrates, Plato und Aristoteles theistische Anklänge bieten, ist die stoische Lehre ganz pantheistisch. Ihr Gott ist die bewegende und gestaltende Kraft in der Natur, die vernünftige Weltseele. Sein Schaffen ist demnach nicht äußere Thätigkeit, sondern Entwicklung von innen heraus, und seine Vorsehung wesentlich identisch mit einer von Anfang her berechneten Nothwendigkeit. Daß Gott das Böse verbiete und bestrafe, lehrt die Stoa nicht im Interesse des Systemes, sondern des Nutzens wegen. Die neuere Akademie, der auch Cicero zuneigt, begründet von Arkesilaus um 300 und besonders polemisch gegen die Stoa von Karneades (214—129) vertreten, kennt nur mehr oder weniger wahrscheinliche Annahmen, keine Gewißheit.

glücklichen Erfolg hatte ihre Lüge, daß sie nicht bloß unwissende Menschen, sondern einen Plato und Sokrates täuschten und den Pythagoras, Zeno und Aristoteles, die Begründer hochberühmter Philosophenschulen, so leicht foppten!¹) Es gibt aber, wie die genannten Männer glaubten, eine göttliche Vorsehung, durch deren Kraft und Gewalt alles Sichtbare erschaffen wurde und regiert wird. Die Vernunft selbst erklärt, daß die unermeßliche Größe der Natur, ihre treffliche Organisation und ihr konsequentes Einhalten der Ordnung und Zeit ohne einen vorsichtigen Künstler weder einmal hätte entstehen können, noch so viele Jahrhunderte ohne einen mächtigen Bewohner bestehen noch ohne einen erfahrenen und denkenden Regenten beständig regiert werden könnte. Denn was existirt und Vernunft hat, das muß durch Vernunft entstanden sein. Die Vernunft kommt aber einem denkenden und weisen Wesen zu, und das denkende und weise Wesen kann nur Gott sein. Da nun die Welt Vernunft in sich trägt, durch die sie regiert wird und besteht, so ist sie folgerichtig von Gott erschaffen worden. Wenn aber Gott der Schöpfer und Lenker der Welt ist, so ist die Religion nach Wahrheit und Recht eingeführt worden; denn dem Urheber der Dinge, dem gemeinsamen Vater Aller, gebührt Ehre und Anbetung.

---

1) Pythagoras, geb. 569, ist Begründer der berühmten Schule der Pythagoräer. In ihr fand die Religion und ihr Dienst besondere Pflege; sein System ist aber pantheistisch. Die Neupythagoräer oder Neuplatoniker, von Plotinus (205—270 n. Chr.) vorzugsweise repräsentirt, nahmen vom Pythagoräismus meist Kultformen und Sittenlehren auf. Zeno, der Begründer der Stoa, lebte von 340—260 vor Christus. Der berühmte Schüler Plato's, Aristoteles, lebte von 384—322 und ist der Begründer der peripatetischen Philosophie, die vorzugsweise im Mittelalter gepflegt wurde.

11. Nach der Natur des göttlichen Wesens kann es nur einen Gott geben. Die Götter der Heiden waren nach dem Zeugnisse der ältesten Schriftsteller Menschen. Die heidnischen Philosophen und Dichter sprechen sich für die Einheit Gottes aus.

Weil über die Vorsehung kein Zweifel mehr besteht, haben wir noch darüber zu belehren, ob dieselbe Vielen oder nur Einem gläubig zuzuschreiben sei. Wir glauben, in unseren Institutionen zur Genüge bewiesen zu haben,[1]) daß es nicht viele Götter geben könne; denn wenn die göttliche Macht und Gewalt auf Viele vertheilt würde, so müßte sie vermindert werden. Was vermindert wird, das ist sicherlich sterblich; wenn aber Gottes Macht nicht sterblich ist, so kann sie weder vermindert noch vertheilt werden. Demnach gibt es nur einen Gott; denn in ihm ist die vollendete Macht und Gewalt, die weder einer Minderung noch einer Vermehrung fähig ist. Gibt es mehrere Götter, so verliert das Ganze, da Einzelne einen Theil der Gewalt und der Gottheit besitzen; und Einzelne können auch nicht das Ganze, Mehreren Gemeinsame besitzen, denn Jedem fehlt soviel, als die Übrigen haben. In dieser Welt kann es so wenig viele Regenten geben, als es in einem Hause viele Herren, auf einem Schiffe viele Kapitäne, in einer Heerde großen oder kleinen Viehes viele Führer und in einem Bienenschwarme viele Königinen gibt. Nicht einmal am Himmel konnte es viele Sonnen geben, ebenso wenig mehrere Seelen in einem Leibe, so sehr herrscht in der ganzen Natur das Gesetz der Einheit. Wenn aber die Welt

---

1) Das erste Buch der Institutionen de falsa religione ist dem Nachweise der Einheit Gottes gewidmet. Die zweite Hälfte des Buches bespricht eingehend die Mythologie (Ursprung des Götzendienstes).

„Innerhalb nähret der Geist und die ganze Masse beweget
Eingegossen der Geist und dem großen Körper sich beimischt,"

so erhellt aus dem Zeugnisse des Dichters,[1]) daß die Welt nur **einen** Gott zum Bewohner habe, da ja jeder Körper nur von **einem** Geiste bewohnt und geleitet werden kann. Daher muß ein Einziger die ganze göttliche Macht besitzen und auf seinen Wink und Befehl Alles regiert werden. Er ist daher zu groß, als daß sein Wesen von einem Menschen mit Worten dargelegt oder mit seinen Sinnen bemessen werden könnte.

Wie sind nun die Menschen zur Überzeugung von dem Dasein vieler Götter gekommen? Unzweifelhaft waren alle Diejenigen, die als Götter verehrt wurden, Menschen und zwar die ersten und größten Könige. Jedermann weiß, daß ihnen wegen der Tugend, durch die sie dem Menschengeschlechte genützt hatten, göttliche Ehren erwiesen wurden, oder daß sie wegen wohlthätiger Erfindungen, durch welche sie das menschliche Leben bildeten, unsterbliches Andenken erlangt haben. Dieß gilt von Männern und von Frauen. Das lehren die ältesten griechischen Schriftsteller, die Theologen heißen,[2]) und lehren auch die Römer, die ihnen folgten und sie nachahmten. Die vorzüglichsten unter ihnen sind Euhemerus und unser Ennius,[3]) welche von allen

---

1) Virg. Aen. VI, 726 f. Der Ausspruch des Dichters ist pantheistisch; aber Laktantius führt den Pantheismus öfters zum Beweise der Einheit Gottes an, sei es, daß ihm der wesentliche Unterschied zwischen Pantheismus und Theismus nicht bekannt war, oder daß er eine scheinbare Uebereinstimmung in Worten für seine Behauptungen ausbeuten zu dürfen glaubte.

2) Die ältesten griechischen Schriftsteller, Homer, Hesiod, Linus und Orpheus, lassen zwar einen menschlichen Ursprung der Götter vermuthen, sprechen aber nur einigen Göttern wie dem Herkules geradezu menschlichen Ursprung zu.

3) Hochberühmt war im Alterthume die Schrift des Euhemerus von Messana in Sizilien: Ἱερὰ ἀναγραφή. Um das Jahr 300 vor Christus verfaßt enthält sie eine vernichtende und geist-

Göttern die Geburt, die Ehren, die Nachkommenschaft, die Reiche, die Thaten, den Tod und das Grab nachweisen. Ihnen folgte Tullius und löste im dritten Buche von der Natur der Götter die öffentlich bestehenden Religionen auf; aber die ihm unbekannte wahre Religion konnte weder er selbst noch irgend ein Anderer einführen. Sonach bezeugte er auch selbst, daß zwar das Falsche offen hervortrete, daß aber die Wahrheit verborgen sei. Möchte ich, sagt er, so leicht das Wahre auffinden können, als ich das Falsche nachzuweisen vermag! Das hat er nicht etwa als Akademiker zum Scheine, sondern der Wahrheit gemäß und nach seiner festen Überzeugung gesprochen, weil die Wahrheit nie von menschlichen Sinnen an's Licht gezogen werden kann; was menschliche Einsicht zu erreichen vermochte, das hat er erreicht, nämlich das Falsche als solches zu entdecken.[1]) Denn was erdichtet und falsch ersonnen ist, das wird leicht aufgelöst, weil es sich auf keinen vernünftigen Grund stützt. Es gibt also nur **einen** Fürsten und Ursprung der Dinge, Gott; so dachte und lehrte Plato in seinem Timäus, und er erklärt, seine Majestät sei so groß, daß sie weder mit dem Verstande begriffen noch mit der Zunge ausgesprochen werden könne.

reiche Kritik des Götterglaubens. Er wies den menschlichen Ursprung der Götter nach und spielte einigen sehr schlimm mit; so war nach ihm Venus eine Buhlerin, Kadmus ein Koch, der die Tänzerin Harmonia entführte. Kallimachus und später Plutarch beklagen sich bitter über die Folgen der Schrift des Euhemerus. Der Dichter Ennius, der Freund des jüngeren Scipio Afrikanus, übersetzte sie in's Lateinische.

1) Cicero lebte von 106 bis 43 v. Chr.; er folgte in der Sittenlehre meistens der Stoa, besonders dem Panätius, in der Physik den Akademikern. Seine Meinung, daß selbst die Götter ersten Ranges vergötterte Menschen seien, hinderte ihn nicht, ihre Verehrung zu billigen. Im Interesse des Staates wollte er alle religiösen Institutionen, selbst die von ihm verspotteten Auspizien, aufrecht erhalten, damit giltige Hindernisse da seien, schädliche Volksversammlungen zu verhindern; siehe Döllinger S. 570—572.

Dasselbe bezeugt Hermes, der nach der Angabe Cicero's bei den Ägyptiern unter die Götter gerechnet wird. Derselbe, der wegen seiner Tugend und der Kenntniß vieler Künste Trismegistus genannt wurde;[1]) er ist nicht bloß älter als Plato, sondern selbst viel älter als Pythagoras und die berühmten sieben Weisen. Bei Xenophon sagt Sokrates in einer Disputation, daß man über die Gestalt Gottes keine Untersuchung veranstalten dürfe, und Plato sagt in den Büchern von den Gesetzen, was überhaupt Gott sei, solle man nicht untersuchen, weil es weder erkannt noch ausgesprochen werden könne. Auch Pythagoras bekennt einen Gott, wenn er sagt, daß er ein unkörperlicher Geist sei, der über die ganze Natur verbreitet sei und in ihr walte und allen lebenden Wesen Lebenskraft verleihe. Antisthenes sagt in seiner Physik, daß es nur einen natürlichen Gott gebe, obgleich die Völker und Städte ihre eigenen Volksgötter hätten. Ungefähr Dasselbe sagen Aristoteles und seine Peripatetiker und Zeno mit seinen Stoikern. Es würde zu weit führen, die Ansichten der Einzelnen weiter zu verfolgen, da sie sich zwar verschiedener Namen bedienten, aber doch in Annahme einer weltregierenden Macht zusammentrafen. Obgleich aber Philosophen, Dichter und endlich selbst die Götzendiener einen höchsten Gott bekennen,

---

[1]) Hermes Trismegistos ist, wie es scheint, identisch mit dem ägyptischen Gotte Toth, dem die Aegyptier die Erfindung der feineren Künste des Lebens und besonders die Erfindung der Schrift zuschreiben. Er wird in Inschriften der „zweimal Große" genannt und gilt als Urheber der Bücher über die heil. Ueberlieferungen; Döllinger S. 417 u. 418. Clemens von Alexandrien berichtet Strom. VI, 4 ausführlich über eine Prozession, in welcher seine Bücher getragen wurden. Es waren zweiundvierzig, von denen sechsunddreißig das gesammte höhere Wissen der Aegyptier enthielten und sechs die Arzneikunde boten; siehe Weiß, Weltgeschichte I. S. 63 u. 64. Im vorigen Jahre wurde meines Ermessens die Arzneimittellehre des Hermes deutsch herausgegeben.

ſtellte doch Niemand über ſeinen Dienſt und die ihm gebührenden Ehren eine Unterſuchung oder Erörterung an. Dieß unterblieb nach dem Glauben, daß er immer wohlthätig und unveränderlich ſei, nie Jemand zürne und keines Dienſtes bedürfe. So wenig kann eine Religion beſtehen, wo keine Furcht herrſcht.

12. Ohne Religion gibt es weder Weisheit noch Gerechtigkeit und wird daher der Menſch zum Thiere entwürdigt; die Religion aber beruht in der Furcht vor Gott.

Da wir auf die gottloſe und abſcheuliche Klugheit oder vielmehr auf den Aberwitz mancher Menſchen geantwortet haben, ſo wollen wir nun den vorwürfigen Gegenſtand behandeln. Wir ſagten, daß nach Aufhebung der Religion weder die Weisheit noch die Gerechtigkeit feſtgehalten werden könne; denn die Weisheit iſt die Erkenntniß Gottes, durch welche wir uns von den Thieren unterſcheiden, und die Gerechtigkeit kann nur im Menſchen allein gefunden werden. Wenn der untäuſchbare Gott nicht durch Gerechtigkeit unſere Begierden zügelt, ſo werden wir laſterhaft und gottlos leben. Die Thatſache, daß unſere Handlungen von Gott berückſichtiget werden, iſt nicht bloß von Einfluß auf den Nutzen des gemeinſamen Lebens, ſondern entſpricht auch der Wahrheit: nehmen wir Religion und Gerechtigkeit hinweg, ſo ſinken wir nach Verluſt der Vernunft zur Thorheit oder zur Grauſamkeit der Beſtien herab, ja ſelbſt noch tiefer, da die Beſtien wenigſtens der Thiere ihres eigenen Geſchlechtes ſchonen. Was kann gewaltthätiger und grauſamer als ein Menſch ſein, wenn er ohne höheres Furchtgefühl der Gewalt der Geſetze entgehen oder ſie verachten kann? Die Furcht vor Gott allein bewahrt den gegenſeitigen Verkehr der Menſchen; ſie erhält, ſchützt und lenkt ſelbſt das Leben. Aber dieſe Furcht wird hinweggenommen, wenn der Mensch die Überzeugung gewinnt, daß Gott keinen Zorn habe. Nicht bloß der gemeinsame Nutzen, sondern auch Vernunft und Wahrheit überzeugen uns davon, daß Gott bewegt und entrüstet werde, wenn Ungerechtes geschieht. Nachdem wir aber gezeigt haben, daß die Welt von Gott erschaffen worden sei, wollen wir zu diesem Stoffe zurückkehren und zeigen, warum sie gemacht wurde.

13. **Alles ist zum Gebrauche des Menschen erschaffen und eingerichtet worden; davon machen selbst die Übel keine Ausnahme, weil sie der Mensch durch die ihm verliehene Weisheit vermeiden kann.**

Wenn Jemand die ganze Ordnung der Welt betrachtet, so wird er gewiß die Wahrheit des Lehrsatzes der Stoiker erkennen, daß die Welt unsertwegen gebaut worden sei.[1] Alle Bestandtheile und alle Erzeugnisse der Welt sind für den Nutzen des Menschen berechnet. Der Mensch bedient sich des Feuers zum Zwecke der Wärme und des Lichtes, um die Speisen zu kochen und das Eisen zu bearbeiten; er bedient sich der Quellen zum Trinken und zum Baden und der Flüsse zur Bewässerung der Felder und zur Begrenzung der Gegenden. Er bedient sich der Erde, um mannigfache Früchte zu ärnten, der Hügel, um Weinstöcke zu pflanzen, der Berge, um Bäume zu ziehen und Holz zu fällen, und der Ebene zur Arnte; das Meer dient ihm nicht bloß zum Handel und zum Transporte der Waaren von weit entfernten Gegenden her, sondern es bietet ihm auch eine reiche Anzahl aller Arten von Fischen. Wenn er sich nun der ihm naheliegenden Elemente bedient, so besteht kein Zweifel, daß ihm auch der Himmel dient, weil

---

[1] Dem Stoicismus ist der Mensch ein ebenbürtiger Gefährte Gottes; Seneka epist. 41.

ja die Verrichtungen der himmlischen Dinge auf die Fruchtbarkeit unserer Erde berechnet sind. In ruhelosem Laufe und in ungleichmäßigen Räumen legt die Sonne ihre jährlichen Kreise zurück und bringt mit ihrem Aufgange den Tag zur Arbeit und führt mit ihrem Untergange die Nacht zur Ruhe herbei. Je nachdem sie sich weiter nach Süden entfernt oder näher gegen den Norden tritt, bewirkt sie den Wechsel des Winters und Sommers, damit die Erde durch die Feuchtigkeit und die Regengüsse des Winters mit üppiger Fruchtbarkeit begabt werde und durch die Sommerhitze die grasartigen Früchte gezeitiget und hart werden und die saftreichen durch Kochen und Erwärmen Milde erlangen. Auch der Mond, der Regent der Nachtzeit, ordnet durch den Wechsel seines ab- und zunehmenden Lichtes die Monate und erleuchtet die durch schreckliche Finsterniß verdunkelten Nächte mit seinem klaren Glanze, damit Sommerreisen, Expeditionen und Feldarbeiten ohne Mühe und Beschwerde beendigt werden können. Denn

„Besser werden bei Nacht die leichten Halme und nächtlich
Grüne Wiesen gemäht."[1]

Auch die übrigen Gestirne bieten durch ihren Aufgang oder ihren Untergang und durch ihre bestimmte Stellung manch günstige Anhaltspunkte. Sie dienen den Schiffen als Kompaß,[2] damit sie nicht auf dem ungeheuren Meere umherirren; denn wenn sie der Steuermann richtig beobachtet, fährt er in einen Hafen der bestimmten Küste. Durch das Weben der Winde werden die Wolken herbeigezogen, um die Saaten durch Regen zu begießen, den Weinstöcken Früchte und den Bäumen Obst in reichem Maße zu geben. Und diese Gaben werden auf dem Erdkreise jährlich geboten, damit es nie an den Unterhaltsmitteln für das menschliche

---

1) Aus Virgils Georgica I, 289 f.
2) Text: Navigiis regimen praebent.

Leben fehle. Aber auch die übrigen Wesen nährt dieselbe Erde, und ihre Erzeugnisse verzehren auch die stummen Thiere. Hat sich Gott auch wegen der Thiere bemüht? Keineswegs, denn sie sind ohne Vernunft. Aber wir erkennen, daß auch sie auf dieselbe Weise von Gott zum Gebrauche des Menschen erschaffen sind, um ihm zur Nahrung oder zur Kleidung oder zur Hilfe bei der Arbeit zu dienen. Daraus ist ersichtlich, daß die göttliche Vorsehung das menschliche Leben mit einem Überflusse von Dingen und Vorräthen habe versehen und zieren wollen, weßhalb er die Luft mit Vögeln, das Meer mit Fischen und die Erde mit vierfüßigen Thieren erfüllt hat. Die Akademiker pflegen im Streite mit den Stoikern die Frage aufzuwerfen, warum es denn, da doch Gott Alles des Menschen wegen gemacht habe, auch viel uns Widriges, Feindliches und Verderbliches im Wasser und auf dem Lande gebe. Diese Frage wiesen die Stoiker höchst unpassend ab, da sie den wirklichen Sachverhalt nicht beachteten. Denn sie sagen, daß es unter den Geschöpfen und unter der Zahl der lebenden Wesen Vieles gebe, dessen Nutzen zur Zeit noch unbekannt sei, er werde aber mit der Zeit entdeckt werden, wie in früheren Jahrhunderten durch Nothwendigkeit und Übung schon viel Unbekanntes entdeckt worden sei.[1]) Aber welchen Nutzen kann man an den Mäusen, den Schaben und Schlangen entdecken, die den Menschen überlästig und verderblich sind? Ist in ihnen etwa ein Heilmittel verborgen? Wenn Dem so ist, so wird es gefunden werden natürlich gegen Übel, während sich doch die Akademiker beklagen, daß es überhaupt ein Übel gebe. Jene versichern, daß eine verbrannte und

---

1) Die Antwort der Stoiker scheint mir viel vernünftiger zu sein als dem Laktantius. Eine durchgreifende Teleologie ist in der ganzen Natur unverkennbar und ist die Zweckbestimmung nur in Folge unserer beschränkten Einsicht im Einzelnen schwer anzugeben. Die Stoiker und Laktantius verkennen mit einander, daß ...che Dinge ein Strafmittel in der Hand Gottes gegen die ...en sind und erst seit dem Sündenfalle schädlich wurden.

in Staub aufgelöste Schlange den Biß desselben Thieres heile. Es wäre aber viel besser gewesen, daß jenes Thier überhaupt nicht existirte, als daß man von ihm selbst ein Heilmittel gegen sich selbst verlangt.

Sie hätten deßhalb kürzer und besser folgender Maßen antworten können. Als Gott den Menschen als sein Bild, das Meisterwerk seiner göttlichen Thätigkeit, gebildet hatte, da hauchte er ihm allein Weisheit ein, damit er Alles unter seine Herrschaft und Botmäßigkeit bringe und alle Vortheile der Welt genieße. Er setzte ihm Güter und Übel vor, weil er ihm Weisheit gegeben hat; denn ihr ganzes Wesen beruht in Unterscheidung der Güter und Übel. Es kann Niemand das Bessere wählen und wissen, was gut ist, wenn er nicht zugleich alle Übel zurückzuweisen und zu meiden versteht. Beide sind wechselseitig verbunden, so daß bei Hinwegnahme des Einen auch das Andere hinweg genommen wird. Nur wenn Güter und Übel vorgesetzt sind, so versieht die Weisheit ihr Amt, strebt für ihren Nutzen nach den Gütern und weist zu ihrem Heile die Übel zurück. Wie also dem Menschen unzählige Güter gegeben sind, die er gebrauchen kann, so gibt es auch Übel, vor denen er sich hüten soll. Denn wenn es kein Übel, keine Gefahr und überhaupt Nichts gäbe, was den Menschen verletzen könnte, so ist für die Weisheit die Grundlage ihrer Thätigkeit hinweg genommen, und sie wird für den Menschen nicht nothwendig sein. Wenn ihm nur Güter vorgelegt sind, wozu braucht er dann Denken, Verstand, Wissenschaft und Vernunft? Nach was immer er seine Hand ausstreckt, das ist seiner Natur entsprechend und angemessen. Wenn Jemand noch nicht verständigen Kindern eine reich bestellte Mahlzeit vorsetzen wollte, so werden die Einzelnen nach Demjenigen greifen, wozu sie der Trieb, Hunger oder Zufall zieht; aber was sie auch nehmen, wird für ihr Leben und für ihre Gesundheit förderlich sein. Was wird es also schaden, zu bleiben, was sie sind, und immer unerfahrene Kinder zu sein? Wenn du aber Bitteres oder Nutzloses oder gar Vergiftetes beilegtest, so werden sie durch die Unkenntniß des Guten und Schlimmen getäuscht, wenn sie nicht Weisheit empfangen, um das Schlimme zurückweisen und das Gute auswählen zu können.

Du siehst also, daß uns die Weisheit mehr wegen der Übel nothwendig sei; wären diese nicht vorhanden, so wären wir kein vernünftiges Wesen.[1]) Wenn aber dieser Grund, den die Stoiker durchaus nicht finden konnten, richtig ist, so wird auch das bekannte Argument des Epikurus umgestoßen. Er sagt: Entweder will Gott die Übel hinwegnehmen, und er kann es nicht, oder er kann sie wegnehmen und will nicht, oder er kann sie weder hinwegnehmen noch will er es, oder er kann und will sie hinwegnehmen. Wenn er will und nicht kann, so ist er schwach; aber die Schwäche verträgt sich nicht mit dem Begriffe von Gott. Wenn er sie wegnehmen kann und nicht will, so ist er neidisch, eine Eigenschaft, die Gott fremd ist. Wenn er sie weder wegnehmen kann noch will, so ist er schwach und neidisch und daher auch nicht Gott. Wenn er sie aber, wie es sich für Gott allein ziemt, wegnehmen kann und will, woher stammen denn die Übel, und warum nimmt er sie nicht hinweg? Ich weiß, daß die meisten Philosophen, welche die Vorsehung vertheidigen, durch dieses Argument in Verwirrung gerathen und gegen ihren Willen beinahe zu dem Bekenntnisse gebracht werden, daß sich Gott um Nichts kümmere; das ist aber der Hauptwunsch Epikurs. Da wir den richtigen Grund durchschaut haben, so können wir diesen gefürchteten Beweis leicht widerlegen. Gott kann Alles, was er will, und in ihm gibt es weder Schwäche noch Neid; er kann also die Übel hinwegnehmen, aber er will es nicht.

---

1) Die Ausführungen des Laktantius über das Wesen der Weisheit, über Güter und Uebel sind nur beziehungsweise richtig, sofern nämlich das Leben, wie es ist, als normal aufgefaßt wird. Da es aber anormal, weil gegen die ursprüngliche Absicht Gottes, sich entwickelt hat, so ist gerade auf das wahre menschliche Leben, wie es im Paradiese war, eine Rücksicht genommen.

ohne deßhalb neidisch zu sein. Denn er nimmt sie deßhalb nicht weg, weil er, wie gezeigt, zugleich Weisheit verliehen hat und in der Weisheit mehr Gutes und Angenehmes ist als in den Übeln Beschwerliches.[1]) Es bewirkt ja die Weisheit, daß wir auch Gott erkennen und durch diese Kenntniß Unsterblichkeit, das höchste Gut, erlangen. Wenn wir also nicht zuerst das Übel erkennen, werden wir auch das Gute nicht anzuerkennen vermögen. Aber weder Epikurus noch irgend ein Anderer sah ein, daß mit Hinwegnahme der Übel zugleich die Weisheit hinweggenommen werde, und daß im Menschen keine Spuren der Tugend zurückbleiben, deren Wesen in Ertragung und Überwindung der Übel besteht. Deßhalb würden wir wegen einer ganz unbedeutenden Anzahl aufgehobener Übel des größten, wahren und uns eigenthümlichen Gutes entbehren. Es steht somit fest, daß Alles wegen des Menschen gegeben sei, Übel und Güter.

14. Der Mensch ist erschaffen worden, um Gott zu dienen und Gerechtigkeit zu üben.

Ich habe nun zu zeigen, warum Gott den Menschen selbst erschaffen habe. Wie er die Welt um des Menschen willen erschaffen hat, so machte er den Menschen seinetwegen, als Priester seines göttlichen Tempels und Betrachter seiner Werke und der himmlischen Dinge. Denn der Mensch allein hat höheres Gefühl und das Vermögen der Vernunft, um Gott zu erkennen; er kann seine Werke bewundern, seine Kraft und Macht erkennen, weil er mit Rath, Geist und Klugheit ausgestattet ist. Deßhalb ist er allein vor allen

---

1) Den weiten Schritt vom Erkennen zum Erfüllen der Pflicht hat Laktantius nicht gebührend gewürdigt, da er in platonischen und stoischen Vorurtheilen über die Macht der Erkenntniß befangen war.

lebenden Wesen in aufrechter Körperstellung geschaffen worden, um sichtlich zur Betrachtung seines Vaters angeregt zu werden. Deßhalb hat er allein die Gabe der Rede und die Sprache als Dollmetsch seiner Gedanken erhalten, um die Majestät seines Herrn preisen zu können. Endlich wurde ihm beßhalb Alles unterworfen, damit er selbst Gott, seinem Schöpfer und Künstler, unterthan sei. Wenn also Gott den Menschen zu seinem Verehrer haben will und ihm zu diesem Zwecke die große Ehre der Herrschaft über alle Dinge verliehen hat, so ist es gewiß ganz gerecht, daß er seinen großen Wohlthäter und den Nebenmenschen liebe, der mit uns durch das gemeinsame göttliche Recht verbunden ist. Denn es ist nicht recht, daß ein Verehrer Gottes von einem Gottesverehrer verletzt werde. Hieraus sieht man, daß der Mensch der Religion und Gerechtigkeit wegen gebildet worden sei. Das bezeugt Markus Tullius in den Büchern von den Gesetzen (I, 10), indem er sagt: „Von allen Wahrheiten, die von gelehrten Männern wissenschaftlich erörtert werden, ist keine vorzüglicher als die volle Einsicht, daß wir zur Gerechtigkeit geboren seien." Da Dieß höchst wahr ist, so will Gott, daß alle Menschen gerecht seien, das heißt, Gott und die Menschen lieb haben, nämlich Gott ehren als Vater und die Menschen lieben als Brüder; auf diesen beiden Stücken beruht die ganze Gerechtigkeit. Wer also Gott nicht anerkennt oder dem Menschen schadet, der lebt ungerecht und gegen seine eigene Natur, und auf diese Weise zerstört er die Einrichtung und das Gesetz Gottes.

15. **Da die ganze Schöpfung voll von Gegensätzen ist und der Mensch selbst aus zwei entgegengesetzten Naturen, aus Leib und Seele, besteht, so ist hieraus auch das Böse zu erklären. Gott ist von allen Affekten auſſer von Gnade, Zorn und Mitleid frei.**

Hier möchte vielleicht Einer fragen, wie die Sünden an den Menschen gekommen seien, oder welche Verkehrtheit die regelrechte Einrichtung Gottes zum Schlimmeren gewendet habe, daß nämlich der zur Gerechtigkeit erzeugte Mensch gleichwohl ungerechte Werke vollbringe. Ich habe schon oben erörtert, daß Gott zugleich das Gute und das Böse angeboten habe und zwar das Gute, um es zu lieben, und das ihm widersprechende Böse, um es zu hassen; daß er aber das Böse deßhalb zugelassen habe, damit das Gute hervor leuchte, weil meines Erachtens, wie ich oft gezeigt habe, das Eine ohne das Andere nicht bestehen kann. Dann habe ich dargelegt, daß die Welt selbst aus zwei sich widerstreitenden und doch gegenseitig verbundenen Elementen zusammen gesetzt sei, aus Feuer und Wasser, daß das Licht nicht hätte entstehen können, wenn nicht Finsterniß gewesen wäre, weil es nichts Oberes ohne Unteres, nichts Aufgehendes ohne Untergehendes, nichts Warmes ohne Kaltes und nichts Weiches ohne Hartes gibt. So sind auch wir aus zwei ebenso widerstreitenden Dingen zusammengefügt worden, aus Leib und Seele; die Seele gehört dem Himmel an, weil sie fein und unfaßbar ist, der Leib aber der Erde, weil er greifbar ist; erstere ist fest und ewig, letzterer gebrechlich und sterblich. Daher haftet an der Seele das Gute und am Leibe das Schlimme; an der Seele Licht, Leben und Gerechtigkeit, am Leibe Finsterniß, Tod und Ungerechtigkeit.[1] Daher entstand in den Menschen das Verderbniß der Natur, so daß es nothwendig war, durch das Gesetz die Laster zurückzuhalten und die Pflichten der Tugend vorzuschreiben. Da es also im menschlichen Leben Güter und Übel gibt, deren Begründung ich dargelegt habe, so ist es nothwendig, daß Gott nach beiden Seiten bewegt werde,

---

1) Hier und an mehreren Stellen der Institutionen z. B. II, 12 u. 17, V, 7 trägt Laktantius eine irrige Ansicht vor. Leib und Seele sind nicht absolute Gegensätze, auf die Sünde und Gerechtigkeit sich vertheilen, sondern zur vollen Harmonie berufen. Im Stande der Sünde aber sind beide zumal der Sünde zugeneigt.

zur Gnade, wenn er Gerechtes geschehen sieht, und zum Zorne, wenn er Ungerechtes erblickt.

Aber Epikurus tritt uns entgegen und sagt: „Wenn es in Gott den Affekt der Freude hinsichtlich der Gnade und des Hasses hinsichtlich des Zornes gibt, so muß er auch Furcht, Leidenschaft, Begierlichkeit und die übrigen Affekte haben, die zur menschlichen Schwäche gehören." Es ist nicht nöthig, daß Derjenige sich fürchte, welcher zürnt, oder traure, wer sich freut; denn die Zornmüthigen sind weniger furchtsam, und die von Natur Fröhlichen sind minder der Trauer unterworfen. Was brauche ich von den menschlichen Affekten zu reden, denen unsere Gebrechlichkeit unterliegt? Wir wollen die göttliche Nothwendigkeit betrachten; denn ich will nicht Natur sagen, weil nach dem Glauben unser Gott nie die Natur empfangen hat. Der Affekt der Furcht hat im Menschen seine Begründung, aber nicht in Gott. Der vielen Zufällen und Gefahren ausgesetzte Mensch fürchtet sich, es möchte eine größere Macht geben, die ihn schlage, beraube, verstümmle, verwunde und tödte. Aber Gott, den weder Armuth noch Schmach noch Schmerz noch Tod trifft, kann sich durchaus nicht fürchten, weil es Nichts gibt, was ihm Gewalt anthun kann. Ebenso ist bei dem Menschen der Anlaß und die Ursache zur Leidenschaft offenkundig. Weil er gebrechlich und sterblich gemacht wurde, so mußte ein zweites verschiedenes Geschlecht geordnet werden, damit durch Geschlechtsgemeinschaft zur beständigen Erhaltung des Geschlechtes eine Nachkommenschaft entstehen könnte. Aber diese Leidenschaft findet in Gott keine Stelle, weil ihm Gebrechlichkeit und Untergang fremd ist und es bei ihm keine Frau gibt, an deren Verbindung er sich freuen könnte, und weil Derjenige keiner Nachkommenschaft bedarf, der immer sein wird. Dasselbe gilt vom Neide und von der Begierlichkeit, die aus bestimmten offenkundigen Gründen wohl einen Menschen, aber unmöglich Gott treffen können. Aber Gnade, Zorn und Erbarmung haben in Gott ihre Begründung, und mit Recht bedient sich ihrer die höchste und einzigartige Macht zur Erhaltung der Dinge.

16. Gegen bittende und verdiente Menschen ist Gott gnädig und erzürnt gegen Schlechtigkeit. Lasterhafte Affekte aber sind ihm fremd.

Es wird Jemand fragen, welches diese Begründung sei. Einmal nehmen von irgend einem Unglücke betroffene Menschen meistens ihre Zuflucht zu Gott, besänftigen und bitten ihn mit dem Glauben, daß er von ihnen diese Mißfälle entfernen könne. Daher hat er einen Grund, sich zu erbarmen, denn er ist nicht so hart und verachtet die Menschen, daß er den Leidenden die Hilfe verweigern sollte. Dann haben sehr Viele die Überzeugung, daß Gott die Gerechtigkeit gefalle; daher verehren sie ihn als Herrn und Vater Aller durch beständige Gebete und häufige Gelübde; sie bringen Gaben und Opfer dar, lobpreisen seinen Namen und bemühen sich, durch gerechte und gute Werke sich um ihn verdient zu machen. Deßhalb kann und soll Gott ihnen Dank erweisen. Denn wenn sich für Gott Nichts so sehr ziemt als Wohlthätigkeit und ihm Nichts so fremd ist als Undank, so muß er die Dienste guter und heiliger Menschen belohnen und vergelten, um nicht den auch für einen Menschen schändlichen Vorwurf des Undankes sich zuzuziehen. Dagegen gibt es aber auch lasterhafte und ruchlose Menschen, die durch Ausschweifungen Alles beflecken, Mordthaten begehen, betrügen, rauben und falsch schwören, weder Blutsverwandte noch Eltern schonen und das Gesetz und Gott selbst verachten.

Daher hat der Zorn in Gott seinen guten Grund. Denn es ist nicht recht, daß, wer Solches geschehen sieht, nicht bewegt werde, sich zur Rache an solchen Frevlern erhebe und diese verderblichen und schuldigen Menschen vernichte, um für alle Guten zu sorgen: so sehr ist selbst im Zorne Wohlthun enthalten. Nichtig und falsch wird also die Beweisführung Derjenigen befunden, die Gott den Zorn absprechen und das Wohlthun beilegen; denn nicht einmal das Letztere kann ohne Zorn geschehen. Nichtig und falsch ist aber auch die Beweisführung Derjenigen, die an keine

Geistesbewegung in Gott glauben und, weil einige Affekte, wie Leidenschaft, Furcht, Habsucht, Trauer und Neid, Gott nicht treffen, behaupteten, er sei ganz affektlos. Er ist frei von allen fehlerhaften Affekten, aber die tugendhaften wie Zorn gegen die Bösen, Liebe zu den Guten, Mitleid gegen die Unglücklichen besitzt er im eigentlichen, gerechten und wahren Sinne, weil sie der göttlichen Macht würdig sind. Wenn er diese nicht hat, so wird das menschliche Leben erschüttert und geräth der Stand der Dinge in eine solche Verwirrung, daß nach Verachtung und Vergewaltigung der Gesetze die Kühnheit allein herrscht und ausser dem Starken Niemand sicher sein kann. Daher wird die ganze Erde gleichsam durch gemeinschaftliche Räuberei verwüstet werden. Weil aber jetzt die Bösen Strafe, die Guten Gnade und die Unglücklichen Hilfe erwarten, finden die Tugenden eine Stelle und sind die Laster seltener. Aber meistens sind die Lasterhaften glücklicher und die Guten unglücklicher, und ungestraft werden die Gerechten von den Ungerechten geplagt. Wir werden später betrachten, warum Dieß geschehe. Jetzt wollen wir bezüglich des Zornes erörtern, ob er gar nicht in Gott sei, ob sich Gott um Nichts bekümmere und gegenüber ungerechten Handlungen nicht bewegt werde.

17. **Eine Ruhe Gottes nach Epikurus wäre der Tod selbst; da Gott lebt, so kümmert er sich um die Menschen und straft die Bösen, wie Gesetze und Richter die Übelthäter ohne eigene Verschuldung verurtheilen. Das Dulden des Unrechtes wäre unvernünftig, wie an dem Beispiele eines Hausherrn gezeigt wird. Bei einer richtigen Begriffsstellung von Zorn fallen die Einwendungen.**

„Gott kümmert sich um Nichts," sagt Epikurus; demnach hat er auch keine Gewalt. Denn wer Gewalt hat,

muß sich um Etwas bekümmern, oder wenn er sie hat und
nicht gebraucht, so muß aus einem höchst gewichtigen Grunde
nicht bloß unser Geschlecht, sondern auch die ganze Welt in
seinen Augen wenig Werth besitzen. „Deßhalb ist er unwandelbar und selig, weil er immer ruhig ist." Wem hat denn
Gott die Verwaltung der ganzen Welt, die wir von der
höchsten Weisheit gelenkt sehen, abgetreten, wenn sie von
ihm selbst nicht beachtet wird? Oder wie kann Derjenige
ruhig sein, der lebt und fühlt? Ruhe ist Sache des Schlafes oder des Todes; aber nicht einmal der Schlaf hat volle
Ruhe. Denn wenn wir eingeschlafen sind, so ruht der Leib,
aber der Geist wird unruhig bewegt: er macht sich Schaubilder, um seine natürliche Beweglichkeit durch die Mannigfaltigkeit des Geschauten zu üben, und ruft sich von den
falschen Vorspiegelungen zurück, wenn die Glieder befriedigt sind und von der Ruhe neue Kraft gewonnen haben.
Die beständige Ruhe ist somit nur dem Tode eigen. Wenn
aber der Tod Gott nicht berührt, so ist Gott niemals ruhig.
Die Thätigkeit Gottes kann nur die Verwaltung der Welt
sein. Wenn er aber für die Welt Sorge trägt, so bekümmert er sich auch um das Leben der Menschen, erblickt die
Handlungen der Einzelnen und wünscht, daß Alle weise
und gut seien. Das ist der Wille Gottes, das göttliches
Gesetz; wer es befolgt und beobachtet, der ist Gott theuer.
Daher muß sich aber auch sein Zorn gegen Denjenigen regen, der dieses ewige und göttliche Gesetz verletzt oder verachtet. Aber Epikur sagt: „Wenn Gott Einem schadet, so
ist er nicht mehr gut." Die sind in keinem kleinen Irrthume begriffen, die eine menschliche oder göttliche Strafe
mit dem Namen der Bitterkeit oder der Bosheit in Verruf
bringen und Denjenigen schädlich nennen wollen, der die
Schuldigen straft. Wenn Dem so ist, so haben wir schädliche Gesetze, da sie über die Verbrechen Strafen verhängen,
und schädliche Richter, da sie die eines Verbrechens überführten zum Tode verurtheilen. Wenn aber ein Gesetz,
das dem Schuldigen nach Verdienst vergilt, gerecht ist und
ein Richter unbestechlich und gut heißt, wenn er Übelthaten

bestraft, da Derjenige das Wohl der Guten rettet, der die Bösen straft: so ist Gott, wenn er den Bösen entgegen tritt, nicht schädlich, sondern Der ist schädlich, der einem Unschuldigen schadet und einen Schuldigen schont, damit er noch Mehreren schade.

Ich habe an Diejenigen, welche sich Gott unbeweglich vorstellen, eine Frage zu stellen. Wenn Jemand Vermögen, ein Haus und eine Dienerschaft hätte, und Sklaven würden die Geduld des Herrn verachten, Alles sich aneignen, seine Güter genießen, und sie würden von seiner Dienerschaft geehrt, der Herr aber von Allen verachtet, verlacht und verlassen werden, könnte er weise sein, wenn er seine Schmach nicht rächte und von Menschen, gegen die er Gewalt hat, seine Habe verschwenden ließe? Kann man bei Jemandem eine solche Geduld finden, wenn sie Geduld und nicht vielmehr gefühlloser Stumpfsinn genannt werden muß? „Aber es ist leicht Verachtung zu ertragen." Wenn aber solche Dinge geschehen, wie sie Cicero erwähnt? „Ich frage, ob ein Familienvater, dessen Kinder von einem Sklaven getödtet, dessen Frau von ihm ermordet und sein Haus angezündet wurde, milde und barmherzig oder unmenschlich und grausam erschiene, wenn er nicht an dem Sklaven die möglichst härteste Strafe vollzöge?" Wenn also die Nachsicht gegen seine Frevelthaten mehr Grausamkeit als Güte verrathen würde, so wäre es keine Tugend an Gott, wenn er gegen ungerechte Handlungen nicht aufgebracht würde. Denn die Welt ist so zu sagen Gottes Haus, und die Menschen sind seine Sklaven; wenn sein Name ihnen zum Gespötte dient, so muß seine Geduld ganz eigenartig und unermeßlich sein, daß er von seinen Ehren zurücktritt, Verkehrtes und Ruchloses geschehen sieht, ohne sich zu entrüsten, was doch ihm, dem die Sünden mißfallen, eigenthümlich und natürlich ist. Daher ist es vernünftig, zu zürnen, denn dadurch werden Vergehen beseitigt und die Zügellosigkeit beschränkt, eine gewiß gerechte und weise Sache.

Aber die Stoiker sehen nicht, daß zwischen dem Richtigen und Verkehrten ein Unterschied bestehe, daß es einen gerechten und ungerechten Zorn gebe; und weil sie für die Sache kein Heilmittel fanden, so wollten sie dieselbe lieber ganz beseitigen. Die Peripatetiker aber sagten, man solle den Zorn nicht austilgen, sondern ihn beherrschen; diesen habe ich im sechsten Buche der Institutionen ausführlich geantwortet.[1]) Daß die Philosophen das Wesen des Zornes nicht gekannt haben, erhellt aus ihren Begriffsbestimmungen, die Seneka in seinen Büchern „vom Zorne" aufgezählt hat. „Der Zorn ist," sagt er, „die Begierde, ein Unrecht zu rächen." Anderen gilt er, wie Posidonius sagt, als Begierde, Denjenigen zu bestrafen, von dem man sich für ungerecht verletzt hält. Einige bestimmten ihn so: „Der Zorn ist eine Anregung des Geistes, Demjenigen zu schaden, der uns geschadet hat oder schaden wollte." Die Erklärung des Aristoteles ist von der unsrigen nicht viel verschieden; denn er sagt, der Zorn sei die Begierde, den Schmerz zu vergelten. Das ist, wie wir oben gesagt haben, der ungerechte Zorn, den auch die Thiere haben; dieser muß im Menschen bezähmt werden, damit er nicht aus Wuth bis zu irgend einer großen Frevelthat schreite. In Gott kann er sich nicht finden, da Gott unverletzbar ist; wohl aber findet er sich im gebrechlichen Menschen. Denn Verletzung verursacht brennenden Schmerz, und der Schmerz bewirkt die Begierde nach Rache. Wo ist also der gerechte Zorn gegen die Schuldigen? Gewiß ist er nicht Begierde nach Rache, weil keine Beleidigung vorausgeht. Ich spreche nicht von Denjenigen, welche sich gegen die Gesetze verfehlen; es kann ihnen zwar der Richter ohne Vorwurf zürnen, aber wir wollen annehmen, daß er ganz ruhig bleiben müsse, wenn er einen Schuldigen der Strafe übergibt, weil er nur der Diener der Gesetze ist, nicht aber seine eigene Gemüths-

---

1) Im sechsten Buche der Institutionen de vero cultu spricht Laktantius unter Anderem auch von der Selbstbeherrschung und Mäßigung der Affekte unter Hinweis auf die abweichenden Meinungen der Philosophen.

ſtimmung und Macht geltend machen darf; ſo verlangen
es ja Diejenigen, die den Zorn ausrotten wollen. Ich
ſpreche hauptſächlich von Jenen, die in unſerer Gewalt
ſtehen, wie die Sklaven, die Kinder, die Frauen und die
Schüler; denn wenn wir dieſe fehlen ſehen, ſo werden wir
angereizt, ſie im Zaume zu halten.

Einem guten und gerechten Manne muß das Schlechte
mißfallen, und wem Böſes mißfällt, der muß bewegt werden, wenn er es geſchehen ſieht. Daher erheben wir uns
zur Beſtrafung, nicht weil wir verletzt worden ſind, ſondern um die Zucht zu bewahren, die Sitten zu beſſern und
die Zügelloſigkeit zu unterdrücken. Das iſt der gerechte
Zorn, der im Menſchen nothwendig iſt, um die Verkehrtheit zu beſtrafen, und ebenſo nothwendig in Gott iſt, von
dem das Muſter hievon an den Menſchen gekommen iſt.
Denn wie wir die unſerer Gewalt Unterworfenen im Zaume
halten müſſen, ſo muß Gott die Sünden Aller zügeln. Um
Das zu thun, muß er zürnen, weil es einem guten Menſchen natürlich iſt, auf die Sünden eines Anderen hin bewegt und erregt zu werden. Daher hätten ſie den Begriff
ſo feſtſetzen ſollen: „Der Zorn iſt eine Bewegung der zur
Einſchränkung der Sünden ſich erhebenden Seele." Die Erklärung Cicero's:[1]) „Der Zorn iſt die Leidenſchaft, ſich zu
rächen" iſt von den obigen nicht viel verſchieden. Ein Zorn
aber, den wir auch Wuth oder Rachſucht nennen könnten,
darf nicht einmal im Menſchen ſein, weil er ganz fehlerhaft iſt. Der Zorn aber, der ſich auf die Beſtrafung der
Sünden bezieht, darf dem Menſchen und kann Gott nicht
genommen werden, weil er für das menſchliche Leben nützlich und nothwendig iſt.

---

1) Tuscul. lib. IV. c. 19. n. 44.

18. Beim Anblicke des Bösen zu zürnen ist ganz naturgemäß; ebenso nothwendig ist es, die Sünder zu züchtigen. Der menschliche Zorn kann mißbraucht werden, aber nicht der göttliche.

Wozu ist der Zorn nothwendig, sagen sie, da die Sünden ohne diesen Affekt bestraft werden können? Aber Niemand kann Einen ruhig sündigen sehen. Ruhig kann vielleicht der Vollzieher der Gesetze bleiben, weil das Verbrechen nicht unter seinen Augen begangen wird, sondern anderswoher als noch zweifelhaft angezeigt wird; denn nie kann ein Verbrechen so klar sein, daß keine Vertheidigung mehr möglich wäre, und daher kann ein Richter gegenüber einem Menschen unbewegt sein, der als unschuldig befunden werden kann. Wenn aber das entdeckte Vergehen an das Licht kommt, so bedient er sich nicht seines eigenen, sondern des Ausspruches der Gesetze. Es kann zugegeben werden, daß er seine Handlung ohne Zorn vollziehe, da er eine bestimmte Norm vor sich hat. Wenn aber zu Hause von den Unsrigen gesündigt wird und wir sehen oder merken es, so müssen wir unwillig werden; denn schon der Anblick der Sünde ist unwürdig. Wer überhaupt nicht bewegt wird, der billigt die Vergehen, was noch schändlicher und ungerechter ist, oder er scheut die Beschwerde der Züchtigung, welche eine beruhigte und ungetrübte Seelenstimmung verschmäht und ablehnt, wenn sie nicht der Zorn gestachelt und aufgeregt hat. Wer aber trotz der Aufregung aus übel angebrachter Milde öfters, als noth thut, oder gar immer verzeiht, der richtet das Leben Derjenigen, deren Verwegenheit er zu größeren Freveln heranzieht, vollständig zu Grunde und sammelt sich selbst den Stoff zu ewigen Beschwerden. Demgemäß ist die Unterdrückung des Zornes gegenüber wirklichen Vergehen fehlerhaft.

Man lobt den Tarentiner Archytas.¹) Als Dieser wahrgenommen hatte, daß auf seinem Felde Alles verwüstet sei, tadelte er die Saumseligkeit seines Verwalters mit den Worten: „Ich Unglücklicher! Ich hätte dich schon todt geschlagen, wenn ich nicht zornig wäre!" Das halten sie für ein einzigartiges Beispiel der Mäßigung und sehen durch sein Ansehen verleitet nicht ein, wie thöricht er geredet und gehandelt habe. Denn wenn nach den Worten Plato's kein kluger Mensch deßhalb straft, weil Sünde vorliegt, sondern damit man nicht sündige, so erhellt, welch schlimmes Beispiel der weise Mann gegeben habe. Wenn die Sklaven merken, daß der Herr wüthe, wenn er nicht zürnt, und schone, wenn er zornig ist, so werden sie, um Schläge zu vermeiden, keine geringen Fehler machen, sondern möglichst schwere begehen, um seinen Zorn zu reizen und so ungestraft zu bleiben. Ich würde ihn loben, wenn er im Zorne dem Zorne hätte Raum gegeben, um mäßig zu züchtigen, wenn die Aufregung des Geistes nach einiger Zeit sich beruhigte. Wegen der Größe des Zornes hätte er die Strafe nicht nachlassen, sondern aufschieben sollen, um nicht über den Sünder eine zu strenge Strafe zu verhängen oder den Züchtiger in Wuth zu versetzen. Was ist aber das für eine Billigkeit und Weisheit, Jemand wegen eines geringen Vergehens zu strafen und wegen eines sehr großen unbestraft zu lassen? Wenn er Wesen und Ursache der Dinge kennen gelernt hätte, so würde er sich nie zu einer so unbilligen Enthaltsamkeit bekennen, daß ein nichtsnutziger Sklave sich zum Zorne seines Herrn Glück wünschte. Wie Gott den menschlichen Leib mit vielen, verschiedenen und zum Gebrauche des Lebens nothwendigen Sinnen ausgerüstet hat, so hat er auch der Seele verschiedene Affekte zum Bestande einer vernünftigen Lebensordnung verliehen, wie er ihm die

---

1) Archytas war Pythagoräer, mit dem auch Plato auf seiner Reise nach Unteritalien zusammentraf.

Lüsternheit gab, um Nachkommenschaft zu erzielen, oder den Zorn, um Vergehen zu züchtigen.

Diejenigen aber, welche die Grenze zwischen gut und bös nicht kennen, mißbrauchen die Lüsternheit zu Ausschweifungen und Vergnügen und den Affekt des Zornes zum Schaden, wenn sie ihnen verhaßten Personen zürnen. Daher zürnen sie auch gegen Solche, die nicht sündigen, mögen sie ihnen gleichstehen oder ihnen vorgesetzt sein. Daher begehen sie täglich grausame Thaten; daher stammen oft Trauerspiele. Archytas wäre also zu loben, wenn er einem ihm gleichstehenden Bürger, der ihn beleidigt, gezürnt hätte, sich jedoch zurückgehalten und durch Geduld den Andrang der Wuth besänftigt hätte. Eine solche Selbstbeschränkung ist rühmlich, weil durch dieselbe ein bevorstehendes Unheil abgehalten wird. Aber die Sünden der Sklaven und Söhne nicht zu züchtigen ist Sünde; denn sie entgehen der Strafe, um in Folge der Straflosigkeit ein größeres Vergehen zu verüben. In diesem Falle darf man den Zorn nicht bloß nicht zurückhalten, sondern muß ihn nöthigenfalls selbst erregen. Was wir aber vom Menschen sagen, das gilt auch von Gott, der den Menschen nach seinem Bilde erschaffen hat. Ich unterlasse es, von der Gestalt Gottes zu sprechen; die Stoiker läugnen zwar, daß Gott irgend eine Gestalt habe,[1]) aber es würde sich ein ungeheurer Stoff ergeben, wenn ich sie widerlegen wollte; ich rede also nur von der Seele. Wenn es Gott zukommt, zu denken, Weisheit und Einsicht zu haben, Etwas vorzusehen und zu gewähren, so hat diese Eigenschaften von allen Wesen nur der Mensch; daher ist er nach dem Bilde Gottes erschaffen worden. Der Mensch drückt aber dieses Bild fehlerhaft aus, weil er mit irdischer Gebrechlichkeit ver-

---

1) Nach der Stoa ist Gott die Kraft und Seele der Welt, daher ohne eine bestimmte Gestalt. Ich habe schon zum zweiten Kapitel bemerkt, in welchem Sinne Laktantius von einer Gestalt Gottes rede.

mengt das von Gott Empfangene nicht unverderbt und rein bewahren kann, wenn er nicht von demselben Gotte in den Vorschriften der Gerechtigkeit unterrichtet wird.

19. Der Mensch besteht aus Leib und Seele; der Leib ist der Sitz der Sünde, die unsterbliche Seele bekämpft den Leib und bewirkt siegreich Ähnlichkeit mit Gott. Da sich Gott gegen die Menschen wie ein vorsichtiger Vater verhält, so straft er die Sünder und erbarmt sich auch.

Weil, wie gesagt, der Mensch aus zwei Dingen zusammengesetzt ist, aus Seele und Leib, so sind in der ersteren die Tugenden und im zweiten die Fehler eingeschlossen; beide bekämpfen sich gegenseitig.[1]) Denn die Güter der Seele, welche in Bezähmung der Leidenschaften bestehen, sind dem Leibe entgegen, und die Güter des Leibes, die in jeder Art Vergnügen beruhen, sind dem Geiste feindlich. Wenn die Tugend der Seele den Begierden widersteht und sie niederdrückt, so wird sie wahrhaft Gott ähnlich sein. Daher ist klar, daß die Seele des Menschen, die göttliche Tugend in sich faßt, nicht sterblich sei. Aber es besteht der Unterschied, daß die meisten überwunden und zur Weichlichkeit hingezogen werden, weil die Tugend bitter und der Reiz der Lust süß ist. Die sich dem Leibe und den irdischen Dingen hingeben, werden zur Erde niedergedrückt und können das göttliche Gnadengeschenk nicht erlangen, weil sie sich mit den Makeln der Sünden befleckt haben. Die aber Gott folgen, ihm gehorchen, die Begierden des Leibes verachten, die Tugend den Vergnügungen vorziehen und Unschuld und Gerechtigkeit bewahren, wird Gott als sich ähnlich anerkennen.

---

1) Nämlich im gefallenen Zustande.

Da er ein ganz heiliges Gesetz gegeben hat und will,
daß Alle unschuldig und wohlthuend seien, muß er offenbar zürnen, wenn er sein Gesetz verachtet, die Tugend mit
Füßen getreten und das Vergnügen viel umworben sieht.
Wenn er Verwalter der Welt ist, wie er es sein soll, so
schätzt er gewiß Dasjenige nicht gering, was in der Welt
sogar das Größte ist. Wenn er, wie es sich für Gott
schickt, vorsehend ist, so sorgt er gewiß für das Menschengeschlecht, damit unser Leben um so reichlicher ausgestattet,
besser und sicherer sei. Wenn er der Vater und Gott Aller
ist, so ergötzt er sich gewiß an den Tugenden der Menschen und wird durch ihre Fehler gereizt; daher liebt er
die Gerechten und haßt die Gottlosen. „Der Haß ist überflüssig, denn ein für allemal hat er für die Guten Belohnung und für die Bösen Strafe angeordnet!" Wenn Einer
gerecht und unschuldig lebt und doch Gott nicht ehrt und
sich überhaupt um ihn nicht kümmert, wie Aristides, Timon[1]) und die übrigen Philosophen, wird es ihm ungestraft hingehen, daß er zwar dem Gesetze Gottes gehorcht,
aber ihn selbst verachtet? Gott hat also Grund, einem
Menschen, der gleichsam im Vertrauen auf seine Unbe-
scholtenheit sich gegen ihn auflehnt, zu zürnen. Wenn er
aber diesem wegen des Hochmuthes zürnen kann, warum
sollte er sich nicht noch mehr über einen Sünder erzürnen,
der das Gesetz zugleich mit dem Gesetzgeber verachtet? Ein
Richter kann die Sünden nicht verzeihen, weil er einem
fremden Willen dient. Gott aber kann verzeihen, weil er
nach seinem eigenen Gesetze entscheidet und richtet; als er

---

1) Gemeint ist wohl der berühmte Feldherr der Athener,
gest. 467, und Timon aus Syrakus, zur Zeit der Herrschaft der
beiden Dionysius. Beide sind praktische Philosophen, Letzterer
dem Plato befreundet. Den christlichen Maßstab der Gerechtigkeit darf man an diese Männer nicht in allen Beziehungen an-
legen.

das Gesetz gab, hat er sich nicht selbst die ganze Gewalt genommen, sondern es steht ihm frei, zu verzeihen.

20. Dem Gerichte Gottes entgeht Niemand; jedoch straft er die Sünder nicht sogleich. Ohne seine Geduld gäbe es bei der allgemeinen Sündhaftigkeit keinen Menschen mehr auf Erden, und die Sünder könnten sich nicht bekehren.

Wenn er verzeihen kann, so kann er auch zürnen. „Warum sind also," wird Einer sagen, „oft die Sünder glücklich und die Gerechten unglücklich?" Weil flüchtige Sklaven und verstoßene Kinder frei leben, während Diejenigen, welche unter der Zucht des Vaters oder des Herrn stehen, auf ein eingeschränkteres und mäßigeres Leben angewiesen sind. Denn die Tugend erlangt durch Leiden Bewährung und Kraft, die Laster aber durch Vergnügen. Jedoch darf der Sünder nicht hoffen, immer ungestraft zu bleiben, weil das Glück keinen Bestand hat:

„— — Menschen sollen erwarten
Immer den letzten Tag; vor seinem Tod und Begräbniß
Keiner der Menschen verdient, hienieden glücklich zu heissen."

So sagt ein lieblicher Dichter.[1]) Es gibt ein das Glück bloßstellendes Ende, und Niemand kann weder lebend noch todt dem Gerichte Gottes entfliehen. Denn Gott kann die Lebenden vom höchsten Gipfel des Glückes herabstürzen und über die Todten ewige Qualen verhängen. „Wenn Gott zürnt, so sollte er sogleich Rache nehmen und Jeden nach Verdienst bestrafen!" Wenn er Das thäte, so wäre

---

1) Ovid Metamorph. III, 135 ff.

Niemand mehr übrig; denn es gibt Keinen, der gar nicht sündiget, und es gibt viele Reizmittel zur Sünde wie Jugend, Trunkenheit, Dürftigkeit, Gelegenheit und Belohnung. So sehr ist das gebrechliche Fleisch, mit dem wir bekleidet sind, der Sünde unterworfen, daß, wenn Gott nicht unsere Noth schonte, vielleicht nur allzu Wenige leben würden; deßhalb ist er sehr geduldig und hält seinen Zorn zurück. Da in ihm die Tugend vollkommen ist, so muß auch seine Geduld, die ebenfalls eine Tugend ist, vollkommen sein. Wie Viele sind später aus Sündern Gerechte, aus Bösen Gute, aus Ruchlosen Enthaltsame geworden! Wie Viele waren in der Jugend schändlich und von der öffentlichen Meinung verurtheilt und sind gleichwohl später lobwürdig geworden! Das geschähe sicherlich nicht, wenn auf jede Sünde die Strafe sofort folgte.

Die Staatsgesetze verurtheilen offenkundige Verbrecher, aber die Sünden sehr Vieler bleiben unbekannt; sehr Viele bringen einen Anzeiger durch Bitten oder Belohnung zum Schweigen, sehr Viele entgehen durch Gunst oder Macht einer Verurtheilung. Wenn Alle, die der menschlichen Strafe entkommen, die Ahndung Gottes träfe, so wären die Menschen auf Erden selten, oder es gäbe gar keine. Ja schon der Umstand allein, daß die Menschen den lebendigen Gott verachteten, irdischen und gebrechlichen Gebilden, als wären sie himmlisch, göttliche Ehre erwiesen und Werke menschlicher Hände anbeteten, wäre ein gerechter Grund zur Vernichtung des Menschengeschlechtes gewesen. Während sie der göttliche Künstler mit erhabenem Gesichte und mit aufrechter Stellung geschaffen und zur Betrachtung des Himmels und zur Erkenntniß Gottes angeregt hatte, wollten sie sich lieber nach Art der Thiere zur Erde beugen. Denn niedrig, gekrümmt und gebeugt ist Jeder, der sich vom Anblicke des Himmels und Gottes des Vaters abwendet und das Irdische, das er mit Füßen treten sollte, das heißt Gebilde und Gestalten von Erde verehrt. Bei dieser Gottlosigkeit der Menschen und der Größe ihrer Sünden erzielt die Geduld Gottes den Erfolg, daß die Menschen die Irrthümer ihres früheren Lebens verurtheilen und sich bessern. Obgleich aber die Geduld Gottes sehr groß und sehr nützlich ist, so bestraft sie doch, wenn auch spät, die Schuldigen und läßt sie nicht weiter vorgehen, wenn sie ihre Unverbesserlichkeit einsieht.[1])

21. Gott verbietet den Zorn des Menschen nicht unbedingt, sondern er will nur, daß wir seine Gabe der Entrüstung nicht zur Unversöhnlichkeit mißbrauchen. Sein Zorn ist ewig; er kann jedoch durch Besserung abgewendet werden.

Es bleibt uns nur noch die letzte Frage zu besprechen übrig. Es könnte nämlich Jemand sagen, daß Gott so wenig zürne, daß er in seinen Geboten auch dem Menschen zu zürnen verbietet. Ich könnte darauf erwidern, daß der Zorn des Menschen gezügelt werden mußte, weil der Mensch oft ungerecht zürnt und sich der augenblicklichen Stimmung hingibt, weil er zeitlich ist. Damit also nicht Dasjenige geschehe, was Niedriggestellte, Leute aus dem Mittelstande und große Könige aus Zorn thun, mußte seine Wuth gemäßigt und unterdrückt werden, damit er nicht seiner Besinnung beraubt irgend eine unsühnbare That beginge. Gott aber zürnt nicht für den Augenblick, weil er ewig und vollendet vollkommen ist; und er zürnt nie mit Unrecht. Aber der wirkliche Sachverhalt ist anders. Denn wenn Gott überhaupt zu zürnen verbieten würde, so würde er gewissermaßen sein eigenes Werk tadeln, da er von Anfang an den Zorn in die Leber des Menschen gelegt hat. Man glaubt

---

1) Gott erträgt auch unverbesserliche Sünder, um das Vollmaß seiner Gerechtigkeit an ihnen zu offenbaren. Von Erlangung einer Einsicht kann bei dem Allwissenden ohnehin nicht die Rede sein.

nämlich, daß die Ursache dieser Erregung in der Flüssigkeit der Galle liege.¹) Er verbietet demnach nicht ganz, zu zürnen, weil dieser Affekt naturnothwendig gegeben ist, sondern er verbietet nur, im Zorne zu verharren. Der Zorn der Sterblichen muß sterblich sein; wenn er fortdauerte, so würden Feindschaften zum ewigen Verderben erstarren. Wenn er sodann gebietet, zwar zu zürnen, aber sich nicht zu versündigen, so tilgte er damit gewiß nicht den Zorn mit der Wurzel aus, sondern er mäßigte ihn, damit wir bei jeder Züchtigung Maß und Gerechtigkeit einhalten möchten. Der uns befahl, zu zürnen, der zürnt gewiß selbst, und der den Auftrag gibt, sich schnell zu versöhnen, der ist gewiß selbst versöhnlich; er gebot damit nur Gerechtes und für das gemeinsame Wohl Nützliches.

Ich habe gesagt, daß der Zorn Gottes nicht zeitlich sei wie der Zorn eines Menschen; denn dieser erglüht in augenblicklicher Erregung und kann wegen seiner Gebrechlichkeit sich selbst nicht leicht beherrschen. Demnach haben wir anzunehmen, daß bei der Ewigkeit Gottes auch sein Zorn ewig bleibe, daß er aber hingegen seinen Zorn in seiner Gewalt habe, weil er die Tugend im höchsten Grade besitzt, und daß er vom Zorne nicht regiert werde, sondern denselben selbst nach Belieben beherrsche: Sätze, die dem Vorausgehenden gewiß nicht widersprechen! Denn wenn sein Zorn ganz unsterblich wäre, so wäre der Genugthuung oder Gnade nach einem Vergehen keine Stelle eingeräumt, während er doch selbst den Menschen befiehlt, sich vor Sonnenuntergang zu versöhnen. Aber der Zorn Gottes bleibt ewig gegen Diejenigen, welche ewig sündigen. Daher wird Gott nicht durch Weihrauch, Opfer und kostbare Geschenke, die insgesammt dem Verderbniß anheimfallen, versöhnt, son-

---

1) Die Leber, welche Galle bereitet, war nach der Ansicht der Alten Sitz der Affekte, besonders der sinnlichen Liebe und des Zornes; selbst als Sitz des Verstandes wird sie erwähnt: en jecur Cratetis.

dern durch Verbesserung der Sitten; wer zu sündigen aufhört, der macht den Zorn Gottes sterblich. Und deßhalb straft er nicht Jeden nach Verhältniß seiner gegenwärtigen Schuld, damit der Mensch Gelegenheit habe, zur Besinnung und zur Besserung zu gelangen.

22. **Laktantius will seine Behauptung noch durch göttliche Zeugnisse stützen. Den Philosophen, die Zeugnisse der Propheten verwerfen, führt er ein paar Stellen von der Sibylle von Erythrä an.**

Das hatte ich, theuerster Donatus, vom Zorne Gottes zu sagen, um dir die Vertheidigungswaffen gegen Jene zu bieten, die Gott unbeweglich machen. Nach dem Vorgange Cicero's erübrigt noch zum Schlusse meiner Rede ein Nachwort beizufügen. Wie Jener in seinen Tuskulanen bei der Untersuchung über den Tod that, so müssen wir in diesem Werke glaubwürdige göttliche Zeugnisse beibringen, um die Überzeugung Derjenigen zu besiegen, die sich Gott ohne Zorn vorstellen und damit die ganze Religion auflösen. Ohne Religion aber kommen wir, wie gezeigt, an Grausamkeit den Bestien und an Thorheit den Thieren gleich; denn in der Religion allein, das heißt in der Kenntniß des höchsten Gottes, liegt Weisheit. Die vom göttlichen Geiste erfüllten Propheten sprechen insgesammt nur von der Gnade Gottes gegen die Gerechten und von seinem Zorne gegen die Gottlosen. Ihre Zeugnisse genügen uns; weil aber Jene, die durch Bart und Mantel ihrer Weisheit prangenden Schild aushängen,[1]) ihnen nicht glauben, so mußten wir sie auch durch Vernunftgründe und logische Beweisführung widerlegen. Denn so verkehrt verfährt man,

---

[1]) Text: Qui sapientiam capillis et habitu jactant. Philosophen von Profession trugen Bart und Mantel; Justin der Märtyrer behielt als Christ noch diese Tracht bei.

daß menschliche Gründe göttlichen Dingen Beglaubigung verleihen, während das umgekehrte Verhältniß stattfinden sollte. Wir wollen aber jetzt darüber hinweggehen, um nicht auf Jene jeden Eindruck zu verlieren und den Stoff in's Unendliche auszudehnen. Wir wollen daher solche Zeugnisse aufsuchen, denen unsere Gegner glauben oder wenigstens nicht widersprechen können.

Von Sibyllen erzählten die meisten und größten Schriftsteller, unter den Griechen Aristo von Chius und Apolloborus von Erythrä und unter den Unsrigen Varro und Fenestella.[1]) Sie alle erwähnen, daß die Erythräische Sibylle vor den übrigen ausgezeichnet und berühmt gewesen sei. Apolloborus rühmt sie als seine Mitbürgerin und Landsmännin, Fenestella aber erzählt, daß vom Senate selbst Gesandte nach Erythrä geschickt worden seien, um die Gedichte dieser Sibylle nach Rom zu bringen, und daß die Konsuln Kurio und Oktavius sie in dem damals unter Obsorge des Quintus Katulus wieder hergestellten Kapitole niederlegen mußten.[2]) Bei ihr finden sich über den höchsten Gott und Schöpfer der Dinge folgende Verse:

---

1) Aristo von Chius, den Cicero oft erwähnt, war Stoiker und blühte c. 275 v. Chr. Apolloborus, ein fruchtbarer Schriftsteller um 145 vor Christus; er gibt in seiner „Bibliothek" eine mythologische Sammlung von den ältesten Theogonieen bis auf Theseus. Terentius Varro, der gelehrteste Römer, suchte unter Augustus vom Standpunkte der stoischen Philosophie aus die Religion wieder herzustellen. Sein Hauptwerk: „Rerum humanarum et divinarum antiquitates;" vgl. Döllinger S. 488. Varro hat übrigens ein eigenes Buch über die Sibyllen geschrieben und dem Cäsar gewidmet. Laktantius gibt den wesentlichen Inhalt inst. div. l. I. 6; Möhler, Patrologie S. 945. Fenestella, ein Annalist, starb c. 19 n. Chr.

2) Die Sibylle von Erythrä in Jonien, nach Permaneder im Kirchenlexikon identisch mit der Kumenischen, nach Laktantius aber (Kap. 23) verschieden, war hoch gefeiert. Aber ihre unter den Christen verbreiteten Orakel waren falsch. Als 183 vor Christus das Kapitolium mit den sibyllinischen Büchern verbrannt

„Unvergänglich und ewig der Schöpfer den Aether bewohnet,
Gutes den Guten verleiht und übergroße Belohnung,
Aber den Bösen und Schlechten Zorn und Aerger verursacht." [1])

An einer anderen Stelle zählt sie die Übelthaten auf, durch die Gott am meisten gereizt wird, und sagt:

„Fliehe den unrechten Dienst und diene dem lebenden Gotte;
Fliehe den Ehebruch und Männer als Lagergenossen,
Nähre das eigene Kindergeschlecht und Niemanden morde;
Denn der Unsterbliche zürnt, wenn Einer sich also versündigt!"

Er zürnt also gegen die Sünder.

23. Laktantius führt weitere Zeugnisse für Gottes Zorn aus den Sibyllen an und zeigt, daß ohne Furcht die Herrschaft Gottes so wenig als eine andere bestehen könnte. Er fordert auf, Gott zu dienen und dadurch das bleibende Glück zu finden, weil sonst Nichts den Menschen glücklich machen kann.

Weil es aber, wie gezeigt, nach der Überlieferung der gelehrtesten Schriftsteller mehrere Sibyllen gibt, so wollen wir uns zum Erweise der fraglichen Wahrheit mit dem

---

war, wurde vom Senate eine Gesandtschaft nach Erythrä und an andere Orte geschickt, um die sibyllinischen Orakel zu ergänzen. Ihre Resultate wurden gesichtet und im Tempel des Apollo niedergelegt. Unter Nero verbrannte auch diese Revision und eine neugefertigte unter Julian dem Abtrünnigen. Die letzte Form wurde sammt dem Apollotempel von Kaiser Honortus verbrannt. Laktantius kannte nicht die offizielle Revision, sondern eine von den Christen ganz oder theilweise gefälschte Form.
1) Dieses und die nachfolgenden Citate sind zu finden in Gallandi, „bibliotheca" tom. I.

Zeugnisse einer einzigen nicht begnügen. Die Bücher der Kumäischen Sibylle, in welchen die Geschicke der Römer aufgezeichnet sind, werden geheim gehalten, aber die Büchlein fast aller übrigen stehen gesetzlich zur allgemeinen Benützung frei.[1]) Von diesen kündigt eine allen Völkern wegen der Gottlosigkeit der Menschen den Zorn Gottes an und beginnt auf folgende Weise:

„Ehe der schreckliche Zorn die ungehorsame Welt trifft,
Künd' ich die Mahnung des Herrn zum letzten Male der Welt an,
Allen Menschen zumal weissagend im Kreise der Städte."

Eine andere sagt, daß in früherer Zeit wegen des göttlichen Zornes eine Wasserfluth erfolgt sei, um die Bosheit des menschlichen Geschlechtes zu vertilgen:

„Als der himmlische Gott dem ganzen Menschengeschlechte,
Auch auf die Städte selbst im hohen Grade erzürnt war,
Brach die Fluth herein und Wasser bedeckte die Erde."

In ähnlicher Weise weissagte sie einen künftigen Brand, durch den die Gottlosigkeit der Menschen wieder zerstört werden soll.

---

1) Die kumäische Sibylle verkaufte an König Tarquinius Priskus drei Bücher. Diese verbrannten 183 v. Chr. Die später veranstalteten Revisionen durfte nach Laktantius an unserer Stelle und nach Justin apol. I. c. 20, 44 Niemand lesen als die betreffenden Behörden. Die Lektüre der übrigen Sibyllen aber war später freigegeben. Von christlichen Autoren legen Hermas, Clemens von Rom, Theophilus von Antiochien, Clemens von Alexandrien und besonders Laktantius ihnen großen Werth bei, während Origenes und Augustinus sie für nicht besonders bedeutend halten. Die heidnischen Autoren erklärten sie mit Recht für Fälschungen, was von der großen Mehrzahl derselben auch zutrifft. Außer dem Artikel des Kirchenlexikons spricht sich hierüber Möhler-Reithmayr Patrologie S. 944—953 aus. Der poetische Werth ist bei der Mehrzahl ganz unbedeutend.

„Gottes heftiger Zorn wird einstens nicht weiter besänftigt,
Sondern mit Macht erhebt sich der Herr und vernichtet das
     ganze
Menschengeschlecht, und Alles vertilgt der schreckliche Weltbrand."

Deßhalb sagt Naso von Juppiter:[1])

„Da erinnert sich Jener, es sei im Fatum geschrieben,
Kommen werde die Zeit, wo die Erde, das Meer und des
     Himmels
Burg gerathe in Brand und mühsam stöhne der Weltball."

Das muß dann geschehen, wenn die Ehre und der Dienst des höchsten Gottes bei den Menschen untergeht.

Dieselbe Sibylle bezeugt, daß er durch Reue über unsere Thaten und Selbstbesserung versöhnt werde, und fügte daher Folgendes bei:

„Jetzt, ihr Menschen, suchet Erbarmen; erregt die Ent-
     rüstung
Gottes, des Großen, nicht mehr!"

Ebenso kurz darauf:

„Nimmer euch Jener verbirbt und besänftigt wieder den
     Ärger,
Wenn ihr insgesammt glorreiche Tugenden übet."

Dann verkündet eine andere Sibylle, daß man den Schöpfer des Himmels und der Erde lieben müsse, damit sich seine Entrüstung nicht zum Verderben der Menschen erhebe:

„Auf daß nicht zornentbrannt der unsterbliche Gott sie ver-
     tilge,
All das Menschengeschlecht, was lebt, und den schamlosen
     Sprößling,
Muß man lieben Gott, den weisen und ewigen Schöpfer."

Hieraus erhellt, daß die Gründe der Philosophen nichtig seien; denn sie denken sich Gott ohne Zorn, zählen das

---

1) Ovid Metamorph. I, 256 ff.

Nutzloseste unter seinen rühmlichen Eigenschaften auf und nehmen ihm Dasjenige, was für die menschlichen Angelegenheiten am heilsamsten ist und selbst zum wesentlichen Bestande der Majestät gehört. Ein irdisches Reich eines Königes oder Kaisers geräth in Auflösung, wenn es nicht die Furcht zusammenhält. Entreiße einem Könige den Zorn, und es wird ihm nicht bloß Niemand gehorchen, sondern er wird auch von seiner erhabenen Stellung herabgestürzt werden. Ja, nimm selbst einem Niedriggestellten diesen Affekt, und es wird ihn Jeder berauben, verlachen und beleidigen. Er wird daher weder Kleider noch einen Wohnsitz noch Nahrung behalten, weil ihm Andere all seine Habe rauben; daher wollen wir nicht glauben, daß die Majestät des himmlischen Reiches ohne Zorn und Furcht bestehen könne. Als Apollo von Milet über die Religion der Juden befragt wurde, gab er folgende Antwort:[1]

„Er ist der mächtige Gott, der König und Schöpfer des Weltalls,
Vor dem die Erde erbebt und die Himmel und ringsum das Weltmeer,
Selbst des Tartarus innerer Raum und die Dämonen zittern."

Wenn er so sanft ist, wie die Philosophen wollen, warum zittern auf seinen Wink nicht bloß die Dämonen und die Diener einer solchen Macht, sondern selbst der Himmel, die Erde und die ganze Natur? Wenn Niemand einem Anderen ohne Zwang dient, so besteht jedes Reich nur durch Furcht; die Furcht aber besteht durch Zorn; denn wenn Jemand gegen einen Ungehorsamen nicht aufgebracht wird, so kann er ihn auch nicht zum Gehorsame zwingen. Es ziehe nur Jeder seine eigenen Affekte zu Rathe, und er wird finden, daß Niemand ohne Zorn und Züchtigung einer Herrschaft unterworfen werden kann. Wo es keinen Zorn gibt, da gibt es auch keine Herrschaft. Gott hat aber eine Herr-

---

[1] Diese Antwort ist ebenfalls aus den Sibyllen.

schaft, daher muß er auch Zorn haben, durch den sein Reich besteht. Daher lasse sich Keiner durch das Philosophengeschwätz zur Verachtung Gottes verführen; denn Das wäre das größte Unrecht. Wir alle müssen ihn als unseren Vater lieben und als unseren Herrn schauen, als unseren Wohlthäter ehren und als einen strengen Gebieter fürchten; denn er ist in beiden Beziehungen ehrwürdig. Wer kann ohne Verletzung der Frömmigkeit den Vater seiner Seele nicht lieben? Oder wer könnte Denjenigen ungestraft verachten, der als der Beherrscher der Dinge gegen Alle eine wahre und ewige Macht hat? Denkt man sich ihn als Vater, so verleiht er uns den Eintritt zum Tageslichte, das wir genießen: durch ihn leben wir, und durch ihn sind wir in die Herberge dieser Welt eingetreten. Kommt er als Gott in Betracht, so nährt er uns durch unzählbare Mittel, er erhält uns; in seinem Hause wohnen wir und gehören zu seinem Gesinde. Sind wir auch nicht so gehorsam, wie wir sein sollten, und nicht so dienstbeflissen, als es die unsterblichen Wohlthaten unseres Herrn und Vaters verlangten, so trägt es doch mächtig zur Erlangung der Verzeihung bei, wenn wir an seinem Dienste und seiner Erkenntniß festhalten, die niedrigen und irdischen Dinge und Güter verachten und nach Göttlichem und Himmlischem sinnen. Um dieß Ziel zu erreichen, müssen wir Gott nachfolgen, ihn anbeten und lieben; denn in ihm ist der Inbegriff aller Dinge, der Urgrund der Tugenden und die Quelle der Güter.

Was ist im Vergleich mit Gott größer an Macht oder vollkommener an Weisheit oder leuchtender an Klarheit? Weil er uns zur Weisheit erzeugte und zur Gerechtigkeit erschuf, so ist es nicht recht, daß ein Mensch Gott, den Geber seines Fühlens und Lebens, verlasse und den irdischen und gebrechlichen Dingen diene oder von Unschuld und Frömmigkeit abfalle und dem Erwerbe irdischer Güter lebe. Nicht lasterhafte und todbringende Vergnügen, nicht der Stachel zu Ausschweifungen, der Reichthum, nicht eitler Ehrgeiz und hinfällige Ehrenstellen machen glücklich; denn das sind Dinge, durch welche der menschliche Geist verführt, der

Willkür des Leibes übergeben und mit dem ewigen Tode bestraft wird. Nur die Unschuld und die Gerechtigkeit macht glücklich; denn ihr gesetzlicher und verdienter Lohn ist die Unsterblichkeit, die Gott von Anfang an für die heiligen und unverderbten Seelen bestimmt hat, die sich von den Lastern und von jeder irdischen Befleckung rein und unverletzt bewahren. Dieses himmlischen und ewigen Preises können Diejenigen nicht theilhaftig werden, die durch Unthaten, Betrug, Raub und Täuschung ihr Gewissen befleckt und durch Ungerechtigkeit gegen die Menschen und begangene Frevelthaten sich unaustilgbare Makeln eingebrannt haben. Daher müssen Alle, die mit Recht Weise oder nur Menschen heissen wollen, das Gebrechliche gering schätzen, das Irdische mit Füßen treten und das Niedrige verachten, um mit Gott in das Verhältniß der seligsten Gemeinschaft eintreten zu können.

Hinweg mit Gottlosigkeit und Zwietracht; wirrevolle und verderbliche Uneinigkeiten sollen beigelegt werden! Denn durch sie wird die menschliche Gesellschaft und die göttliche Verbindung des öffentlichen Bundes gelöst, getrennt und zerrissen.[1]) Hat man genug Schätze und Vorräthe, so verwende man sie nicht zum Vergnügen eines Einzigen, sondern zum Wohle Vieler! Denn das Vergnügen ist so vergänglich wie der Leib, dem es Dienste leistet. Gerechtigkeit und Wohlthätigkeit aber sind so unsterblich wie der Geist und die Seele, welche durch gute Werke Ähnlichkeit mit Gott erlangt. Unser Gott sei nicht in Tempeln, sondern in unserem Herzen habe er eine geweihte Stätte! Alles, was durch Menschenhand gemacht wird, ist zerstörbar. Wir wollen unseren Tempel reinigen, der nicht durch Rauch und Staub, sondern durch böse Gedanken beschmutzt wird, der

---

1) Text: „Publici foederis conjunctio divina." Da im Vorausgehenden unter humanae societates die Familien- und Staatsbande gemeint sind, so glaube ich, daß dieser Ausdruck von der Kirche gebraucht sei.

nicht durch brennende Kerzen, sondern durch die Klarheit und das Licht der Weisheit erleuchtet wird.¹) Wenn wir glauben, daß Gott, dessen Gottheit die Tiefen des Geistes offen stehen, dort immer gegenwärtig sei, so werden wir so leben, daß wir immer seine Gnade fühlen und nie seinen Zorn zu fürchten haben.

---

1) Über den Gebrauch der Lichter auch beim christlichen Gottesdienste der ältesten Zeit vgl. Schmid, der christliche Altar S. 61 u. 62. — Daß die Christen zu des Laktantius Zeit und schon lange vorher auch K i r c h e n (templa), gottesdienstliche Gebäude von bedeutender Größe hatten, erhellt aus ihm selbst (de mort. persecut. c. 12), aus Eusebius (K.-G. VIII, 1 ff.), den apostolischen Constitutionen (II, 57) und anderen alten Dokumenten.

Druckfehler und Berichtigungen.

In der Einleitung S. 12 Z. 15 v. o. ist statt: Hub. Cuperus Gisbertus Cuperus zu lesen.

Zu Kap. 5 des „Auszuges" ist zur Aufklärung über die Sibyllen die neue vorzügliche Broschüre (Heft 5) der „katholischen Studien" mit dem Titel „Die sibyllinischen Weissagungen, ihr Ursprung 2c." von Dr. H. Lüken (Würzburg bei Wörl 1875) zu vergleichen.

Zu Kap. 58 des „Auszuges", wo Laktantius sagt: Gott, dem die ganze Welt gehört, „bedarf keines Tempels", ist zu bemerken, daß Laktantius hier nur sagen will, daß Gott zu seiner Wohnung eines Tempels nicht bedürfe, da ja Himmel und Erde ihn nicht zu fassen vermögen. So ist auch der Ausdruck des heiligen Stephanus (Act. 7, 48) zu fassen. Laktantius will die Einrichtung eines Gotteshauses gar nicht für überflüssig erklären; siehe die Anmerkung de ira c. 23. Ueber die Bedeutung von sichtbaren Gegenständen beim Gottesdienste, z. B. von Kerzen, Weihrauch 2c., vergleiche Mühlbauer, Geschichte und Bedeutung der (Wachs-) Lichter, (Augsburg, Kranzfelder 1874).

S. 214 Note 3 lies: Davisius statt: Dovisius.
S. 271 Z. 1 v. o. lies: Ehen statt: Ehren.
S. 271 Z. 2 v. u. lies: aufrecht statt: uafrecht.
S. 278 Z. 1 v. u. lies: keine Rücksicht statt: eine Rücksicht.

Inhaltsverzeichniß.

	Seite
Leben und Schriften	5
Von den Todesarten der Christenverfolger	15
Auszug aus den sieben Büchern religiöser Unterweisungen	93
Einleitung	95
Vorrede des Laktantius	108
Uebersetzung	110
Inhaltsangabe der einzelnen Kapitel	223
Vom Zorne Gottes	229
Einleitung	231
Inhalt	233
Uebersetzung	236

chdruckerei der Jos. Kösel'schen Buchhandlung in Kempten.

www.ingramcontent.com/pod-product-compliance
Lightning Source LLC
Chambersburg PA
CBHW030748250426
43672CB00028B/1362